영업비밀 전직금지 Q&A

영업비밀 전직금지 Q&A

김성용, 정관영 지음

법률 실무에
바로 적용 가능한 Q&A

렛츠북

* 일러두기

본서는 저자의 학문적 양심과 법원의 판결에 따른 결과 그리고 개인적 해석을 바탕으로 작성되었음을 밝히며 어떠한 경우라도 과거 또는 현재 저자가 속한 기관 또는 단체의 의견을 대변한 것으로 인용 및 재해석되어서는 안 됩니다. 또한 확정된 사건이 아닐 경우 상급법원에서 그 결과가 달라질 수 있음을 밝힙니다.

[추천사]

　이 책은 복잡한 영업비밀과 전직금지 문제를 단순히 이론적으로 다루는 것이 아니라, 독자가 실제로 마주할 수 있는 다양한 상황을 질의응답(Q&A) 형식으로 상세히 설명함으로써 실무에 바로 적용할 수 있게 돕습니다. 일반적인 법률 서적이 추상적인 이론을 중심으로 구성되는 것과 달리, 이 책은 핵심 쟁점을 Q&A 형태로 테마별로 정리하여, 읽는 이가 필요할 때마다 빠르게 문제의 답을 찾을 수 있도록 구성되었습니다.

　질의응답식 접근 방식은 특히 각종 영업비밀 및 전직금지 이슈의 경우, 법적 판단과 실무적 대응이 복잡하게 얽혀있어 일반 독자에게 어려울 수 있는 점을 효과적으로 해결해 줍니다. 테마별로 재구성된 사례와 문제 해결형 Q&A를 통해 독자가 자신의 상황에 유사한 사례를 찾아 바로 해결책을 모색할 수 있도록 하여, 실무자의 이해도를 크게 높이고, 실질적인 법적 대응 능력을 강화해 줄 것입니다.

　이 책은 단순한 참고서를 넘어, 법률 전문가뿐 아니라 기업 경영자와 인사 담당자들도 곧바로 업무에 활용할 수 있는 실용적 지침서로 자리할 것입니다.

변호사 서권식

머리말

친절한 영업비밀 실무 교과서

　본서는 필자가 국내 영업비밀 관련 판례(1·2·3심 판결 및 가처분 등 결정)분석 및 DB 구축을 위한 연구용역을 특허청 등 여러 관계 기관과 연구를 진행하면서 어떤 정보가 영업비밀이 되는지(또는 그렇지 않은지), 영업비밀 보호 사건에서의 주요 쟁점 사항들, 특히 영업비밀과 특허, 역분석 또는 역설계(reverse engineering), 프랜차이즈(음식업, 학원, 미용실 등) 아울러 전직(경업)금지와의 관계 등을 총망라하여 궁금한 사항을 문답(Q&A) 형식으로 그에 가장 적절한 해답이 무엇인지를 전달해 주고자 집필하였다. 덧붙여 영업비밀침해 사건에서 피의자에 대한 정보저장매체 및 그에 저장된 전자정보에 대한 압수·수색은 필수적으로 진행되는데, 이 과정에서 영장주의 원칙을 위반한 사실은 없는지, 피압수자들로부터 정보저장매체(컴퓨터 하드, 외장 하드, USB 등)를 압수하고 반출하는 과정에서 참여권 보장은 준수하였는지, 포렌식 과정에서 이미지 복제 작업을 마친 후 별도의 영장을 받지 아니하고 이를 외장 하드에 임의로 복제하는 등 위법은 없었는지, 압수목록 미교부로 인한 위법은 없었는지, 원본매체 반환 지체로 인한 위법은 없었는지 등 컴퓨터용 디스크 등 정보저장매체에 저장된 전자정보에 대한 압수·수색·검증의 위법성 및 증거능력에 관한 사항도 중요한 쟁점 사항으로 이 부분을 부록으로 소개하였다.

전술한 모든 궁금증에 대한 해답은 주로 그간 연구용역을 진행하며 분석한 판례(법원 판단)를 근거로 작성되었는데, 독자들로 하여금 이해하는 데 도움이 되도록 판단에 대한 출처와 참고 판례 및 관련 법리를 함께 수록하였다. 아울러 본서에서 다루고 있는 법원 판단은 주로 2019년 1월부터 2023년 12월 31일까지 선고된 영업비밀 및 전직금지 판례로, 확정된 판결과 현재 진행 중인 하급심 판결도 병존함을 밝힌다.

이 책의 특징은 최신 판례를 바탕으로 다양한 쟁점의 영업비밀·전직(경업)금지 사건과 관련한 궁금증을 단순 'Q'(Question, 질문) & 'A'(Answer, 답변)와 사실관계를 구체적 사례로 재구성한 Q&A로 현실감 있게 구현해 냈다는 점이다. 특히 영업비밀과 전직(경업)금지 관련 사건에서 흔히 물어보는 질문은 물론, 실제 소송에서 쟁점이 되었던 사항들, 관련 사건에서 소송당사자들은 어떤 주장을 어떻게 했고 이에 법원은 어떤 근거로 이를 인용 혹은 기각하였는지를 테마별 Q&A로 현실감 있게 구성하여 법원에서 영업비밀(또는 전직금지) 사건을 어떤 시각으로 바라보는지 독자들로 하여금 간접 체험할 수 있는 기회를 제공하여 타 서적과 차별화하였다.

무엇보다 필자는 그간 약 8,000여 건의 영업비밀 관련 판결을 분석하며 쌓인 전문적인 지식과 노하우를 바탕으로 어떻게 하면 영업비밀 관련 분쟁을 사전에 대비하고, 부득이 분쟁에 직면했을 시 어떤 논리로 적절한 주장과 방어방법을 제공할 수 있는지를 고민하며 책의 곳곳에 그 흔적을 남기려고 노력했다. 이는 방대한 양의 판결 분석으로 가능했던 것이고, 본서가 영업비밀 관련 종사자 및 실무자들에게 양질의 정보를 제공할 수 있을 것으로 기대하는 이유이다.

마지막으로 판결을 분석하며 소송할 실익이 없는 사건을 의뢰하여 비용과 시간을 낭비한 것으로 보이는 사건을 접할 수 있었는데, 본서를 참고하여 부디 불필요한 소송을 위해 아까운 법률비용을 지출하는 일이 없길 바라며, 본서가 진정 영업비밀(전직금지약정의 유·무효)보호 및 침해에 대한 궁금증의 해소를 갈망하는 독자에게 전달되어 관련 피해가 최소화되길 다시 한번 희망한다.

2024년 가을이 무르익어가는 어느 날, 연구실에서

김성용

머리말 **갈수록 중요해지는 영업비밀 보호**

　이 책은 로데이터 IT법 연구소의 김성용 소장과 필자가 특허청, 한국지식재산보호원을 비롯한 여러 기관들의 위탁을 받아 연구를 수행하면서 쌓은 영업비밀 판례분석 노하우를 Q&A 형식으로 쉽게 풀어 쓴 실무서이다. 공저라고는 하나, 이 책의 대부분은 김성용 소장의 노고와 열정으로 집필되었다. 이 자리를 빌려 김 소장에게 감사의 말씀을 전한다.

　필자들은 영업비밀 관련 소송을 다수 수행해 온 실무가이나, 이런 필자들로서도 방대한 양의 판례를 분석하여 데이터베이스로 체계화하는 것은 쉽지 않은 일이었다. 하지만 이런 특별한 경험은 각각의 영업비밀 사건이 갖는 고유한 정황을 파악해 내는 데 큰 도움이 되었다. 이런 필자들이 영업비밀 사건에서 다투어지는 대부분의 쟁점을 문답식으로 만들었다는 점에서 이 책은 차별성을 갖는다고 감히 말씀드릴 수 있다.

　독자들이 본서를 통해 영업비밀과 관계된 의문을 해소할 수 있기를 소망한다.

2024년 가을, 덕수궁 선원전 터가 내려다보이는 사무실에서
정관영

목차

추천사 005
머리말 006

I.
우리 회사의 핵심정보를 '영업비밀'로 보호받기

🔒 들어가기에 앞서 - '영업비밀' 판단에 대한 법원의 시각 022

🔄 '영업비밀'과 관련된 용어를 알아보자 023

ⓐ 영업비밀 관련 용어 정리 023

ⓑ 영업비밀 용어 관련 Q&A 일반 026

영업비밀의 누설이란 | 영업비밀의 취득이란 | 영업비밀의 사용이란 | 독립적 경제적 가치란 | 영업비밀을 판단하는 기준은 | 영업비밀이 쉽게 인정되어서는 안 되는 특별한 이유가 있는지 | 개정 「부정경쟁방지법」상 완화된 요건의 비밀관리성과 관련한 법원의 입장은

🔄 영업비밀 Q&A 033

가. 영업비밀성 인정 요건, 이것만은 꼭!

ⓐ 영업비밀의 사용과 영업비밀 034

타인의 영업비밀을 참조하거나 역설계하여 시간 등을 절약한 경우, 영업비밀의 사용에 해당하는지 | 영업활동 등의 이용을 위해 영업비밀의 열람 단계에 이른 경우, 영업비밀의 사용에 해당하는지

ⓑ 비공지성(relative secrecy)과 영업비밀 036

영업비밀로 특정된, 기술파일 중 일부가 공지된 경우, 비공지성을 상실하여 영업비밀로 인정받지 못하는지 ▮ 비밀로 관리하는 정보가 이미 일반에 알려진 경우, 비공지성을 상실하여 영업비밀로 인정받지 못하는지 ▮ 합법적인 방법으로는 특별한 기술이 적용된 제품의 취득이 어렵다고 판단된 제품이 어떤 장소에 설치된 경우, 그것만으로 비공지성을 상실했다고 할 수 있는지

ⓒ 비밀관리성과 영업비밀 041

비밀관리성 판단기준이 완화된 이유는 ▮ 충분히 비밀관리를 했음에도 비밀관리성이 인정되지 않았다. 그 이유는 ▮ 철저한 비밀관리를 했지만, 비밀성이 인정되지 않은 구체적 사례 ▮ "타 회사로의 유출을 금지합니다"라는 문구를 기재한 경우, 이러한 문구가 비밀관리성에 영향을 미치는지 ▮ CCTV로 보안을 철저히 한 경우, 당연히 비밀관리성 인정을 받을 수 있는지 ▮ 비밀보호를 위해 특별히 고안된 시스템을 구축해 놓은 회사에서 편의상 관리자 외의 자에게 정보관리를 위임한 경우, 비밀관리성을 인정받을 수 있는지 ▮ 신의칙상 정보를 공개해서는 안 될 의무가 있다는 이유만으로 비밀관리성을 추단할 수 있는지

ⓓ 비밀보호 서약서와 영업비밀 053

일반적이고 추상적인 문구의 비밀보호 서약서가 비밀유지 의무자를 구속하는지 ▮ 일반적이고 추상적인 문구의 비밀보호 서약서가 영업비밀 판단에 미치는 영향은 ▮ 보안서약서를 작성하지 않은 근로자가 퇴사 시, 회사의 '영업상 주요한 자산'을 반납해야 할 의무가 있는지 ▮ 반출한 정보가 영업비밀이나 영업상 주요한 자산이 아닌 경우 영업비밀 준수 서약서 위반에 해당하는지 ▮ 일괄으로 징구한 비밀유지각서의 효력은

ⓔ "이런 것도 영업비밀이 돼?" 영업비밀(또는 보호할 가치 있는 사용자 이익)이 되는 것과 그렇지 않은 것 059

미완성 파일이 영업비밀이 되는지 ▮ 실패 사례가 영업비밀이 되는지 ▮ 현재 또는 장래의 생산·영업활동에 관한 정보가 영업비밀인지 ▮ 제조원가표에 대한 영업상 주요한 자산 여부 ▮ 설계도면이 영업비밀이 되는지 ▮ 실내 인테리어 도면이 영업비밀이 되는지 ▮ 여러 원재료를 단순히 나열한 것에 불과한 것으로, 그 자체만으로는 제품생산이 불가능한 자료가 영업비밀이 되는지 ▮ 유체물이 영업비밀이 되는지 ▮ 무체물이 영업비밀이 되는지 ▮ 외부에 공개될 수밖에 없는 정보가 영업비밀이 되는지 ▮ 레시피가 영업비밀이 되는지 ▮ 회계법인이 보유한 정보가 영업비밀이 되는지 ▮ 이른바 인재정보가 영업비밀이 되는지 ▮ 공인중개사 사무소에서 관리하는 매물정보가 영업비밀이 되는지 ▮ 원재료 및 배합비율이 영업비밀이 되는지 ▮ 신문사에서 관리하는 정보가 영업비밀이 되는지 ▮ 고객정보가 영업비밀이 되는지 ▮ 음식 부자재가 영업비

밀이 되는지 ┃ 음식 등 완제품이 영업비밀이 되는지 ┃ 어떤 정보가 산업기술에 해당하지 않는 경우 영업비밀이 되는지 ┃ 교육서비스를 제공하는 회사에서 보관하는 교육 실시 대상 사업자들의 정보가 영업비밀이 되는지

ⓕ 영업비밀(기술상 또는 영업상 정보)의 특정(identification) 문제와 영업비밀   077

영업비밀은 어느 정도로 특정해야 하는 것인지 ┃ 영업비밀로서 특정되었는지 판단함에 고려해야 할 사항 ┃ 이름과 주소 등 개인정보가 영업비밀임을 주장하기 위해, 회사가 해야 할 사항은 ┃ 형사사건에서 공소를 제기함에 있어 영업비밀은 어느 정도로 특정되어야 하는지

나. 영업비밀 침해, 될지 안 될지 애매할 때

ⓖ 근로자가 업무상 지득·체득한 정보의 귀속과 영업비밀   086

근로자가 업무상 자연스럽게 지득한 정보에 대해 소유를 주장할 수 있는지 ┃ 근로자가 직접 연구개발에 참여하여 지득한 정보에 대해 소유를 주장할 수 있는지 ┃ 자연스럽게 체득한 일반적인 정보가 퇴사 후 사용되는 경우, "영업비밀 침해 우려"가 있다고 할 수 있는지 ┃ 자연스럽게 체득한 일반적인 정보를 퇴사 후 사용할 경우, 형사처벌 여부

ⓗ 전직금지기간과 비밀유지의무기간이 차이가 나는 경우, 영업비밀   089

전직금지기간과 비밀유지의무기간을 달리 정할 수 있는지

ⓘ 특허와 영업비밀   091

특허출원된 발명에 대한 영업비밀, 영업비밀로 인정될 수 있는지 ┃ 특허공보에 공지된 정보와 영업비밀 여부 ┃ 상관습상 비밀유지의무를 부담하는 특정인에게 배포된 경우, 공지(公知) 여부 ┃ 어떠한 기술이 진보성 흠결로 특허등록이 거절된 경우, 영업상 주요한 자산과의 관계는 ┃ 특허 또는 지식경제부 연구보고서에 공개된 경우, 영업비밀로 인정될 수 있는지 ┃ 영업비밀의 실질적인 내용이 특허로 공개된 경우, 영업비밀로 인정될 수 있는지 ┃ 어떤 제품의 기술이 '공지의 기술 또는 자유실시기술'일 경우, 그 제품의 기술은 영업비밀로 인정될 수 있는지 ┃ 직무발명의 내용 공개가 영업비밀 누설에 해당하는지 ┃ 특허출원된 발명에 대해 영업비밀로 인정받기 위해 주장해야 할 사항에는 어떤 것들이 있는지 ┃ 산업기술과 관련하여 특허등록이 이루어져 산업기술의 내용 일부가 공개된 경우, 비밀유지의무의 대상에서 제외되는지

ⓙ 업무상배임과 영업비밀   103

퇴사한 회사 DB에 저장되어 있던 고객의 전화를 받고, 이직한 회사 상품에 가입하도록 한 행

위가 업무상배임에 해당하는지 ┃ 업무상배임의 고의란? 배임의 고의를 인정하며 설시한 이유는 ┃ '영업비밀'과 '영업상 주요한 자산'의 차이점은 ┃ 영업상 주요한 자산을 반출한 근로자를 상대로 회사가 취할 수 있는 법적 조치는 ┃ 무단 반출한 자료가 영업비밀이 아닌 경우, 그 행위자는 처벌받지 않는 것인지 ┃ 영업상 주요한 자산을 무단 반출하였지만, 실제 사용하지 않은 경우, 업무상배임죄로 의율(擬律)할 수 있는지 ┃ 계약관계에 있지 않은 자에 대하여 업무상배임으로 처벌할 수 있는지 ┃ 직무발명에서 종업원이 제3자에게 특허를 받을 수 있는 권리를 이중으로 양도하여 등록까지 마친 경우, 배임죄에 해당하는지 ┃ 외부에 반출하지 않은 미반환·미폐기한 행위도 업무상배임죄를 구성하는지 ┃ 고용계약을 체결하지 않은 채 비밀유지 서약서를 작성한 근로자가 정보를 반출한 경우, 배임죄에서 말하는 범죄의 주체인 '타인의 사무를 처리하는 지위'에 있다고 할 수 있는지 ┃ 실행행위자의 행위가 피해자 본인에 대한 배임행위에 해당한다는 것을 알면서도 소극적으로 그 배임행위에 편승한 경우, 업무상배임죄의 공동정범으로 인정할 수 있는지

ⓚ 침해행위와 영업비밀 114

영업비밀 침해 사건의 쟁점 사항들 ┃ 타인의 영업비밀을 사용한 경우, 영업비밀 침해에 해당하는지 ┃ 영업비밀 사용의 해석과 관련한 피고인의 주장과 법원의 판단 ┃ 타인의 영업비밀을 참조한 경우, 영업비밀의 사용에 해당하는지 ┃ 비밀유지의무를 부담하는 자를 스카우트하는 것이 영업비밀 침해에 해당하는지 ┃ 경쟁회사 직원을 스카우트한 경우, 스카우트한 회사는 경쟁사의 영업비밀을 취득한 것인지 ┃ 자신의 노트에 영업비밀을 기재한 행위가 영업비밀 침해에 해당하는지 ┃ 고객정보를 누설한 경우, 영업비밀 침해행위에 해당하는지 ┃ 영업비밀에 접근할 정당한 권원이 있는 자가 그 정보를 외부로 무단 반출한 경우, 영업비밀 침해에 해당하는지 ┃ 업그레이드 소프트웨어를 설치한 시험폰, 일명 테스트제품을 소지하고 있다가 퇴사한 경우, 영업비밀 침해행위에 해당하는지 ┃ "영업비밀 침해행위에 대한 금지 등을 청구할 수 있는 자"는 '영업비밀의 보유자'이어야 하는지 ┃ 양벌규정에서 법인을 처벌하기 위한 요건인 업무관련성의 의미는 ┃ 형사사건에서 어떤 경우 무죄가 선고되는지 ┃ 영업비밀의 "부정사용, 부정취득, 누설행위"가 별도의 범죄구성요건을 구성하는지 ┃ 공범 중 1인이 누설한 영업비밀을, 다른 공범 상호 간 전달하는 행위가 「부정경쟁방지법」상 비밀누설 등에 해당하는지

ⓛ 영구적 침해행위 금지와 영업비밀 131

영업비밀 침해행위의 영구적 금지가 가능한지 ┃ 특허출원을 중지하는 계약이 영업비밀의 침해를 영구적으로 금지할 수 있는지

ⓜ-1 비밀유지명령과 영업비밀 133

어떤 경우에 비밀유지명령 신청을 하는지 ┃ 비밀유지명령의 대상자는

ⓜ-2 문서제출명령과 영업비밀   135

영업비밀이 공개되어 침해될 수 있다는 이유 또는 대상이 되는 문서가 특정되지 않았다는 이유로 문서제출명령에 응하지 않을 수 있는지 ∥ 계약에 따라 제3자에게 정보를 제공할 수 없다는 이유로 문서제출명령을 거부할 수 있는지

ⓝ 계약관계 등에 의하여 비밀유지의무가 부과된 자와 영업비밀   138

영업비밀과 관련하여 비밀유지의무 없는 자가 영업비밀 누설행위의 주체가 될 수 있는지

다. 우리 회사 영업비밀 더 깊게 보호하기

ⓞ 영업비밀이 보호되는 시간적 범위와 영업비밀 보호기간   139

영업비밀은 영원히 보호된다는 말이 있는데, 사실인지 ∥ 영업비밀이 비밀로서의 존속기간이 경과한 경우, 관련 소송의 결과는 ∥ 영업비밀 보호기간의 임의적 연장이 가능한지 ∥ 영업비밀 금지기간의 임의적 조정이 가능한지 ∥ 영업비밀 보호기간이 도과한 이후 제기한 가처분 인용이 가능한지

ⓟ 라이선스(License)계약과 영업비밀   143

영업비밀을 정당하게 취득한 자가 이를 사용 또는 공개한 경우, 민사상 책임이 있는지 ∥ 영업비밀의 이전이 가능한지

ⓠ 영업비밀 공동보유자와 영업비밀   145

영업비밀 공동보유 관계가 성립하지만, 법률관계에 대한 명확한 합의가 이루어지지 않은 경우 공동연구 주체 사이의 소유관계는 ∥ 영업비밀 공동보유자의 동의 없는 사용이 침해행위를 구성하는지

ⓡ 영업비밀 사용에 대한 묵시적 승낙과 영업비밀   148

영업비밀 사용 승낙의 의사표시는 명시적으로만 가능한지 ∥ 비밀유지의무가 있는 계약당사자 중 일방이 업무상 타인에게 해당 정보를 제공한 경우 계약 위반에 해당하는지

ⓢ 영업비밀 부정사용 미수범과 영업비밀   150

영업비밀을 누설하려 하였으나 미수에 그친 경우, 미수범도 처벌되는지 ∥ 사용인이 영업비밀 부정사용 미수에 그친 경우, 사용인이 근무하는 회사에 대한 처벌이 가능한지

ⓣ **역설계(또는 역분석, reverse engineering)와 영업비밀** 154

철저한 비밀관리에도 불구하고 역설계에 의한 기술 습득이 가능한 경우, 해당 기술에 대한 영업비밀성 인정 여부 ∥ 역설계를 통한 정보 취득이 영업비밀의 부정취득이라고 할 수 있는지, 그리고 비공지성(또는 경제적유용성) 인정에 영향을 미치는지 ∥ 통상의 역설계로 입수 가능한 정보가 영업상 주요한 자산이 되는지 ∥ 어떠한 제품을 만듦에 있어 시제품을 통해 역설계가 가능한 경우, 기술보유자의 정보를 영업비밀(또는 영업상 주요한 자산)이라고 할 수 있는지 ∥ 상대방의 영업비밀을 역설계로 알아낸 경우, 그 영업비밀은 비공지성 상실로 더 이상 영업비밀이 아닌 것인지 ∥ 역설계를 통해 영업비밀을 알았을 뿐이라고 주장하면서, 실시 제품의 근거가 되는 정보(ex, 설계도면 등)를 제출하지 못한 경우, 법원의 판단은 ∥ 역설계를 통해 개별 제품의 구조 및 대략적인 수치 등만 파악할 수 있을 뿐인 경우, 영업비밀 인정 여부 ∥ 역설계로 영업비밀을 취득하는 것이 금지되는지 ∥ 상대방의 영업상 주요한 자산을 역설계로 알아내면 상대의 정보는 비공지성 상실로 더 이상 영업상 주요한 자산이 아닌 것인지 ∥ 샘플 자체만으로는 역설계가 극히 불가능한 제품을 영업상 주요한 자산이라고 할 수 있는지

ⓤ **소송(법적조치)과 영업비밀** 162

영업비밀침해 소송을 하기 위해 영업비밀 보유자가 소송 과정에서 취해야 할 중요사항은 ∥ 영업비밀을 부정취득하였으나 실제 사용지는 않은 경우, 회사에 대한 손해배상책임이 있는지 ∥ 약정 또는 의무이행에 반하여 직무발명의 내용이 공개되도록 한 행위가 영업비밀 누설에 해당하는지 ∥ 침해회사의 구체적인 영업이익률 및 영업비밀이 침해회사의 매출액에 기여한 비율을 알 수 없는 경우, 손해액 산정 방법은 ∥ 영업비밀 보유자가 침해자를 상대로 그 침해에 따른 손해배상 등 법적 조치를 구할 경우, 손해액 등에 대한 판단 시점은 ∥ 영업비밀침해로 인한 손해배상청구 시「부정경쟁방지법」제14조의 2 제2항을 주장하기 위해 입증해야 할 사항은 ∥ 형사처벌을 명하는 판결이 곧바로 민사상 손해배상책임으로 이어지는지

ⓥ **소멸시효와 영업비밀** 175

영업비밀 침해에 내한 소멸시효는 ∥「부정경쟁방지법」제10조 제1항 소정외 영업비밀 침해행위의 금지 및 예방 청구권의 소멸시효 기산점을 위해 고려할 사항 ∥ 단기 소멸시효 기산점의 산정 기준은 ∥「부정경쟁방지법」제18조 제2항(영업비밀누설의 점)으로 형사처벌을 받은 자가 보유자로부터 손해배상청구 소송을 당하자, 소멸시효를 주장하는 경우, 시효 기산점의 산정은 ∥ 법인이 소송당사자인 경우, 소멸시효의 기산점이 되는 '손해 및 가해자를 안 날'이란

ⓦ **위약금 및 위약벌과 영업비밀** 182

가맹계약에서 동종영업을 금지하며 이를 위반할 경우, 금전적 배상을 하기로 하는 위약금의 법

적 성격은 | 영업비밀 누설 시 지급해야 하는 위약금 약정과 별개로 '손해배상 등을 할 수 있다'는 약정을 한 경우, 위약금의 법적 성격은 | 전직금지약정 위반 시 근로자의 과다한 지급채무에도 불구하고 전직에 대한 보상은 하지 않기로 한 경우, 약정에 대한 해석은 | 위약벌의 일부 무효가 가능한지

ⓧ 회사규모와 영업비밀　189

회사규모(대기업·중소기업·개인사업자 등)에 따라 비밀관리성 판단이 달라질 수 있는지

ⓨ 프랜차이즈(가맹사업)와 영업비밀　194

가맹본부가 가맹사업자에게 제공하는 '부자재'가 영업비밀인지 | 가맹본부가 건물소유자 동의 없이 가맹사업자와 전대차 계약을 체결한 사실을 알리지 않기로 하는 약정에도 불구하고 알린 경우, 가맹사업자는 비밀유지의무를 위반한 것인지 | 가맹본부의 귀책사유로 인하여 계약이 해지되어 종료된 경우, 전직금지약정 유효 여부 | 외식 프랜차이즈, 가맹본부가 영업비밀이라고 주로 주장하는 정보와 그 인정 여부

ⓩ 불법행위 방조자에 대한 공동불법행위 책임과 영업비밀　198

부(父)의 요청으로 부(父)가 근무하는 회사의 영업비밀 누설에 가담한 자녀의 회사에 대한 공동 불법행위책임 여부

Ⅱ. 전직금지약정, 핵심인력 스카우트와 이직 문제

🔒 '전직금지'와 관련된 용어를 알아보자　202

ⓐ 전직금지와 관련하여 주로 언급되는 용어 정리　202
ⓑ 전직(경업)금지 관련 Q&A 일반　205

전직(경업)금지약정에 대한 법원의 입장은 | 사용자가 근로자와 전직금지약정을 체결하지 않은 경우, 근로자로 하여금 관련 업무에 종사하지 못하도록 할 수 있는지

🔒 전직금지 Q&A   207

ⓐ 전직금지약정의 내용(비밀보호 서약)과 전직금지   207

전직금지약정에 서명한 경우, 이를 따르지 않으면 안 되는 것인지 ▮ 자신에게 불리한 내용의 전직금지약정에 따라야 할 의무가 있는지 ▮ 부동문자로 작성된 전직금지약정서가 효력이 있는지 ▮ 부동문자로 작성된 전직금지서약서가 약관법상 무효인지 ▮ 근로자가 전직금지약정 등에 기재된 내용을 위반했는지 판단함에 있어, 우선적으로 고려해 봐야 할 사항은

ⓑ 퇴직 당시 근로자의 나이(또는 퇴직 근로자의 근무기간)와 전직금지   212

근로자의 퇴직 당시 나이와 근무기간이 전직금지 유효성 판단에 영향을 미치는지

ⓒ 손해배상과 전직금지   213

전직금지약정 위반에 따른 손해배상청구 소송에서 법원이 고려하는 사항은 ▮ "금지기간 내 전직한 경우, 전직지원금 전액을 반환하겠다"는 것이 손해배상액의 예정인지 ▮ 전직금지약정이 무효인 경우, 약정에 기재된 내용인 비밀유지약정도 무효인지 ▮ 기존 고객이 창업한 헤어디자이너를 따라 이동한 경우, 전직금지 위반으로 손해배상책임을 부담하는지

ⓓ 금지기간과 전직금지   219

전직금지약정에서 정한 금지기간이 단기간(短期間) 또는 장기간(長期間) 인지의 기준은 ▮ 전직금지약정을 위반한 근로자를 상대로 퇴사한 지 수개월이 지난 시점에 가처분을 신청한 경우, 인용 가능성은 ▮ 전직금지약정의 유효성이, 곧바로 약정상 내용인 금지기간의 유효성으로 이어지는지

ⓔ 근로자성과 전직금지   228

전직금지약정에 반하여 이직한 경우, 근로자성 판단 여부의 문제 ▮ 전직금지약정 유효성 판단에 '정규직 또는 프리랜서' 등인지 여부가 영향을 미치는지 ▮ 근로기준법상 근로자가 아닌 회사의 임원은, 전직금지약정의 유효 여부를 판단함에 근로사와 다른 기준이 적용되는지 ▮ 근로계약 불이행 등의 이유로 근로자에 대한 위약금 등 약정을 할 수 있는지

ⓕ 전직금지 유효성 판단기준과 전직금지   233

전직금지약정에 대한 유·무효 판단은 어떤 기준(분쟁을 방지하기 위해 전직금지약정 시 점검해 볼 사항)으로 하는지 ▮ 보호할 가치 있는 사용자의 이익을 충족하기 위한 요건은 ▮ 직급이 낮거나 보조적 역할을 한 자에 대한 전직금지약정이 회사에게 '보호할 가치 있는 사용자의 이익'으로 평가될 수 있는지 ▮ 사용자와 근로자가 전직금지약정에 대해 상반된 주장을 할 경우, 약정의 유효성 입증의 주체는

⑧ 전직금지에 대한 대가와 전직금지 243

퇴직 근로자에게 반드시 전직금지약정의 대가를 지급해야 하는지 | 사용자가 퇴직 근로자에게 전직금지약정에 대한 조치를 결여하거나 현저하게 낮은 대가를 지급하기로 한 경우, 그 약정의 효력은 | 전직금지약정에 대한 유효성 인정을 위해, 그에 대가로서 직접적이고 명시적인 금전 지급 외 다른 방법은 없는지 | 전직금지에 대한 명시적인 대가 외에 특별한 대가 또는 상당한 수준의 급여가 적절한 대가로 인정될 수 있는지 | 전직금지약정에 대한 대가 외에 약정의 유효성 인정을 위해 고려해야 할 사항은 | 임원으로 근무하며 높은 수준의 연봉과 수당 등을 지급받은 경우, 이를 전직금지에 대한 대가라고 볼 수 있는지 | 근로자가 전직금지약정의 대가를 받고서도 동종업체에 취업한 경우, 사용자가 취할 수 있는 민사상 조치는

ⓗ 전 직장과의 거리와 전직금지 251

퇴사 후 50m 떨어진 곳에 미용실을 개업한 경우, 전직금지 위반인지 | 퇴사 후 300m 떨어진 곳에 미용실을 개업한 경우, 위약금 산정 시 검토해야 할 사항은 | 퇴사 후 2km 내에 개점할 수 없도록 제한하는 경우, 전직금지 위반인지 | 퇴사 후 600m 떨어진 부동산에 취업한 경우, 전직금지 위반인지 | 퇴사 후 495m 떨어진 곳에 네일샵을 개설한 경우, 전직금지 위반인지

ⓘ 약관법과 전직금지 258

전직금지약정이 약관법상 약관에 해당하는지에 대한 문제로서, 전직금지약정이 민법 제103조와는 별개로, 약관으로서 약관의 규제에 관한 법률 위반으로 계약의 내용으로 삼을 수 있는지

ⓙ 학원업과 전직금지 259

학원업의 경우, 전직금지약정이 반드시 필요한 이유는 | 학원업의 경우, 1년 미만이라는 전직금지기간에 대해 실효성 의문을 갖는 이유는 | 전직금지약정 위반에 따른 손해배상청구 소송에서 감액 주장이 가능한지 | 학원 규모와 전직금지 판단과의 관계는

ⓚ 간접강제 집행방법과 전직금지 263

전직금지가처분 결정에도 불구하고 근로자가 경쟁업체에 취업한 경우, 간접강제를 실시하기 위한 집행문 부여의 소를 제기해야 하는지

Ⅲ. 마무리하는 글

부록　영업비밀과 디지털증거의 증거능력　269

　　1. 압수수색 절차상의 위법과 증거능력 인정의 한계　271

　　2. 위법수집증거의 증거능력을 예외적으로 인정할 수 있는 경우 및 이에 해당하는지 판단하는 기준/위법수집증거를 기초로 하여 획득한 2차적 증거의 증거능력을 예외적으로 인정할 수 있는 경우　278

　　3. 수사기관이 압수·수색 과정에서 피의자 또는 변호인에게 참여권을 보장하지 않은 위법이 있을 경우, 압수·수색에서 나타난 위법이 압수·수색절차 전체를 위법하게 할 정도로 중대한지 여부의 판단기준　283

　　4. 압수·수색영장에 압수할 물건으로 기재되지 않은 이메일 계정에 대한 압수·수색이 위법한지 여부의 판단기준　287

참고문헌　291
찾아보기　297

I

우리 회사의 핵심정보를 '영업비밀'로 보호받기

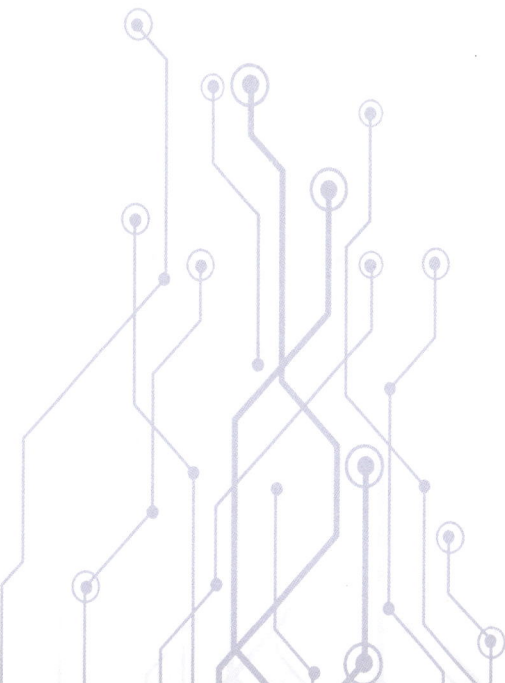

들어가기에 앞서
'영업비밀' 판단에 대한 법원의 시각

부정경쟁방지 및 영업비밀보호에 관한 법률(2024. 8. 21. 법률 제20321호, 이하 편의상 「부정경쟁방지법」이라고 한다) 제2조 제2호는 영업비밀을 "공공연히 알려져 있지 아니하고 독립된 경제적 가치를 가지는 것으로서, 비밀로 관리된 생산방법, 판매방법, 그 밖에 영업활동에 유용한 기술상 또는 경영상의 정보"라고 정의하고 있다. 이처럼 영업비밀로 인정되기 위한 요건은 법률로 정해져 있다. 따라서 법원이 바라보는 영업비밀에 대해 이해하면 자신이 보유한 정보를 영업비밀로 인정받는 데 도움이 될 것이고, 침해가 발생하면 이에 대한 적절한 대처가 가능할 것이다. 영업비밀을 판단함에 있어 법원의 시각은 아래와 같다.

법률은 영업비밀의 요건으로 비공지성, 경제적 유용성, 비밀관리성을 요구하고 있다. 그런데 공지(公知), 경제적가치, 비밀관리의 정도가 각 어느 정도에 이르러야 그 요건을 충족한 것으로 볼 것인지는 일의적으로 판단하기 어렵다. 영업 정보 등에 대해 조금이라도 아는 사람이 있다고 해서 이를 공지되었다고 할 수 없을 것이고 그렇다고 해서 대부분의 사람이 알아야만 공지된 것이라고 할 수도 없다.
현대 정보화 사회에서 가치 없는 정보를 찾기 힘들다. 가치 있는 정보라 해도 많은 사람이 알고 있거나 저렴한 비용으로 또는 어렵지 않게 구할 수 있는 정보라면 경제적 유용성이 있다고 쉽게 단정할 수 없을 것이다. 특별한 이유 없이 정보 보유자가 정보를 의도적으로 공개하는 경우는 별로 없다. 대부분의 영업 정보 등이 디지털화되어 보관되고 컴퓨터 등 정보처리장치에는 비밀번호 등이 설정되어 있는 것이 일반적이다. 이러한 모든 경우에 영업 정보에 대해 비밀관리가 되고 있다고 하면 비밀관리가 되지 않는 정보를 찾기가 힘들다. 요컨대 비밀관리를 하는 것과 비밀관리를 하지 않는 것의 차이점이 있어야 할 것이다.

영업비밀 요건 충족 여부를 따지는 데 있어 각 요건의 충족 정도를 분리하여 개별적으로 볼 것은 아니다. 건전한 거래질서 유지라는 법 목적을 달성하면서 경쟁의 자유를 보장하고 개인의 직업선택의 자유 및 영업의 자유를 침해하지 않도록 요건 상호 간의 관계와 충족 정도를 종합적으로 판단하여야 한다. 그 증명책임은 검사에게 있고 증명의 정도는 합리적 의심을 배제할 수 있어야 한다.[1]

'영업비밀'과 관련된 용어를 알아보자

ⓐ 영업비밀 관련 용어 정리

▶ **영업비밀**

① 공공연히 알려져 있지 아니하고 ② 독립된 경제적 가치를 가지

---

1   서울중앙지방법원 2023. 2. 8. 선고 2021노3419 판결 참조.

는 것으로서, ③ 비밀로 관리된 생산방법, 판매방법, 그 밖에 영업활동에 유용한 기술상 또는 경영상의 정보를 말한다.

▶ 영업상 주요한 자산

영업비밀에 이르지 않더라도, 적어도 그 자료가 불특정 다수인에게 공개되어 있지 않아 보유자를 통하지 않고는 이를 통상 입수할 수 없고, 그 자료의 보유자가 자료의 취득이나 개발을 위해 상당한 시간, 노력 및 비용을 들인 것으로 그 자료의 사용을 통해 경쟁자에 대하여 경쟁상의 이익을 얻을 수 있는 정도의 것을 말한다.

▶ 사용자(使用者)

흔히 회사 또는 법인이라고 말하기도 하는데, ① 근로기준법·노동조합 및 노동관계조정법·근로자참여 및 협력증진에 관한 법률에서 "사업주 또는 사업 경영 담당자, 그 밖에 근로자에 관한 사항에 대하여 사업주를 위하여 행위하는 자를 말한다(근로기준법, 노동조합 및 노동관계조정법 각 제2조 제2호, 근로자참여 및 협력증진에 관한 법률 제3조 제3호)."고 규정하고 있다. ② 민법에서는 고용계약(근로계약)에 있어서 노무를 제공할 것을 약정한 상대방(근로자)에게 보수(임금)를 지급할 것을 약정하는 자를 말한다(민법 제655조·제756조).

▶ 근로자(勤勞者)

흔히 직원이라고 말하기도 하는데, ① 근로기준법과 근로자참여 및 협력증진에 관한 법률에서는 "직업의 종류와 관계없이 임금을 목적으로 사업이나 사업장에 근로를 제공하는 사람"을 말한다(근로기준법 제2조 제1호, 근로자참여 및 협력증진에 관한 법률 제3조 제2호). ② 노동조합 및 노동관계조정법에서는 "직업의 종류를 불문하고 임금·급료 기타 이에 준하는 수입에 의하여 생활하는 자"를 말하는데(노동조합 및 노동관계조정법 제2조 제1호), 근로기준법과 근로자참여 및 협력증진에 관한 법률상의 근로자 개념과 노동조합 및 노동관계조정법상의 근로자 개념은 차이가 있다. 즉, 노동조합 및 노동관계조정법상의 근로자에는 실직된 상태에 있지만, 현재 해고의 무효여부를 다투고 있는 자도 포함하고 있다.

▶ 비밀유지약정

이 용어의 개념을 이해하기에 앞서 명칭에 구속될 필요는 없지만, 영업비밀의 누설 등을 금지하기 위해 입사 전·후 작성하는 '영업비밀보호서약서'가 있다면, 영업비밀 외의 정보에 대하여 그 유출, 누설을 금지하는 약정을 위해 사용하는 용어가 바로 이것이다.

「부정경쟁방지법」에 의해 보호되는 영업비밀과 달리 이 법에 의해 보호되지 않는 영업비밀 외의 정보에 대한 보호를 위해 부수적으로 체결하는 경우에 사용되기도 하는데 실무적으로 다양한 명칭으로 사용된다. 이를테면 '비밀유지서약서' 또는 '보안서약서' 등의 용어로 사용되기도 하고, 근로계약서 내에 별도의 항목을 추가하여 그 내용을 기재하기도 한다.

ⓑ 영업비밀 용어 관련 Q&A 일반

인간의 욕망이 보편적이라지만 욕망의 양상은 천차만별의 다양한 모습으로 나타난다. 영업비밀을 탈취하여 부당이득을 취하려는 인간의 욕망도 마찬가지다. 현실세계에서 영업비밀 침해의 유형은 천 갈래 만 갈래로 다양하게 나타난다. 이렇게 다양한 영업비밀 침해 유형들을 법문(法文)에 일일이 열거할 수 있을까? 사실상 불가능한데, 이유는 법전이 너무 두꺼워져 국민뿐만 아니라 전문가들도 찾아보기 힘들어지기 때문이다. 이에 대부분 국가들은 법문에 '일반적·추상적인 용어'만 규정하고, 그에 대한 구체적인 해석은 법원에 일임하는 구조를 취하고 있다. 우리나라의 「부정경쟁방지법」도 마찬가지다. 이하에서 살펴보자.

▶ 영업비밀의 누설이란

Q. 영업비밀의 '누설'이란, 무엇을 말하는 것인지?

A. 영업비밀의 '누설'이란 타인(피해자)의 영업비밀을 취득한 사람이 그 영업비밀을 알지 못하는 타인(피해자 외 제3자)에게 이를 알려주는 행위를 말한다.

▶ 영업비밀의 취득이란

Q. 영업비밀의 '취득'이란, 무엇을 말하는 것인지?

A. 영업비밀의 '취득'이란 도면, 사진, 녹음테이프, 필름, 전산정보처리조직에 의하여 처리할 수 있는 형태로 작성된 파일 등 유체

물의 점유를 취득하는 형태는 물론이고, 그 외에 유체물의 점유를 취득함이 없이 영업비밀 자체를 직접 인식하고 기억하는 형태 또는 영업비밀을 알고 있는 사람을 고용하는 형태로도 이루어질 수 있다. 그러나 어느 경우에나 사회통념상 영업비밀을 자신의 것으로 만들어 이를 사용할 수 있는 상태가 되었다면 영업비밀을 취득하였다고 할 것이다.[2]

여기서 잠깐!

「부정경쟁방지법 제18조 제2항의 영업비밀의 취득이 성립하기 위해서는, 그것이 법 제2조 제3호 가목에 규정된 바와 같이 절취, 기망, 협박, 그 밖의 부정한 수단으로 영업비밀을 취득하는 행위 즉, '부정취득행위'이어야 하고, 영업비밀의 사용도 이러한 부정취득행위를 전제로 하는 것이므로, 부정한 수단으로 취득하지 아니한 이상 영업비밀을 사용한다 하더라도, 이는 처벌대상이 되는 사용에 해당하지 않는다」는 주장은 타당한 것일까?

위 주장은 타당하지 않다. 영업비밀의 취득이란 기억 혹은 기억매체 등을 매개로 하거나 직접 유체물의 점유를 확보하는 방법으로 자신이 영업비밀을 사용할 수 있는 상태에 이른 경우를 뜻하고, 매개 등이 절취, 기망, 협박, 그 밖의 부정한 수단에 의한 것인지, 계약관계 등에 따라 영업비밀을 취급할 수 있는 자가 업무상 계기에 의한 것인지를 가리지 않는다 할 것이니, 이와 전제를 달리하는 위 주장은 나아가 살펴볼 필요 없이 이유 없다(서울고등법원 2008. 10. 2. 선고 2008노1298

---

[2] 대법원 1998. 6. 9. 선고 98다1928 판결 참조.

판결 [부정경쟁방지및영업비밀보호에관한법률 위반(영업비밀누설등)·업무상배임]).

▶ 영업비밀의 사용이란

Q. 영업비밀의 '사용'이란?

A. 「부정경쟁방지법」제2조 제3호에서 영업비밀의 침해행위의 한 유형으로 정하고 있는 영업비밀의 '사용'은, 영업비밀 본래의 사용 목적에 따라 이를 상품의 생산·판매 등의 영업활동에 이용하거나 연구·개발 사업 등에 활용하는 등으로 기업활동에 직접 또는 간접적으로 사용하는 행위로서 구체적으로 특정이 가능한 행위를 의미한다.[3]

여기서 잠깐!
퇴직 시 영업비밀을 반출하고, 반출한 자료를 열람·사용한 경우, 부정경쟁방지법 위반? 업무상배임?

근로자가 퇴직 시 영업비밀을 반출한 경우 업무상배임죄가 성립하였더라도 퇴직 후 위와 같이 반출한 자료를 열람·사용하는 경우에는 별개로 「부정경쟁방지법」 위반(영업비밀누설등)죄가 성립한다(대전지방법원 천안지원 2022. 10. 25. 선고 2020고단2843 판결 참조).

---

[3] 대법원 1998. 6. 9. 선고 98다1928 판결 참조

▶ 독립적 경제적 가치란

Q. '독립된 경제적 가치'를 가진다는 것은 무슨 뜻일까?

A. '독립된 경제적 가치를 가진다'는 말은, 흔히 '경제적 유용성'이라는 말과 혼용되어 사용되는데, 이는 원칙적으로 비밀관리성으로부터 유래되는 것으로 정보의 보유자가 그 정보의 사용을 통해 경쟁자에 대하여 경쟁상의 이익을 얻을 수 있거나(첫 번째 요건) 또는 그 정보의 취득이나 개발을 위해 상당한 비용이나 노력이 필요하다는 것(두 번째 요건)을 의미한다.

예컨대 고객명부는 가망고객의 창출뿐만 아니라 확보된 기존 고객이 다른 고객을 소개하도록 하는 수단으로 사용할 수 있으므로 독립된 경제적 가치 즉, 경제적 유용성이 있다고 할 수 있다.

▶ 영업비밀을 판단하는 기준은

Q. 어떠한 정보가 영업비밀인지 아닌지 어떤 기준으로 판단하는 것인지?

A. 「부정경쟁방지법」 제2조 제2호의 해석상 성립요건은 비공지성과 경제적유용성, 비밀관리성이 요구된다. 법 제2조 제2호에서 '영업비밀'을 "공공연히 알려져 있지 아니하고(비공지성), 독립된 경제적 가치를 가지는 것(경제적 유용성)으로서, 상당한 노력에 의하여 비밀로 유지된(비밀유지성) 생산방법·판매방법·그 밖에 영업활동에 유용한 기술상 또는 경영상의 정보"라고 규정하고 있다. 따라서 영업비밀 여부의 판단은 공공연히 알려져 있지 않은 경제적 가치를 가지는 것으로 비밀로서 관리되어야 한다는 조건

을 성취해야 한다.

참고로 '공공연히 알려져 있지 아니하다'는 것은 그 정보가 간행물 등의 매체에 실리는 등 불특정 다수인에게 알려져 있지 않기 때문에 보유자를 통하지 아니하고는 그 정보를 통상 입수할 수 없는 것을 말하므로, 보유자가 비밀로서 관리하고 있다고 하더라도 당해 정보의 내용이 이미 일반적으로 알려져 있을 때에는 영업비밀이라고 할 수 없다는 점도 유의하여야 한다.[4]

다만, ① 세계 어느 업체나 공통적으로 시행하고 있는 내용이고 다른 업체들이 그러한 실험 결과를 공개하고 있다거나 ② 여러 학술지에 그 학술적·이론적 근거가 공개되어 있다거나 ③ 공개된 외국의 특허출원서류에 그 설계 개념이 포함되어 있다거나 ④ 타 회사 제품이나 실험에 사용된 시료 등의 카탈로그·인터넷 홈페이지 등에 그 물성이나 용법·주의사항 등이 개괄적으로 포함되어 있다거나 ⑤ 그 제품의 규격이 표준화되어 있어 피해자 회사뿐 아니라 많은 해외업체들이 이를 생산하고 있고 그 공정의 내용 또한 기초적인 것으로 인터넷에 공개되어 있는 수준을 넘지 않는다거나 하는 정도의 사정들만으로 그 자료들이 일반적으로 잘 알려진 것이라고 단정하기는 어렵다.[5]

▶ **영업비밀이 쉽게 인정되어서는 안 되는 특별한 이유가 있는지**

Q. 법원이 영업비밀성을 너무 쉽게 인정해 줘도 문제가 될까?

---

4   대법원 2004. 9. 23. 선고 2002다60610 판결 등 참조.
5   대법원 2005. 3. 11. 선고 2003도3044 판결 참조.

A. 통상 회사의 영업에 관련된 자료는 외부에 공개되지 않고 외부에서 잘 알 수도 없다. 아울러 영업 관련 자료는 어떠한 내용이던 직·간접적으로 영업활동에 도움을 준다. 따라서 영업자료가 디지털화되어 컴퓨터에 저장되어 있고 컴퓨터에 보안프로그램 등이 설치된 것을 비밀로 관리하는 것으로 보고 비공지성, 경제적 유용성이 있는 것으로 보면 사실상 회사 내의 모든 영업 관련 자료가 영업비밀로 인정될 형식적 요건을 갖추게 된다.

그런데 위와 같은 형식적인 요건을 갖추었다고 하여 법원이 영업비밀을 쉽게 인정하면 개인(예컨대 회사 소속 직원)이 영업을 하면서 취득한 기술, 지식, 정보 등을 퇴사 후에 사용할 수 없게 되어 개인의 직업선택의 자유나 영업의 자유가 침해될 위험이 있다. 분명 영업비밀의 부정취득, 사용 행위는 형사처벌의 대상이므로 그 적용 범위가 명확해야 한다는 점에서 영업비밀인 것과 비밀이 아닌 것의 구별이 가능해야 하고 법적 보호가치가 있어야 한다는 점은 누구도 부정할 수 없을 것이다. 따라서 단지 회사 영업활동 등에 유용하다는 정도만으로 쉽게 영업비밀로 인정할 수는 없을 것이다.[6]

> **개정 「부정경쟁방지법」상 완화된 요건의 비밀관리성과 관련한 법원의 입장은**

Q. 영업비밀 성립 요건 중 비밀관리성과 관련하여 보유주체의 '합리적인 노력'에 의하여 비밀로 유지되어야만 '영업비밀'로 인

---

[6] 서울중앙지방법원 2021. 1. 22. 선고 2019노2242 판결 참조.

정받던 것이, 개정 「부정경쟁방지법」은 합리적인 노력이 없더라도 비밀로 관리되었다면 '영업비밀'로 인정받을 수 있도록 인정요건이 완화되었는데, 이에 대한 법원의 입장은 어떠한지?

A. 2019. 1. 8. 법률 제16204호로 개정되기 전 「부정경쟁방지법」은 일정한 요건을 갖춘 영업활동에 유용한 정보가 '합리적인 노력에 의하여' 비밀로 유지되어야만 '영업비밀'로 인정받을 수 있었고, "합리적인 노력에 의하여 비밀로 유지된다"는 것은 정보가 비밀이라고 인식될 수 있는 표시를 하거나 고지를 하고, 정보에 접근할 수 있는 대상자나 접근방법을 제한하거나 정보에 접근한 자에게 비밀준수 의무를 부과하는 등 객관적으로 정보가 비밀로 유지·관리되고 있다는 사실이 인식 가능한 상태로 비밀관리성에 대해 판단하였다.[7]

개정 전	개정 후
"영업비밀"이란 공공연히 알려져 있지 아니하고 독립된 경제적 가치를 가지는 것으로서, "합리적인 노력에 의하여 비밀로 유지된" 생산방법, 판매방법, 그 밖에 영업활동에 유용한 기술상 또는 경영상의 정보를 말한다.	"영업비밀"이란 공공연히 알려져 있지 아니하고 독립된 경제적 가치를 가지는 것으로서, "비밀로 관리된" 생산방법, 판매방법, 그 밖에 영업활동에 유용한 기술상 또는 경영상의 정보를 말한다.

기존에 보유주체의 '합리적인 노력'에 의하여 비밀로 유지되어 야만 '영업비밀'로 인정받던 것을, 합리적인 노력이 없더라도 비밀

---

[7] 대법원 2017. 1. 25. 선고 2016도10389 판결 등 참조.

로 관리되었다면 '영업비밀'로 인정받을 수 있도록 '영업비밀'의 인정요건을 완화하는 개정취지를 감안하더라도 '관리를 위한 노력'과 '비밀로의 인식가능성'은 여전히 '영업비밀'로 인정되기 위한 필수요건이므로, 개정된 「부정경쟁방지법」 아래에서도 특정한 정보가 '영업비밀'로 인정되기 위해서는 일정한 수준의 비밀관리 조치가 있어야 하고, 그 정보가 비밀로 관리되고 있다는 점이 객관적으로 인식 가능하여야 한다고 할 수 있다.[8]

이와 같이 개정된 배경은 자금사정이 좋지 않은 중소기업 가운데에는 기술개발에만 치중하고 영업비밀 보호를 위한 충분한 시스템을 구축하지 못한 나머지 '비밀관리성'을 인정받지 못하는 사례가 다수 발생하게 되었다는 점이 그 이유로 꼽힌다. 그러나 실제 법 개정에 따른 완화된 비밀관리성 요건에도 불구하고 여전히 비밀관리성과 관련한 판단에는 특별히 영향을 미치지 않는 것으로 분석되기도 하였다.

영업비밀 Q&A

가. 영업비밀성 인정 요건, 이것만은 꼭!

---

[8] 서울중앙지방법원 2023. 4. 20. 선고 2022노2405 판결 참조.

ⓐ 영업비밀의 사용과 영업비밀

▶ **타인의 영업비밀을 참조하거나 역설계하여 시간 등을 절약한 경우, 영업비밀의 사용에 해당하는지**

Q. 타인의 영업비밀을 참조하여 시행착오를 줄이거나 필요한 실험을 생략하는 경우 등 제품 개발에 소요되는 시간과 비용을 절약하거나 역설계(reverse engineering, ☞후술하는 '역설계(또는 역분석, reverse engineering)와 영업비밀' 참고)에 소요되는 시간과 비용을 절약하는 경우, 「부정경쟁방지법」에 의해 금지되는 영업비밀의 '사용'에 해당하는지?

A. 영업비밀인 기술이나 도면을 그대로 베껴 상품을 생산하는 경우뿐만 아니라, 타인의 영업비밀을 참조하여 시행착오를 줄이거나 필요한 실험을 생략하는 경우 또는 역설계에 소요되는 시간과 비용을 절약하는 경우 또한 「부정경쟁방지법」에 의하여 금지되는 영업비밀의 사용에 해당한다.[9]

> **⚖ 참고판례**
>
> 기록 및 심문 전체의 취지에 의하여 소명되는 다음과 같은 사정들에 비추어 보면, 채무자는 C-100 승용차의 연구·개발 과정에서 C-100 승용차와 동급인 채권자의 ○○○ 승용차의 상세 도면 및 기술표준자료를 수집하여 이를 참고하고 활용함으로써, 개발 초기의 제품에 대한 개념 구상이나 기초설계 과

---

[9] 대법원 2019. 9. 10. 선고 2016도1241 판결, 서울중앙지방법원 2010. 7. 1.자 2010카합172 결정 각 참조.

> 정에서 상당한 시간을 절약하고 개발 과정에 통상 수반되는 시행착오를 상당 부분 줄이거나 필요한 실험 일부를 생략할 수도 있었을 것으로 보이고, 이와 같은 이 사건 기술정보의 사용행위는 채무자의 일부 부주의한 직원에 의해 우발적으로 이루어진 것이 아니라 채무자의 임원들을 중심으로 조직적이고 체계적으로 이루어진 것으로 판단된다.

▶ 영업활동 등의 이용을 위해 영업비밀의 열람 단계에 이른 경우, 영업비밀의 사용에 해당하는지

Q. 영업활동에 이용 혹은 활용하고자 그 영업활동에 근접한 시기에 당해 영업비밀을 열람하는 것도 영업비밀의 '사용'으로 볼 수 있는지?

A. 「부정경쟁방지법」에서 정의하고 있는 '사용'에 해당하는 행위로서 구체적인 상황 아래에서 어느 정도 특정이 가능한 상태에 이르렀다면, 바로 기수가 되는 것이며, 그 사용의 결과가 실제로 발생하여야 하는 것은 아니다.

영업활동에 근접한 시기에 당해 영업비밀을 열람하는 단계에 이른[특히 영업비밀이 파일(file)의 형태인 경우는 저장의 단계(이는 영업비밀이 서류의 형태인 경우 비치의 단계에 해당할 것이다)를 넘어 최소한 해당 파일을 불러오는 단계에까지는 이르러야 할 것이다] 경우, 법 제1조[10]가 목적한 타인의 영업비밀을 침해하는 행위를 방지하여 거래질서의 건전성을 유지하고자 하는 바를 침해

---

[10] 「부정경쟁방지법」 제1조(목적) 이 법은 국내에 널리 알려진 타인의 상표·상호(商號) 등을 부정하게 사용하는 등의 부정경쟁행위와 타인의 영업비밀을 침해하는 행위를 방지하여 건전한 거래질서를 유지함을 목적으로 한다.

하는 직접적인 위험성(이와 더불어 영업비밀의 취득으로 인한 법위반죄와의 관계에 있어서의 독립적인 위험성)을 포함하는 행위를 한 것으로 볼 수 있어, 그것으로 영업비밀의 사용으로 인한 법위반죄의 실행에 착수한 것으로 보아야 할 것이다.[11]

ⓑ 비공지성(relative secrecy)과 영업비밀

> **미리 하는 학습**
>
> **영업비밀 3요건 중 하나인 '비공지성', 어떠한 정보가 제한적으로 알려진 것만으로 비공지성이 상실됐다고 할 수 없다.**
>
> 비공지 즉, 알려지지 않은 상태를 말하는데 누구에게도 절대적으로 알려지지 않은 것을 의미하지는 않는다. 「부정경쟁방지법」에서는 해당 정보가 동종업계에 종사하는 자 등이 이를 가지고 경제적으로 이익을 얻을 가능성이 있지 아니한 경우 '공공연히 알려져 있지 않은' 상태라고 규정하고 있다.
>
> 다만, '공공연히 알려져 있지 않다'는 것이 반드시 절대적인 비밀상태를 유지하여야 하는 것은 아니라는 점을 주지할 필요가 있는데, 예를 들어 비밀보호를 약속한 타인 또는 직원 등 일부에게만 제한적으로 알려져 있는 상태라고 하더라도 그 직원 등에게 비밀유지의무가 있고 제한된 상태가 유지되고 있는 상대적 비밀성이 인정된다면 영업비밀 요건 중 비공지성이 탈락된다고 할 수 없다.
>
> 따라서 비공지성과 관련하여 상대적인 비공지성 개념을 이해할 필요가 있다. 미국의 영업비밀보호법(통일모델법 ; UTSA, Uniform Trade Secret Act)에서도 우리의 비공지성에 해당하는 개념을 'relative secrecy'라고 하여 영업비밀의 비밀성은 상대적인 개념으로 접근하고 있다.

---

11 서울고등법원 2008. 10. 2. 선고 2008노1298 판결 참조.

▶ **영업비밀로 특정된, 기술파일 중 일부가 공지된 경우, 비공지성을 상실하여 영업비밀로 인정받지 못하는지**

Q. 영업비밀로 특정한 기술파일(ex, 기계 작동을 제어하고 운용자에게 필요한 정보를 제공하는 프로그램 파일로서 소스파일, 실행파일, 프로그램 설계도 및 기술정보에 관한 설명문서 파일로 구성)이 내포하는 기술정보 중 일부(ex, 소스코드)가 관련 업계(논문, 오픈 소스코드 사이트 등)에 공지된 경우 해당 기술파일은 널리 알려진 공개된 파일로서 영업비밀이 될 수 없는 것인지?

A. 기술적 사상이 공지된 것으로 이미 업계에 널리 알려져 있다고 하더라도 기술적 사상을 구체적으로 구현하기 위하여 필요한 세부적인 기술상의 정보 즉, 노하우(know-how)[12]가 독자적인 가치가 있고, 불특정 다수가 쉽게 알 수 없고 그것이 비밀로서 유지·관리되고 있는 경우라면 기술상의 정보 자체에 대하여 별도의 비공지성·경제적 유용성이 인정될 수 있다.[13]

※ 기술정보 중 일부가 공지되었어도 구체적인 사정에 따라 영업비밀성이 인정될 수 있다.

▶ **비밀로 관리하는 정보가 이미 일반에 알려진 경우, 비공지성을 상실하여 영업비밀로 인정받지 못하는지**

Q. 영업비밀 보유자가 비밀로 관리하는 정보의 내용이 이미 일

---

12 이를테면 甲이 개발한 개별 소스코드가 공지된 소스코드들과 유사하더라도 완전히 일치하는 것이 아니고 개별 소스코드가 공지된 소스코드나 논리체계를 포함하고 있는 경우를 가정해 보자, 이때 甲이 개별 소스코드를 통합하고 다른 파일들과 연동시키기 위해 상당한 수정·보완 작업을 거친 경우 甲만의 고유한 노하우가 포함되어 있다고 볼 수 있다.

13 서울고등법원 2014나4592 판결 참조.

반적으로 알려져 있다면 해당 정보를 영업비밀이라고 할 수 없는지?

A. 일반적으로 정보의 내용이 이미 알려져 있을 때는 영업비밀이라고 할 수 없지만, 그렇다고 영업비밀이 부정된다고 단정할 수도 없다. ☞ 전술한 "미리 하는 학습 '상대적 비공지성'"을 상기하기 바람. 이와 관련하여 '공공연히 알려져 있지 아니하다'는 것은 그 정보가 간행물 등의 매체에 실리는 등 불특정 다수인에게 알려져 있지 않기 때문에 보유자를 통하지 아니하고는 그 정보를 통상 입수할 수 없는 것을 말하므로, 보유자가 비밀로 관리하고 있다고 하더라도 당해 정보의 내용이 이미 일반적으로 알려져 있을 때에는 영업비밀이라고 할 수 없다.[14]

다만, 세계 어느 업체나 공통적으로 시행하고 있는 내용이고 다른 업체들이 그러한 실험 결과를 공개하고 있다거나, 여러 학술지에 그 학술적·이론적 근거가 공개되어 있다거나, 공개된 외국의 특허출원 서류에 그 설계 개념이 포함되어 있다거나, 타 회사 제품이나 실험에 사용된 시료 등의 카탈로그·인터넷 홈페이지 등에 그 물성이나 용법·주의사항 등이 개괄적으로 포함되어 있다거나, 그 제품의 규격이 표준화되어 있어 피해자 회사뿐 아니라 많은 해외 업체들이 이를 생산하고 있고 그 공정의 내용 또한 기초적인 것으로 인터넷에 공개되어 있는 수준을 넘지 않는다거나 하는 정도의 사정만으로 그 자료들이 일반적으로 잘 알려진 것이라고 단

---

[14] 대법원 2004. 9. 23. 선고 2002다60610 판결 등 참조.

정하기는 어렵다.[15]

☞ 법원은 기본적인 작동원리나 구성이 알려져 있다는 사정만으로는 비공지성 요건이 결여된다고 단정할 수 없다는 입장이다.

비공지성이 인용된('공공연히 알려져 있지 않다'고 인정된) 예시

① 이 사건 기술파일에는 ○○○○○○ 제품개발 관련자료, 제조 및 생산 관련자료, 채권자 제품에 대한 인·허가 관련자료, 실험 및 연구자료, 설비 구축자료, 제조기록서, 규격서, 제조관리방법서, 시험기록서, 품질경영계획서, 유럽인증 자료, 의료기기 허가신청 자료, 특허출원 자료 등이 포함되어 있는 점 ② 이 사건 기술파일에는 채권자만의 제조방법으로 보이는 이 사건 기술정보 및 그와 관련한 세부 실험 조건들이 기재되어 있고, 채권자 제품의 국내 품목허가와 관련된 시험성적서, 제조기록서 등 기술 및 품질에 관한 문서가 다수 포함되어 있는데, 이러한 자료들은 직접 실험과 연구를 통하지 않고서는 불특정 다수가 쉽게 알 수 없는 것으로 보이는 점 ③ 채권자의 ○○○○○○ 제조 기술이 개별적으로 선행 문헌에 일부 기재되어 있는 것으로 보이나, 그러한 공지된 기술이 조합된 일련의 제조 공정은 선행 문헌에 기재된 내용만으로는 쉽게 얻어질 수 있는 것이라고 보이지 않고, 더욱이 ○○○○○○ 제조에 곧바로 적용할 수 있는 세부적인 실험 조건과 방법 같은 기술상의 정보는 그 자체로 독자적인 가치를 가지고 있는 것으로 보이는 점 ④ 이 사건 기술파일에 담겨 있는 위와 같은 자료들이 웹사이트나 논문 등 간행물에 게시되었다고 인정할 만한 자료도 찾아볼 수 없는 점 등을 고려하여 보면, 이 사건 기술파일은 불특정 다수인에게 알려져 있지 않고 그 보유자인 채권자를 통하지 아니하고는 통상 입수할 수 없는 정보에 해당한다고 봄이 상당하다(서울고등법원 2018. 10. 30.자

---

15 대법원 2005. 3. 11. 선고 2003도3044 판결 참조.

2018라20045 결정).

▶ **합법적인 방법으로는 특별한 기술이 적용된 제품의 취득이 어렵다고 판단될 제품이 어떤 장소에 설치된 경우, 그것만으로 비공지성을 상실했다고 할 수 있는지**

Q. 역설계(reverse engineering)와 같은 합법적인 방법에 의하여 특별한 기술이 적용된 제품에 대한 기술상 정보를 취득하는 것이 어렵다고 판단될 경우, 해당 기술이 적용된 제품(ex, 회로도가 적용된 무선중계기 등)이 어떤 장소 등에 설치된 것만으로 비공지성이 상실되었다고 볼 수 있는지? (회사가 보유한 특정한 기술이 역설계 등 합법적인 방법으로 알아내기 힘든 기술이라면, 그것이 회사 밖에서 발견된 것만으로 비공지성 요건을 상실했다고 간주할 수 있는지?)

A. 해당 기술이 적용된 제품에 대한 접근의 어려움, 이를테면 시설관계자 외 제3자가 제품에 접근할 수 없거나, 그 제품을 시중에서 구하기 어렵고(ex, 도급계약에 의해 납품된 제품의 경우 관계자 외 접근이 불가능하고 시중에서 구하기 어려운 경우-), 해당 기술이 적용된 제품에 대한 역설계를 위한 분해가 어려움이 있는 등 합법적인 방법에 의하여 제품의 회로도에 나타난 기술상의 정보를 취득하는 것이 어려운 경우가 있다. 이런 경우 제품이 설치되었다는 사정만으로 비공지성이 상실되었다고 볼 수 없다.[16]

☞ 역설계 등 합법적인 방법으로 쉽게 알아낼 수 있는 기술이 회사 밖에서 발

---

[16] 대법원 2008. 2. 29. 선고 2007도9477 판결 참조.

견됐다면 공개된 기술로서 비공지성 요건을 상실했다고 볼 수 있지만, 그렇지 않은 경우 비공지성 요건을 상실했다고 단정할 수 없다.

> **참고판례 (수원지방법원 평택지원 2019고단132 판결)**
>
> 각 설계도면, 제어도면, 설비 사진 등의 각 파일과 출력물은, 피해자 회사 I로 설비 각 구성 부분의 구체적인 형상, 규격, 재질, 수치 등의 사양 및 부품 정보, 배치 - 구성 방법, 용접 방법, 시험 - 검사방법, 가동 프로그램 및 운영원리, 전기배선 등의 각종 정보가 상세하게 담긴 자료들인바, 비록 I로 설비의 기본적인 작동원리나 구성이 공공연히 알려져 있더라도, 이와 같은 피해자 회사의 I로 설비를 구성하는 개개 부품의 규격이나 재질, 가공 내지 용접방법, 세부구성과 배치, 그와 관련된 설계도면 등이 공공연히 알려져 있지 아니한 이상 위 자료는 비공지성이 인정된다(대법원 2009. 10. 15. 선고 2009도7481 판결 등 취지 참조).

ⓒ 비밀관리성과 영업비밀

> **📖 미리 하는 학습**
>
> **영업비밀 3요건 중 하나인 비밀관리성이 가장 많은 쟁점이 된다.**
>
> 영업비밀은 특허권과 달리 등록이나 공시제도가 없으므로 정보 보유자가 권리를 행사하는 경우를 위해 일정한 요건을 갖추어 놔야 할 필요가 있다. 그러한 요건 중 하나가 '비밀관리성'인데, 이는 "정보가 비밀로서 유지 관리되고 있느냐" 하는 것으로 영업비밀 성립 요건 중 가장 중요하다. 정보의 자유로운 사용이라는 관점에서 사용자가 정보 보유자로부터 예상치 못하게 침해에 대한 경고 및 소송을 당하지 않고, 거래의 안전을 담보하기 위한 목적이다. 한편 비밀관리성이 3요건 중 가장 중요하여 소송 상대에 대해 공격 방법으로 많이 사용되는 만큼, 보유 정보가 비밀로 관리

> 되지 않아 비밀관리성 탈락으로 영업비밀이 불인정 되는 비율 또한 전체 소송의 절반에 이른다는 점도 상기할 필요가 있다.

▶ 비밀관리성 판단기준이 완화된 이유는(☞ 후술하는 'ⓧ 회사규모와 영업비밀' 참고)

Q. 국회가 비밀관리성 판단기준을 완화한 이유는?

A. 개정 전 법률은 영업비밀로 인정받기 위해서는 비밀로 유지하기 위해 '상당한 노력'을 기울일 것을 요구하였는바, 그 결과 자금사정이 좋지 않은 중소기업 가운데에는 기술개발에만 치중하고 영업비밀보호를 위한 충분한 시스템을 구축하지 못한 나머지 '비밀관리성'을 인정받지 못하는 사례가 다수 발생하게 되었다. 이에 2015. 1. 28. 「부정경쟁방지법」을 개정하여 '상당한 노력'에서 '합리적인 노력'으로 개정, 이후 '합리적인 노력'에서 '비밀로 관리된'으로 그 요건을 완화하여 회사규모를 고려한 법 개정이 이루어졌다. 이는 자금력이 부족하여 비밀관리를 함에 투입되는 비용에 부담을 갖는 중소기업이 처한 현실적인 여건을 고려한 것이다.

▶ 충분히 비밀관리를 했음에도 비밀관리성이 인정되지 않았다. 그 이유는

Q. 영업비밀을 주장하는 입장에서는 자신이 충분한 비밀관리를 했음에도 법원에서 비밀관리성이 인정되지 않는 경우가 있다. 그 이유는 무엇인지?

A. 기본적으로 정보가 비밀이라고 인식될 수 있는 표시를 하거나 고지를 하고, 그 정보에 접근할 수 있는 대상자나 접근방법을 제한하거나 그 정보에 접근한 자에게 비밀준수의무를 부과하는 등 객관적으로 그 정보가 비밀로 유지·관리되고 있다는 사실이 인식 가능한 상태이어야 한다. 그럼에도 불구하고 비밀관리성이 인정되지 않는 경우가 있을 수 있는데, 이는 지침 등 매뉴얼만 있을 뿐 실질적으로 그 지침대로 비밀관리를 제대로 운영하지 않았거나(실행미흡) 또는 회사의 규모에 못 미치는 관리를 했을 경우 비밀관리성이 인정되지 않을 수 있다.[17]

> **철저한 비밀관리를 했지만, 비밀성이 인정되지 않은 구체적 사례**

Q. 피해회사는 영업비밀을 관리하기 위해 비밀관리를 철저히 했다고 주장했으나, 인정되지 않는 경우를 볼 수 있다. 이와 관련하여 비밀관리성이 부정된 구체적 이유는 어떤 것들이 있는지?

A. 피해자 회사가 비밀관리를 취했다며 주장하는 내용은 아래와 같다.

① 영업비밀은 그 중요성에 따라 구분하고, 별도의 잠금장치 등으로 보관 관리하여야 한다는 규정이 있음
② 회사 내 외부 USB의 접속 차단
③ 프린트 출력 이력 등을 확인할 수 있는 장치가 마련되어 있음
④ 보안교육을 하였다고 주장
⑤ 영업비밀에 관한 서약서를 받았다고 주장

---

17 부산지방법원 2016. 8. 30. 선고 2014노873 판결 참조(대법원 상고기각).

그러나 재판 과정에서 피해회사가 취한 비밀 조치는 아래와 같은 이유로 「부정경쟁방지법」 제2조 제2호에서 규정한 영업비밀에 해당한다고 인정하기 부족하다고 판단하였다.[18]

‡ 첫 번째 예시 ‡

① 피해회사의 취업규칙에 의하면 영업비밀은 그 중요성과 가치의 정도에 따라 '기밀, 대외비, 기타'로 구분하고, 대외비 이상의 영업비밀은 별도의 잠금장치가 가능한 장소나 보안 시스템이 설치된 정보저장 장치에서 보관하고 취급 부서의 부서장 책임하에 관리하여야 한다고 규정되어 있는데,
→ 이 사건 작업표준서와 작업지도서에 '기밀'이 나 '대외비' 등의 비밀이라고 인식될 수 있는 별도의 표시를 하거나 그에 관한 고지를 한 사실이 없고, 공유서버에 보관하고 있으며, 관련 분야의 직원들은 열람할 수 있고, 열람할 때마다 승인을 받는 절차도 없었다.

② 피해회사 내 외부 USB의 접속이 차단되어 있으나,
→ 이 사건 작업표준서와 작업 지도서를 출력하거나 사내 메일로 전송하는 것에 아무런 제한이 없고, 문서 출력본에 '기밀'이나 '대외비'라는 표시도 하지 않았다.

③ 프린트 출력 이력 등을 확인할 수 있는 장치가 마련되어 있으나,
→ 정기적으로 보안점검을 하지 아니하여 영업비밀에 관한 관리 및 점검이 이루어지고 있다고 보기도 어려우며, 이 사건 작업표준서와 작업지도서에 관하여 비밀취급자 특정, 보안유지서 작성 등의 관리를 한 것으로도 보이지 않는다.

---

18 대구지방법원 김천지원 2022. 2. 9. 선고 2020고단392 판결 참조.

④ 피해회사에서 정기적으로 1년에 한 번 보안교육을 하였다고 주장하나,
→ 그에 관한 피해회사 직원들의 진술 외에는 객관적인 자료가 없고, 이 사건 작업표준서와 작업 지도서 등 영업비밀에 관한 정보가 외부로 유출되지 않도록 보안점검 및 관련 교육을 실시하는 등 피해회사가 영업비밀을 유지하기 위해 상당한 노력을 하였다고 볼 만한 자료가 제출되지 않고 있다.

⑤ 이 사건 작업지도서의 경우 현장에 배포하여 작업자가 보고 활용할 수 있도록 만든 것이어서 생산업무에 종사하는 직원들이나 피해회사의 방문객들이 볼 수 있는 상태로 비치되어 있다.

⑥ 피해회사는 직원들로부터 입사 당시에 영업비밀에 관한 서약서를 받았다고 하였으나,
→ 포괄적·일반적인 내용의 서약서 외에 입사 당시 어떠한 정보가 기밀사항에 해당하는지 여부를 명확히 기재한 서약서를 제출받았음을 확인할 수 있는 자료는 제출되어 있지 않다(대구지방법원 김천지원 2022. 2. 9. 선고 2020고단392 판결).

‡ 두 번째 예시 ‡

- 법원판단 - 통합문서보안감시시스템을 도입하였던 점, 각종 보안관리규정을 마련하고 있었던 점, 기술연구소를 보안구역으로 지정한 점, 정기적으로 직원들에게 사내 게시판이나 이메일 등을 통하여 보안교육을 실시하는 것으로 보이는 점, 기술취급 관련 직원들에게 보안서약서 등을 징구한 점 등은 인정된다. 그러나,

① 영업비밀이라고 주장하는 도면이나 실험보고서 등에는 회사의 비밀을 등급별로 분류하여 표시하였다는 비밀표시나 그 등급분류가 전혀 되어 있지 않다.

② 비밀표시나 등급분류에 관한 보안관리규정은 제정되어 있는 것으로 보이나 직원 재직 당시 실제 중요한 자료에 비밀표시를 하거나 문서 등급을 나누어서 등급에 따라 보안 관리를 차등화하는 등의 실질적인 조치는 없었고, 비밀관리대장도 작성되지 않은 것으로 보인다.

③ 회사가 제출한 통합문서보안감시시스템 프로그램의 모니터링 자료를 보면 6개월간 데이터를 보존한다고 기재되어 있으면서도, 2011. 11. 조회한 자료임에도 2011. 8.부터의 데이터만 존재하고 그 이전인 2011. 6. 및 7.의 데이터는 존재하지 아니한다.

④ 회사가 직원이 유출한 파일에 대한 통합문서보안감시시스템 프로그램 가동 결과에 대한 자료도 제출하고 있지 못하고 있는 등의 정황을 보면, 실제 회사가 직원이 퇴사하기 전부터 통합문서보안감시시스템 프로그램을 제대로 구동시키고 있었던 것으로는 보이지 않는다.

⑤ 회사가 제출한 자료에 의하더라도 기술연구소의 파일 서버가 다른 부서에서 관리하는 서버와 병렬적으로 구성되어 있으며, 기술연구소 직원 아닌 다른 부서의 직원들에게도 동일한 네트워크상에서 위 파일 서버에 대한 권한 부여를 할 수 있도록 되어있는 것으로 보아 실제 망 분리가 제대로 시행되었는지 의심스럽다.

⑥ 또한 기술연구소 내에서는 모든 직원들에게 동일하게 기술연구소 폴더의 읽기, 쓰기 등의 권한이 부여되어 있어 사용자별, 직급별로 폴더별 또는 파일별 접근권한이 제한되어 있었던 것으로 보이지도 않는다.

⑦ 회사는 직원들에게 회사 인트라넷 시스템에 접속하기 위한 아이디와 비밀번호로서 회사의 이메일 아이디와 회사의 사원번호를 부여하였으므로, 회사의 직원이면 쉽게 알 수 있는 위 아이디 등으로 다른 직원의 아이

디로도 회사의 전산시스템에 접속할 수 있었을 것으로 보인다.

⑧ 회사는 USB 사용제한정책이나, 전자우편 보안정책을 실시하였다는 취지의 주장도 하고 있으나, 위와 같은 내용의 회사 정책이 존재하였다는 자료만 제출하고 있을 뿐 실제 작성된 USB 사용승인 대장이나 웹메일 사용승인 내역 등과 같은 위와 같은 보안정책이 실질적으로 운영되어 정보 보안 관리가 이루어지고 있었다는 사실을 뒷받침할 수 있는 객관적인 자료는 제출하지 못하고 있다.

⑨ 검사가 제출한 회사의 방문자에 대한 출입통제의 근거자료인 방문자 등록자료의 작성 시점은 직원 퇴사 이후의 것이어서 직원 재직 당시 회사가 주장하는 방문자의 접근통제가 이루어졌다는 증거가 될 수는 없고, 회사의 '출입기록카드'는 연구소에 대한 출입내역을 기록한 것이 아니라 회사 외부에서 내부로 들어오는 출입내역을 기록한 자료에 불과하고 연구소의 출입인원에 대하여 별도로 출입내역이 기록된 자료는 제출된 바 없다.

따라서 이 부분 공소사실에서 직원이 사용누설하였다고 하는 도면은 부정경쟁방지 및 영업비밀보호에 관한 법률상 요구되는 영업비밀의 요건을 충족하지 못한다(부산지방법원 2016. 8. 30. 선고 2014노873 판결 ; 대법원 상고기각).

▶ **"타 회사로의 유출을 금지합니다"라는 문구를 기재한 경우, 이러한 문구가 비밀관리성에 영향을 미치는지**

Q. 乙은 甲에게 G를 납품하며 각 구성 부분의 규격과 치수 등이 상세히 기재되어 있는 설계도면을 제공하며 "甲은 다른 업체에게 乙의 G 시설의 제작을 권고하거나 유사품을 스스로 제작할 수 없

다"는 취지의 약정을 하였고, 동시에 설계도면 하단에는 "타 회사로의 유출을 금지합니다"라는 문구를 기재하였다. 이처럼 설계도면 하단에 '유출금지'라고 문구를 기재했다면 비밀로 관리하고 있다고 볼 수 있는지?

A. 위 문구는 甲과 乙이 맺은 비밀 약정에 대한 의무부과 즉, 乙이 甲에 대하여 계약상 의무를 부과한 것으로 보일 뿐, 이것만으로 乙이 기술정보를 대외비 또는 비밀로 분류하여 영업비밀로 관리하고 있다고 보기에 부족하다.[19]

▶ **CCTV로 보안을 철저히 한 경우, 당연히 비밀관리성 인정을 받을 수 있는지**

Q. 회사에 CCTV가 설치되어 있기는 하나, 외부인 출입 감시 등 회사 전체의 보안으로 사용된 경우 이를 근거로 회사의 영업자료를 비밀로 관리했다고 볼 수 있는지?

A. 영업비밀로 인정받기 위해서는 영업자료 중 일부를 따로 영업비밀로 지정하거나 분류 관리하여야 하고, 영업비밀로 지정된 자료의 보안을 위해 특별히 설치된 CCTV이어야만 비밀관리성을 인정받을 수 있다.[20] 일반적인 CCTV는 방범 목적으로 단순히 외부인의 출입 등을 확인 감시하는 차원에서 설치하는 것이므로 이러한 목적으로 출입문 등을 비추는 것만으로는 보유 정보에 대한 비밀관리를 했다고 볼 수 없다. 위 사안의 경우도 건물에 CCTV가 설

19　서울중앙지방법원 2023. 10. 13. 선고 2021가합504918 판결 참조.
20　대구지방법원 2022. 5. 13. 선고 2021노2846 판결 참조.

치되어 있지만, 외부인 출입 감시 등 회사 자산 전체의 보안을 위한 것일 뿐이고, 영업비밀로 지정된 자료의 보안을 위해 특별히 설치된 것은 아닌 것으로 판단하였다.

따라서 어느 장소(외부 또는 내부 등)에, 어떤 목적(단순 방범목적 또는 비밀유출 예방 등)으로 CCTV를 설치했느냐가 비밀관리성 판단에 영향을 미치므로 이 점에 유의하여야 한다.

▶ **비밀보호를 위해 특별히 고안된 시스템을 구축해 놓은 회사에서 편의상 관리자 외의 자에게 정보관리를 위임한 경우, 비밀관리성을 인정받을 수 있는지**

Q. 甲 회사는 회사 관계자만이 별도의 아이디와 비밀번호를 입력하여야만 열람이 가능한 전산시스템을 구축하고 소수의 인원만이 이 정보에 접근할 수 있도록 하였다. 그러나 甲은 거래처인 乙 회사와 비밀유지약정을 체결하지 않은 채 거래의 편의를 위해 정보관리를 사실상 乙 회사에게 위임하며 정보 열람을 위해 필요한 아이디와 비밀번호를 알려주었다. 이 경우, 甲과 乙 사이의 비밀관리성과 乙 외에 甲과 제3자에 대한 비밀관리성은 각각 어떻게 인정될 수 있는지?

A. 비밀유지약정을 체결하지 않았다는 점이 포인트다. 甲과 乙과의 관계에서, 乙 외에 제3자가 甲의 전산시스템에 무단 접속하여 정보를 수집하여 사용한 경우라면 乙의 비밀관리 노력을 영업비밀 보유자인 甲의 노력으로 보아 영업비밀 침해를 인정할 수 있다. 그러나 乙 직원이 정보를 누설한 경우 乙 회사와 그 직원들 사

이의 관계에서는 비밀관리성을 인정하기 어렵다. 따라서 비밀유지약정 없이 사실상 관리를 위임하며 아이디와 비밀번호를 알려준 경우 위임인(甲 회사)과 수임인(乙) 사이의 비밀관리성을 인정할 수 없다. 더욱이 위 아이디와 비밀번호가 단순히 본인확인 절차에 해당할 뿐 정보에 대한 예방조치가 아닌 경우에는 더더욱 그러할 것이다.

이와 관련하여 법원은 "피고인 회사(주류 제조회사) 직원들 중 도매점(종합주류 도매업자)들을 관리하는 업무를 담당하는 직원들은 자신의 업무 범위 내에서 도매점이 입력한 정보만 열람할 수 있지만, 이 사건 도매점 전산시스템을 유지·관리하던 피고인 회사의 영업본부 직원들은 이 사건 정보를 볼 수 있고 별다른 보안절차가 설정되어 있지는 않았다. 도매점장들은 이 사건 도매점 전산시스템에 각자의 아이디에 따라 비밀번호를 설정해 두었으나, 영업상 편의를 위해 자신의 도매점을 관리하는 피고인 회사의 영업직원들에게 위 아이디와 비밀번호를 알려주고 대신 물품 주문을 하도록 요청하기도 하였다"라는 점을 지적하며 비밀관리성을 부정한 사례가 있다.[21] 참고로 주류는 판매단계별로 면허제도를 채택하여 원칙적으로 '제조 → 도매 → 소매 → 소비자'의 유통단계를 거치는데, 이 사건의 경우 주류 제조자가 도매업자에게 주류를 공급하는 과정에서 도매업자가 영업담당 직원에게 비밀번호 등을 알려주어 발생한 사건으로 비밀관리의 기본을 지키지 않아 발생한 사건이다.

---

21 대법원 2019. 10. 31. 선고 2017도13791 판결 참조.

▶ 신의칙상 정보를 공개해서는 안 될 의무가 있다는 이유만으로 비밀관리성을 추단할 수 있는지

Q. 주류 주식회사의 영업담당자나 주류면허를 갖고 있는 도매점 영업담당자가 신의칙상 주류점(도매점)이 거래처 정보를 경업관계에 있는 조직에 공개해서는 안 될 의무가 있다는 이유만으로 도매점이 납품을 위하여 보유하고 있는 거래 음식점 등 거래처 정보에 대한 비밀관리성을 추단할 수 있는지?

A. 도매점들이 영업을 하는 과정에서 알게 된 식당 등 거래처 정보 등에 대해 비밀성을 판단함에 있어 주식회사의 영업담당자나 도매점 영업담당자가 신의칙상 해당 정보를 경업관계에 있는 조직에 공개해서는 안 될 의무가 있더라도 그 자체로 거래처 정보 등에 대한 비밀관리성을 추단하기는 어렵다.[22]

결국 신의칙상 정보를 공개해서는 안 될 의무가 있다는 이유만으로 영업비밀 보유자인 도매점장들이 주식회사의 영업담당자나 도매점 영업담당자에 대한 관계에서 정보를 비밀로 관리하였다고 볼 수 없다.

☞ 비밀유지약정 등으로 관계자에게 '비밀관리의무'를 부과해야 비밀로 관리했다고 볼 수 있다.

---

[22] 대법원 2019. 10. 31. 선고 2017도13791 판결 참조.

✦ 알아두면 도움이 되는 사항

기업의 대응조치, 비밀관리성을 위해 어떤 조치가 필요할까?

우선 비밀관리를 위해 ① 제도적 관리, ② 인적관리, ③ 물리적 관리 등 3가지로 나누어 비밀관리를 해야 한다.

구체적으로 ① 제도적 관리는 "㉠등급 분류, ㉡표시/고지, ㉢규정(비밀관리를 위한 사내 매뉴얼)"으로 세분화할 수 있는데, 정보에 대한 중요도 순으로 등급(ex, 대외 1급, 대외 3급 등)을 표시하고 이를 분류하여 보관하는 작업을 하여야 하고, 이를 임직원에게 고지하여 사전에 인지하도록 하는 작업이 필요하다. 아울러 자체적으로 업무 매뉴얼을 만들어 매뉴얼 대로 이행되고 있는지를 수시로 체크하여야 한다(마련한 제도가 있으나 실제 이행하지 않아 비밀관리성이 인정되지 않은 경우가 상당함).

다음으로 ② 인적관리는 "㉠각서·서약서·비밀계약 등, ㉡ 교육, ㉢징계·보상"으로 세분화할 수 있는데, 각서·서약서·비밀계약 등의 형식으로 입사 전·후 임직원들에게 정보보안 의무를 부여하고, 이를 위한 교육을 정기적(월 1회 또는 2회 등 주기적)으로 진행하여 정보보안에 대한 중요성을 상기시켜야 한다. 아울러 이를 위반하였을 경우 징계하고 준수하였을 경우 보상하여 정보보안에 대한 분위기를 한층 끌어올려야 하며, 인적관리를 구제적으로 실행하여야 한다.

마지막으로 ③ 물리적 관리는 "㉠분리·보관, ㉡출입통제, ㉢이용제한(접근대상자 제한), ㉣반출제한, ㉤접근방법제한(패스워드 등)"으로 세분화할 수 있는데, 비용이 들어 경제적으로 부담을 느끼는 부분이기도 하다. 그렇다고 하지 않을 수 없는 매우 중요한 부분으로, 중요한 정보는 이용 제한(이동식 외부저장장치 등 포함)을 두어 CCTV, 패스워드, 지문인식 등 특별한 보안장치가 설치된 별도의 장소에 따로 보관하여 외부인은 물론 내부 임직원도 출입 기록을 작성한 사전에 접근이 허락된 자만이 출입이 가

> 능하도록 하는 시설을 설치하여야 한다.
>
> 전술한 사항은 비밀관리와 관련한 아주 최소한의 사항으로 이를 반드시 준수하여야 비밀관리성을 인정받을 수 있음을 명심하여야 한다.

ⓓ 비밀보호 서약서와 영업비밀

▶ **일반적이고 추상적인 문구의 비밀보호 서약서가 비밀유지 의무자를 구속하는지(처분문서에 대한 해석의 문제)**

Q. 乙은 甲 회사에 입사(또는 퇴사)하며 甲이 제시한 영업비밀보호 서약서에 서명하였다. 이때 乙이 서명한 서약서가, 문언상 일반적이고 추상적인 영업비밀유지의무를 내용으로 한 경우 서약서만으로 작성 주체인 乙을 구속하는지?

A. "퇴직 후 3년 내 동종 경쟁업체에 취직하는 경우 명예퇴직이 아니라 일반퇴직으로 전환되는 것을 인정하고 명예퇴직금을 전액 반납하겠다"는 내용과 같이 명예퇴직 과정에서 제출받은 그 문언만으로 곧바로 전직금지의무가 부과되기는 어렵다고 판단한 사례(광주지방법원 2020. 5. 7. 선고 2019가합57423 판결 [약정금])를 근거해 보면 근로자가 영업비밀보호 서약서를 제출하였다고 하더라도 그 문언상 이는 일반적·추상적인 영업비밀 유지 의무를 약정한 것일 뿐인 경우 작성주체를 구속하기는 어렵다고 보는 것이 타당하다. 특히 근로자에게는 헌법상 보장된 직업선택의 자유가 있으므로 근로자에게 퇴직 후 일정기간 다른 회사로의 전직이 금

지되는 의무가 있다고 인정하기 위해서는 그러한 의무를 명시적으로 부과하는 규정이 있어야 할 것으로 보아야 할 것이다.[23]

⚖ 참고판례

계약당사자 사이에 어떠한 계약내용을 처분문서인 서면으로 작성한 경우에 문언의 객관적인 의미가 명확하다면, 특별한 사정이 없는 한 문언대로의 의사표시의 존재와 내용을 인정하여야 하지만, 그 문언의 객관적인 의미가 명확하게 드러나지 않는 경우에는 그 문언의 내용과 계약이 이루어지게 된 동기 및 경위, 당사자가 계약에 의하여 달성하려고 하는 목적과 진정한 의사, 거래의 관행 등을 종합적으로 고찰하여 사회정의와 형평의 이념에 맞도록 논리와 경험의 법칙, 그리고 사회일반의 상식과 거래의 통념에 따라 계약내용을 합리적으로 해석하여야 하고, 특히 당사자 일방이 주장하는 계약의 내용이 상대방에게 중대한 책임을 부과하게 되는 경우에는 그 문언의 내용을 더욱 엄격하게 해석하여야 한다(대법원 2002. 5. 24. 선고 2000다72572 판결 ; 대법원 2021. 9. 9. 선고 2021다234924 판결 등 참조).

▶ **일반적이고 추상적인 문구의 비밀보호 서약서가 영업비밀 판단에 미치는 영향은**

Q. 甲 회사는 영업비밀로 관리하는 자료의 비밀성 유지를 위해 직원들로부터 영업비밀보호 서약서와 비밀유지 계약서를 제출받았다. 그러나 위 서약서 및 계약서는 종업원의 영업비밀보호 의무를 추상적·포괄적으로 규정하고 있을 뿐이었다. 이 경우 甲 회사가 관리하는 자료에 대한 영업비밀성 판단은 어떻게 될까?

A. 甲 회사가 직원들에게 징구한 영업비밀보호 서약서와 비밀유

---

23 광주지방법원 2020. 5. 7. 선고 2019가합57423 판결 참조.

지 계약서가 영업비밀보호 의무를 추상적·포괄적으로 규정하고 있어 그 내용만으로 구체적으로 어떠한 자료가 영업비밀에 해당하는지 알 수 없는 경우, 甲 회사가 영업비밀이라고 주장하는 각 자료가 비밀로 유지·관리되고 있다는 사실이 인식 가능한 상태에 있었다고 인정하기 부족하다고 할 것이다.[24]

▶ **보안서약서를 작성하지 않은 근로자가 퇴사 시, 회사의 '영업상 주요한 자산'을 반납해야 할 의무가 있는지**

Q. 乙은 甲 회사에서 입사했을 때는 물론 퇴사 시에도 보안서약서를 작성한 사실이 없다. 그렇다면 보안서약서를 작성하지 않은 乙이 甲 회사의 영업비밀 등 영업상 주요한 자산 'S'를 반납하거나 삭제해야 할 의무가 없는 것인지?

A. 위 'S'가 그 성격상 '영업비밀 또는 영업상 주요한 자산'에 해당하는 대외비라는 전제하에, 설령 근로자가 보안서약서를 작성하지 않았고, 또한 명시적으로 자료의 반환 요구를 받은 바가 없다고 가정한다고 하더라도, 연구·개발부터 조립·생산까지 회사 기술 등 관련된 모든 업무에 전부 관여하여 그 누구보다도 'S'의 성격과 영업적 의미를 잘 알고 있는 사람으로서는 퇴사 과정에서 이러한 자료를 피해회사에 반납해야 할 의무가 있다고 할 것이다. 따라서 이를 반납하지 아니하거나, 제3자에게 제공하는 행위는 그 자체로서 업무상배임죄에 해당한다고 보아야 한다.[25]

---

24 서울중앙지방법원 2019가합552402 판결 참조.
25 창원지방법원 2020. 4. 17. 선고 2019고단3338 판결 참조.

☞ 보안서약서를 작성하지 않았어도 회사의 영업상 중요자산을 반출했다면 업무상배임죄가 성립할 수 있다.

▶ 반출한 정보가 영업비밀이나 영업상 주요한 자산이 아닌 경우 영업비밀 준수 서약서 위반에 해당하는지

Q. 乙은 甲 회사에 입사하며 "M을 반출하거나 발설하지 않는다"는 내용의 영업비밀 준수 서약서에 서명하였다. 그런데 乙이 'M'을 丙에게 반출한 경우, 乙은 甲과 맺은 영업비밀 유지 의무를 위반한 것인지?

A. 乙이 丙에게 반출한 'M'이 '영업비밀', 기타 기밀사항이 아닌 이상 계약서의 문구 등 내용에 구속되어 영업비밀 유지 의무 위반행위라고 할 수 없다. 다만, 'M'이 영업비밀에 이르지는 못하였다고 하더라도 영업상 주요 자산에 해당하는 경우 또는 乙이 반출한 정보를 통해 甲의 영업 노하우 등을 활용하여 개인적인 영리행위를 했을 경우 업무상배임에 해당하여 그에 따른 입증을 통해 甲이 입은 손해를 배상하여야 할 수 있다.[26] 아울러 'M'이 영업비밀도 영업상 주요한 자산도 아니라고 하더라도 취업규칙 및 비밀유지서약서 준수 의무 위반에 해당하면 채무불이행에 따른 손해배상책임을 부담할 수 있다.

▶ 일괄적으로 징구한 비밀유지각서의 효력은

Q. 甲 회사에 입사한 乙은 자신을 포함한 입사 동기 K, M, V 등

---

26 서울고등법원 2022나2016206 판결 참조.

총 10명이 회사방침에 따라 일괄적으로 비밀유지 각서에 서명하였다. 이 경우 乙 등이 서명한 비밀유지 각서의 효력이 의심됨으로 인해 회사가 관리하는 영업비밀에 대한 비밀관리성이 부정될 수 있는지?

A. 甲 회사가 乙외 다수의 근로자에게 비밀유지각서를 작성하도록 했다고 하여 전부 비밀관리성이 인정되는 것은 아니라고 할 것이며, 특히 비밀유지각서를 각 임직원들로부터 개별로 받은 것이 아니라 하나의 협약서에 각 부서의 전체 직원이 연명으로 서명한 경우, 근로자가 비밀유지각서의 내용을 충분히 파악하여 서명했다고 단정하기 어렵다고 할 수 있다.

따라서 위와 같이 근로자로부터 개별적으로 각서를 징구하지 않은 경우, 특히 비밀관리성이 쟁점이 된 경우 형사사건에서 공소사실의 증명이 없는 경우에 해당하여 무죄가 선고될 가능성이 있다.[27] 참고로 비밀유지각서는 일괄적으로 작성된 문서보다는 개별적으로 내용에 대한 충분한 설명과 함께 자필로 징구할 것을 조언한다.

> **여기서 잠깐!**
> 비밀보호 서약서를 작성하는 등 "계약관계 등에 의하여 영업비밀을 비밀로서 유지하여야 할 의무가 있는 자"가 이에 반하여 비밀을 취득하고 피해자의 제품과 동일 또는 유사한 제품을 제작·판매하여 영업비밀 침해로 인한 손해를 배상할 의무가 있다고 판단한 이유

---

[27] 대전지방법원 2022. 10. 19. 선고 2019노3554 판결 참조.

① 퇴사 직전 "피해자가 제작하고 있는 제품에 대한 제반사항을 경쟁회사나 다른 사람에게 누설하지 않을 뿐만 아니라 그 개발, 제작, 생산 등에 대해 누설은 물론, 간접지원도 하지 않겠다"는 각서를 받은 점

② 입사 당시 "피해자와 같은 업종을 개발하거나 제작, 생산, 영업 등을 하지 않겠다"는 취지의 각서를 받은 점

③ 비록 위 취업각서가 그 시간·장소적 범위의 제한이 없어 직업선택의 자유를 과도하게 제한한 것으로 볼 여지가 없는 것은 아니나 피해자 입장에서는 이로써 제품의 생산·판매와 관련하여 일정한 정보의 비밀유지성을 분명히 한 점

④ 위 각서 작성 당시 국내에서는 피해자가 거의 독점적으로 이 사건 제품을 제작·판매하고 있었던 점

⑤ 이 사건 제품에 대한 설계도면 등 생산방법에 관한 기술상의 정보는 비밀로 유지·관리되고 있었고 제3자도 그 비밀성을 인식하였거나 인식할 수 있었다고 인정된 점

⑥ 침해자는 퇴사 전까지만 하더라도 제품의 제작과는 관계없는 업무를 하였던 점

⑦ 침해자가 피해자의 사원으로 각 이 사건 제품의 설계, 영업, 생산, 부품 등 구매를 맡고 있던 다른 직원들을 피해자로부터 퇴사도 하기 전 고용하여 제품의 제작·판매를 맡겼던 점

⑧ 현재도 그들 중 일부가 침해자가 운영하는 업체에서 제품을 제작하는 일에 계속 관여하고 있는 점

⑨ 침해자가 이 사건 제품의 제작에 필요한 설비도 갖추지 않은 상태에

서 퇴사 당시 그 제작에 착수하여 불과 몇 개월 지나지 않은 시점에 제품을 제작하여 판매를 시작한 점

⑩ 침해자가 제작한 제품은 피해자의 제품과 차이가 있으나 이는 동종업계에서 쉽게 대체할 수 있는 기술변경에 불과하고 피해자의 특허권을 의식하여 이를 우회하기 위한 변형으로 보이는 점

⑪ 실제로 침해자가 선전물이나 안내문을 제작하는 데 있어서도 피해자의 제품사진을 사용한 점등을 종합하면,

☞ 침해자가 피해자의 설계도면 등의 정보를 이용하지 않고서는 제품과 관련 있는 제품을 생산한 경험도 없이 그 생산을 위한 어떠한 연구나 투자도 하지 않고 이 사건에서와 같이 불과 3개월의 기간 동안에 생산설비를 갖추어 제품을 생산하기는 거의 불가능하였다 할 것이고, 따라서 비록 제품의 작동원리나 구성이 특허출원으로 공지되었다 하더라도 구체적인 피해자의 설계도면 등 생산방법에 대한 기술상의 정보는 퇴사 전에는 일반적으로 입수될 수 없는 것으로 비공지성이 인정된다 할 것이며, 그 경제성도 인정된다 할 것이다(대법원 2004. 9. 23. 선고 2002다60610 판결 참조).

ⓔ "이런 것도 영업비밀이 돼?" 영업비밀(또는 보호할 가치 있는 사용자 이익)이 되는 것과 그렇지 않은 것

▶ **미완성 파일이 영업비밀이 되는지**

Q. 乙은 甲 회사에서 퇴사하면서 완성되지 않은 연구 정보를 갖고 나왔다. 이 경우 퇴사 당시 완성되지도 않은 파일이어서 바로 실행이 불가능하다는 이유로 영업비밀성을 부정할 수 있는지?

A. 영업비밀이라고 주장하는 기술파일 중 소스코드 일부가 미완성 파일로서 바로 실행이 불가능하다 하더라도 해당 파일의 영업비밀성이 부정된다고 할 수 없다.[28]

☞ 미완성 파일이라는 이유만으로 영업비밀성을 부정할 수 있는 것은 아니다.

▶ 실패 사례가 영업비밀이 되는지

Q. 乙은 甲 회사에서 연구원으로 근무하며 K 제품의 개발에 매진하였으나 성공에까지 이르지는 못했다. 다만 乙은 실패 사례를 일목요연하게 정리하였는데, 이처럼 연구개발 때의 실패 사례나 불사용 데이터의 경우 영업비밀이 될 수 있는지?

A. 연구개발 때의 실패 사례나 불사용 데이터 등의 이른바 네거티브 인포메이션 등도 유용한 기술상의 정보로 영업비밀에 포함된다. 바로 영업활동에 이용될 수 있을 정도의 완성된 단계에 이르지 못하였거나, 실제 제3자에게 아무런 도움을 준 바 없거나, 누구나 시제품만 있으면 실험을 통해 알아낼 수 있는 정보 또는 역설계가 가능한 정보라 하더라도, 「부정경쟁방지법」에 따른 요건을 갖춘 정보라면 영업비밀로 보는데 장애가 되는 것은 아니다.[29]

▶ 현재 또는 장래의 생산·영업활동에 관한 정보가 영업비밀인지

Q. 물건 등의 생산·판매, 연구개발, 비용절감, 경영효율의 개선, 수율의 향상 등 현재 또는 장래의 생산·영업활동에 관한 정보가

---

28 서울고등법원 2014나4592 판결 참조.
29 수원고등법원 2023. 3. 7. 선고 2021노69 판결 참조.

영업비밀에 해당하는지?

A. 특정 제품의 기본적인 작동원리나 구성이 이미 공연히 알려져 있기 때문에 그 자체는 영업비밀에 해당한다고 할 수 없다고 할지라도, 그러한 특정 제품을 구성하는 개개 부품의 규격이나 재질, 가공방법, 그와 관련된 설계도면 등이 비공지성, 경제성 비밀성을 갖추었다면 영업비밀에 해당하므로 물건 등의 생산·판매, 연구개발, 비용절감, 경영효율의 개선, 수율의 향상 등 현재 또는 장래의 생산·영업활동에 관한 정보도 영업비밀에 해당한다.[30]

▶ 제조원가표에 대한 영업상 주요한 자산 여부(☞ 후술하는 '⑨ 업무상배임과 영업비밀' 참조)

Q. 회사에서 어떠한 제품을 생산함에 있어 해당 제품들의 '제조원가표'가 영업상 주요한 자산이라고 할 수 있는지?

A. 우선 '제조원가표'가 불특정 다수의 사람에게 공개되지 않았고 사용자가 상당한 시간, 노력 및 비용을 투입했는지 여부를 따져봐야 한다. 일반적으로 기업이 생산하는 제품의 원료 및 원가 정보는 해당 기업이 상당한 시간, 노력 및 비용이 투입된 결과물로 봄이 상당하다고 할 수 있다. 따라서 오래전부터 생산되어 온 제품들에 대해서 위와 같은 내용과 특별히 달리 볼 만한 근거가 없다면, 회사가 어떠한 제품을 생산함에 있어 작성한 '제조원가표'는 '영업상 주요한 자산'에 해당한다고 봄이 타당하다.[31]

---

30 대법원 2008. 3. 27. 선고 2007다378 판결 참조.
31 전주지방법원 2021. 3. 30. 선고 2020고정375 판결 참조.

※ 참고로 영업상 주요한 자산을 무단 반출한 경우 업무상 배임으로 처벌될 수 있음을 기억해 두자.

▶ 설계도면이 영업비밀이 되는지

Q. 회사에서 관리하는 정보 중 설계도면이 「부정경쟁방지법」상 '영업비밀'이 될 수 있는지?

A. 「부정경쟁방지법」에서 정하는 인정 요건을 갖추었다면 설계도면 역시 영업비밀로 인정되는 데 무리는 없다.

이와 관련하여 만일 타인의 영업비밀인 설계도면을 부정한 방법으로 취득하고 부정취득한 도면을 자신의 제품을 만드는 데 활용함으로써 개발 초기의 제품에 대한 개념 구성이나 기초 설계 과정에서 상당한 시간을 절약하고 개발 과정에 통상 수반되는 시행착오를 상당 부분 줄이거나 필요한 실험 일부를 생략할 수 있었다고 판단되는 상황에서, 타인의 영업비밀인 설계도면을 사용하여 자신의 실시제품을 개발하고 이를 생산 판매하는 행위를 했을 경우 「부정경쟁방지법」 제2조 제3호 (가)목에 규정된 영업비밀 침해행위에 해당한다고 할 것이다. 아울러 설계도면인 정보는 영업비밀이자 산업기술 및 영업상 주요 자산이 될 수 있고, 이에 따라 정보를 부정취득·사용 및 업무상의 임무에 위배하여 외부로 무단 반출할 경우 산업기술의 유출방지 및 보호에 관한 법률 위반, 「부정경쟁방지법」 위반(영업비밀누설등), 업무상배임으로 처벌될 수 있다.[32]

---

[32] 수원지방법원 2023. 9. 7. 선고 2022고단1224 판결 참조.

▶ 실내 인테리어 도면이 영업비밀이 되는지

Q. 인테리어 사업을 운영하는 甲은 자사 디자이너에게 인테리어 스케치 도면 작성을 지시하여 H 도면을 완성하였고, 이를 乙에게 의뢰하여 3D도면으로 만들도록 하였다. 그런데 乙은 甲과의 비밀유지의무에도 불구하고 인테리어 중개플랫폼 사업을 운영하는 M과 O에게 완성된 3D도면을 공유하여 이들의 블로그 등에 공개되었다. 이처럼 인테리어 도면도 영업비밀로 보호될 수 있는지?

A. 영업비밀로 인정되기 위해서는 H 도면이 甲의 디자이너에 의해 주도적으로 작성되었고, 당사자인 甲이 도면을 비밀로 관리하는 등 공개하지 아니하였다는 점이 충족되어야 한다.

따라서 甲과 乙 사이에 체결된 계약에 따라 乙에게 비밀유지의무가 부과된 상황, 이들 모두 인테리어 사업자로서 도면이 乙의 경력 홍보에 활용된다면 그로 인하여 甲의 경쟁력이 약화될 가능성이 있고, 인테리어 사업자의 입장에서 실내 인테리어 디자인이 단기적으로 소비자의 선택 구매 여부를 좌우할 수 있는 영업의 핵심 요소가 되는 정보라는 점이 인정된다면, H 도면은 영업비밀에 해당한다고 볼 수 있다.[33]

▶ 여러 원재료를 단순히 나열한 것에 불과한 것으로, 그 자체만으로는 제품생산이 불가능한 자료가 영업비밀이 되는지

Q. 甲은 수입과정에서 해당 국가 검역관이나 세관에 제출해야 하는 K 자료(공급자, 제조자, 성분 등)가 영업비밀이라고 주장하

---

[33] 서울고등법원 2023. 6. 22. 선고 2022나2034365 판결 참조.

고 있다. 그 중 특히 K 자료를 구성하고 있는 '성분' 항목의 경우 H 제품에 반드시 들어가야 하는 원재료와 비율이 기재되어 있다. 이 경우 K 자료는 영업비밀로 인정될 수 있을까?

A. 어떤 제품을 만들기 위한 '성분' 항목의 원재료와 비율은 불특정 다수에게 알려지지 않은 고유한 것이라면 영업비밀로 인정될 소지가 있다. 그러나 만일 위 항목의 내용이 여러 원재료를 단순히 나열한 것에 불과하고 원재료의 구체적 종류, 제조 및 조리 방법에 관한 기재가 없어서 이것들만으로는 H 제품을 생산하는 것이 불가능하다면 위 자료를 영업비밀로 보기는 어려울 것이다. 아울러 성분 외에 다른 항목들이 불특정 다수인이나 업계에 이미 알려져 있거나 기본적, 일반적 내용에 불과하다면 더더욱 그러하다.[34]

▶ 유체물이 영업비밀이 되는지

Q. '유체물'이 「부정경쟁방지법」상 보호대상인 영업비밀이 될 수 있는지?

A. 「부정경쟁방지법」상 '영업비밀의 취득'은 유체물의 점유를 취득하는 형태로 이루어질 수도 있고, 유체물의 점유를 취득함이 없이 영업비밀 자체를 직접 인식하고 기억하는 형태로 이루어질 수도 있고, 또한 영업비밀을 알고 있는 사람을 고용하는 형태로 이루어질 수도 있는바, 어느 경우에나 사회통념상 영업비밀을 자신의 것으로 만들어 이를 사용할 수 있는 상태가 되었다면 영업비

---

34 서울고등법원 2022. 11. 24. 선고 2021나2006264 판결 참조.

밀을 취득하였다고 보아야 하고,[35] 유체물의 점유를 취득함으로써 영업비밀의 취득이 인정될 수 있는 이상 기술상 또는 경영상 정보가 담긴 유체물은 「부정경쟁방지법」 제2조 제2호의 영업비밀에 해당할 수 있다.[36]

▶ **무체물이 영업비밀이 되는지**

Q. 기능이나 작용과 같은 무형적인 정보가 영업비밀이 될 수 있는지?

A. 영업비밀로서 보호되는 정보는 광범위한 기술상 또는 경영상의 정보 중에서 비공지성, 경제적 유용성, 비밀관리성의 요건을 구비한 정보로서 시각적으로 관찰할 수 있거나 물품 등으로 구체화한 유형적 정보뿐만 아니라 기능이나 작용과 같은 무형적인 정보를 포괄한다. 또한 그 자체가 독립해서 보호되지 않는 개개 단위의 정보가 합하여 전체로서 하나의 유용한 정보를 구성하는 종합정보는 물론 단편적인 개개 단위의 정보 역시 독자성이 있고 경제성이 있으면 보호대상이 된다.[37]

▶ **외부에 공개될 수밖에 없는 정보가 영업비밀이 되는지**

Q. 乙은 퇴사 후 甲 회사에서 출판한 유아 및 초·중·고생들을 대상으로 하는 교재를 동의 없이 K 학원에서 사용하였다. 이와 같은 乙의 행위는 甲 회사에 대한 영업비밀 침해에 해당하는지?

---

35 대법원 1998. 6. 9. 선고 98다1928 판결 참조.
36 대법원 2017. 9. 26. 선고 2015도13931 판결 참조.
37 수원고등법원 2023. 3. 7. 선고 2021노69 판결 참조.

A. 甲 회사의 교재가 K 학원의 학부모와 학원생에게 제공되지 않았어도 실제로 수업, 상담 등이 행해지고, 급수증이 교부되면 그 자체로 그와 같은 수업 방법, 상담 방법, 교재관리 방법 등[수업구성(ex, 50분, 80분, 100분 수업시간, 12주, 20주의 수업기간, 유아·초등 저학년·초등 고학년·중등의 반 구성, 주 1회 정규수업과 주 2~4회 연단스피치수업, 개인수업과 그룹수업), 수업방식(ex, 몸으로 익히고 말로 표현하는 액션러닝 훈련기법, 발표, 영상촬영 등), 수업 후 피드백 방법, 상담노하우(ex, 방문상담원칙, 수업일수 설명, 상담방법, 상담비용)와 운영노하우(ex, 어린이 스피치 급수증)]은 외부에 공개될 수밖에 없는 것들이다. 따라서 이를 「부정경쟁방지법」에서 정하는 영업비밀이라 할 수 없다.[38]

▶ **레시피가 영업비밀이 되는지**

Q. 甲은 제과점을 개업하여 스콘(영국에서 만들어졌던 음식)을 만들기 위해 특별한 재료를 사용하여 독특한 레시피를 개발하였다. 이 경우 甲이 개발한 레시피는 영업비밀로 인정받을 수 있을까?

A. 스콘은 영국에서 오래전부터 만들어졌던 음식으로 그 재료나 조리방법이 상당 부분 유사할 수밖에 없다는 점을 생각해야 한다. 즉, 재료나 조리방법이 상당히 유사할 수밖에 없거나 인터넷이나 다양한 매체를 통하여 여러 가지 종류의 레시피가 공개되어 있고 해당 제품을 판매하는 영업점이 많다면 영업비밀로 인정받기는

---

[38] 서울중앙지방법원 2018가합511190 판결 참조.

어렵다.

따라서 甲이 개발한 레시피가 영업비밀로 인정되기 위해서는 공공연히 알려져 있지 아니하고 독립된 경제적 가치를 가지는 것으로서, 비밀로 유지된 생산방법 그 밖에 영업활동에 유용한 기술상 또는 경영상의 정보라는 점이 인정되어야 할 것이다.[39]

여기서 잠깐!

음식 등을 만들 때 사용되는 제조방법 즉, 레시피가 탈취되었을 때 보유자는 자신의 레시피를 '영업비밀'과 '영업상 주요한 자산' 중 어떤 것이라고 주장해야 더 유리할까?

어떤 정보가 영업비밀이라고 판단될 경우 이를 부정한 목적으로 취득·사용 및 누설한 자는 「부정경쟁방지법」에 의해 처벌되고, 해당 정보가 영업비밀에 이르지 않는다고 하더라도 영업상 주요한 자산일 경우 형법상 업무상배임으로 처벌된다.

우선 영업비밀을 주장하기 위해서는 특히 해당 정보에 대한 비밀관리를 어느 정도 수준으로 했느냐가 주요한 쟁점이 되므로 이점에 방점을 맞추어야 한다. 만일 비밀관리에 다소 미흡한 점이 있어 비밀성이 부정될 가능성이 있다면, 보유자가 해당 레시피 개발을 기초로 올린 연간 매출규모도 고려해 봐야 할 사항이고, 나아가 해당 정보가 불특정 다수의 사람에게 공개되지 않았고 상당한 시간, 노력 및 비용을 들여 만든 결과인지 여부를 살펴, 업무상 기밀을 무단 반출하거나 제3자에게 제공하는 등 행위를 하지 않아야 할 계약상 또는 신의칙상 의무를 부담하는 관계의

---

39 부산지방법원 동부지원 2019가단224803 판결 참조.

자가 퇴사 시 이를 반납하거나 폐기하지 않았다면 업무상배임의 객체인 영업상 주요한 자산 주장을 고려해 보는 것이 유리할 것이다.

▶ 회계법인이 보유한 정보가 영업비밀이 되는지

Q. 소속 공인회계사 乙은 근무하던 甲 회계법인에서 그간 고객사와 상담하며 축적된 콜센터 자료와 조세 관련 예규, 판례 등의 이슈를 분석하여 핵심사례를 모아 만든 업무개발아이디어 등 자료를 경쟁회사로 이직하며 가지고 나갔다. 이 경우 위 자료가 영업비밀 또는 영업상 주요한 자산이 될 수 있는지? 아울러 위 자료를 가지고 나간 乙은 형사처벌을 받는지?

A. 우선「부정경쟁방지법」의 '영업비밀' 해당 여부에 대해 살핀 후 영업비밀에 해당하면 그 이후 '부정한 이익을 얻거나 보유자에게 손해를 입힐 목적'이 있었는지를 판단해야 한다. 그 과정에서 유출정보가 일반적으로 공개되어 있는 예규, 판례와는 달리 고객들 고유의 세무 관련 이슈에 대하여 해당되는 예규, 판례를 적용하여 종합적으로 분석한 자료들로 甲 공인회계법인(이하, '甲'이라고 함)을 통하지 않고서는 입수하기 어려운 정보에 해당되고, 개별 정보에 접근이 가능하여도 상당한 비용과 노력을 들여야 하는 것으로 甲의 수익과 밀접한 관련이 있고, 영업비밀 관리방법으로 비밀유지를 위한 물리적·기술적 방법이 있었고, 유출자로 지목된 자가 유출정보의 중요성 및 보안 유지가 필요한 정보라는 사정을 잘 알고 있었는지, 유출사실 확인을 위해 甲이 포렌식

을 제안했음에도 거절하는 등의 사정이 있었다면 '영업비밀'에 해당할 뿐 아니라 업무상 배임에 있어서 '영업상 주요한 자산'에 해당한다고 할 수 있다.[40] 따라서 乙이 이직하며 가지고 나간 자료가 '영업비밀' 또는 '영업상 중요한 자산'일 경우, 「부정경쟁방지법」(영업비밀 누설등) 및 업무상배임으로 형사처벌 대상이 된다.

▶ 이른바 인재정보가 영업비밀이 되는지

Q. 甲은 부산 및 경남, 경북 등 지역의 간부급 인재에 대한 데이터베이스를 구축하여 각 기업체 및 공공기관에 전문인력을 추천하고 기업체의 인력채용 시 자문을 해주는 '헤드헌팅' 전문회사에서 퇴사하면서 회사 DB에 담겨있는 자료(경영·회계, 구매·자재, 비서·서비스, 생산·품질, 연구·개발, 인사·총무, 정보·전산 등 업무분야별로 구분된 수백 명 분량의 구직자 이력서, 이하 '인재정보')를 USB 메모리에 저장하여 유출하였다. 이 경우 甲이 취득 사용한 인재정보는 영업비밀에 해당하는지?

A. 회사의 영업을 위한 핵심적인 정보로서 인재정보 DB가 대표 등 소수를 제외하고 누구도 접근할 수 없도록 관리해 왔고, 직원들을 상대로 "회사의 영업비밀을 회사의 허락 없이 사용하거나 유출하지 않고, 회사의 영업비밀 관리규정을 준수하겠다"는 서약서를 정기적으로 징구하여 왔고, 甲도 재직 중 위와 같은 서약서를 수차례 제출하였으며, 퇴직 시에도 위와 같은 내용의 서약서를 제출하였다는 전제가 충족된다면, 인재정보는 영업활동에 유용한

---

[40] 서울중앙지방법원 2022. 11. 24. 선고 2022고단684 판결 참조.

경영상의 정보로서 영업비밀에 해당한다고 할 것이다.[41]

▶ **공인중개사 사무소에서 관리하는 매물정보가 영업비밀이 되는지**(☞'보호할 가치 있는 사용자의 이익'에 대해서는 후술하는 'ⓙ 관련법리' 참조)

Q. 甲은 자신이 운영하는 공인중개사 사무소에서 관리하는 매물정보, 고객정보(또는 이를 포함한 매물장) 등이 중개보조원 乙과의 사이에서 체결된 전직금지약정을 판단함에 있어 상당한 투자나 노력을 기울인 성과로서 '보호할 가치 있는 사용자의 이익'이라고 주장하는바, 이러한 甲의 주장은 인정될 수 있는지?

A. 매물장에는 부동산에 대한 건물 이름, 주소, 확인일자, 임대인 이름과 전화, 공실 여부, 대출여부, 월세나 전세의 액수, 관리비, 세입자의 전화번호 등의 정보 등이 기재되어 있는데, 위 정보들 중 임대인, 세입자의 인적정보, 공실 여부의 정보는 공공연히 알려져 있는 정보라고 할 수는 없다. 다만, 서약서에 비밀로서 무단 사용 등이 금지되는 대상정보가 특정되지 않았거나, 실제로 매물장이 비밀로서 관리된 것인지 알 수 있는 증거가 없거나, 위 정보들이 甲만이 보유하고 있는 정보라고 볼 만한 증거가 없다면, 위 매물장 등 정보와 관련하여 甲에게 '보호할 가치 있는 사용자의 이익'이 있었다고 보기는 어려울 것이다.[42]

☞ 공개되지 않은 정보라도 '보호할 가치가 있는 사용자의 이익'이 있어야만 영업비밀로 보호받을 수 있다.

---

41 부산지방법원 2010. 6. 18. 선고 2010노1053 판결 참조(판결 확정).
42 서울남부지방법원 2023. 5. 3. 선고 2022가단271962 판결 참조.

▶ **원재료 및 배합비율이 영업비밀이 되는지**

Q. 甲 회사는 '외피가 도포된 떡 및 그 제조방법'에 관하여 특허등록을 마쳤는데, 위 특허발명의 기술적 구성의 요지는 떡 표면에 가공초콜릿을 도포하는 것으로서 이 기술을 이용하여 '초코찰떡파이'라는 제품을 개발·출시하였다. 甲 회사는 위와 같이 개발된 기술정보에 대하여는 따로 특허등록을 하지 않고 이를 비밀로 유지·관리하기로 하여 관리하였다. 이처럼 기술정보에 사용된 원재료 및 배합비율도 영업비밀로 인정될 수 있는지?

A. 기술정보에 사용된 원재료 및 배합비가 일반적으로 알려져 있는 떡의 제조방법과 동일하다고 할 수 없고, 그 내용이 일반적으로 알려져 있지 아니함은 물론, 대외비로 표시·분류하여 외부유출을 금지하였고, 일부 직원에 한하여만 그 정보에 접근할 수 있어 내용을 알기 곤란한 상태에 있는 점, 서약서를 징구하는 등 비밀로 유지·관리하였다는 점이 증명되면 원재료 및 배합비율도 영업비밀로 인정될 수 있다.[43]

▶ **신문사에서 관리하는 정보가 영업비밀이 되는지**

Q. 신문사의 부수실적자료 파일(전국 신문보급소로부터 발송부수, 구독부수, 수금부수, 예정부수, 고객유치와 고객이탈부수 세부내역, 전단수입과 지대매출 등의 손익자료를 취합하여 매월 작성하는 문서), 지점별 관리 손익자료 파일(회사가 직영으로 운영되는 전국 각 신문보급소로부터 운영비, 손익, 실적, 목표 등 영업활

---

[43] 의정부지방법원 2011. 9. 8. 선고 2009가합7325 판결 참조.

동에 대한 자료를 취합하여 손익구조개선을 위하여 매월 작성하는 문서)이 영업비밀에 해당하는지?

A. 영업비밀 인정 여부는 제출되는 입증방법(증거)에 따라 달리 판단될 수 있는데, 위 각 파일이 영업비밀에 해당한다고 판단하며 아래와 같은 이유를 근거로 제시하였다.

법원판단

① '부수실적자료 파일'에 제목 및 내용에 '대외비'라고 표시하여 경영진, 업무담당자 등 이 사건 회사 정원의 10%에게만 이메일로 배부되고 있다.

② 일반인에게 공개되는 ○○협회의 신문부수공사 보고서가 시·도 단위의 지역별 발행, 인증 부수만을 확인할 수 있다면, '부수실적자료 파일'은 구 동 단위까지 부수를 확인할 수 있고, 매달 실질적으로 수금하고 있는 고객, 고객 유치 현황과 그 방법까지 파악할 수 있는 자료로서 위 ○○협회의 보고서보다 더 자세하고 영업 활용 가치가 높다.

③ '지점별 관리 손익자료 파일'은 경영진, 지점장 등 총 36여 명에게만 제공되고 있다. 이 사건 회사는 위 자료를 제공받은 직원이 상위 보고 없이 다른 직원에게 이를 제공하면 징계처분을 내리고 있다. 피고인 A에게 위 자료를 제공한 경영지원실 AF 역시 위와 같은 이유로 견책처분을 받은 바 있다.

④ 이 사건 회사는 직원들로부터 '재직 중 또는 퇴직 후라도 회사의 영업활동에 필요한 정보 등에 관하여 외부에 누설 또는 유출하지 않겠다'는 내용의 서약서를 징구하고 있고, 취업규칙 제4조 제1항, 제21조 제1항 다목에도 직원의 업무상 알게 된 회사 영업비밀의 누설금지 의무에 대해 규정하고 있다(서울북부지방법원 2019. 12. 19. 선고 2018고단4569 판결).

▶ 고객정보가 영업비밀이 되는지

Q. 피부관리 업체가 보유한 고객정보(고객의 이름, 연락처 등 인적사항, 고객의 피부상태, 관리내역, 사용제품, 사진, 상담개요 등 고객 응대 및 미용에 관한 것들)가 영업비밀에 해당하는 것인지?

A. 고객정보가 영업비밀이 되느냐는 질문은 조금 억지스러울 수도 있으나, '사과는 맛있느냐'는 질문과 다르지 않을 것이라는 생각이 든다. 이것은 구체적인 사정과 입증 정도에 따라 그 결과가 달라질 수 있기 때문인데, 피부관리 업체가 보유한 고객의 이름과 연락처 등이 영업비밀이 될 수도 또는 안될 수도 있는 이유이기도 하다. 다만, 위 사안과 관련하여 법원은 아래와 같은 사유로 영업비밀을 부정하였다.

> **⚖ 참고판례**
>
> ① 고객의 이름과 연락처 자체는 乙이 직접 고객을 통하여 얻을 수 있는 정보이다(특히 이름의 경우 부원장이었던 乙로서는 자신이 피부관리를 담당했던 고객의 이름은 물론 다른 직원에게 피부관리를 받았던 고객의 이름도 잘 알고 있거나 쉽게 알 수 있었을 것으로 보인다).
>
> ② 甲이 고객의 정보를 획득하기 위해 상당한 비용이나 노력이 필요한 경우에 해당하지도 않는다.
>
> ③ 甲은 乙의 연락처가 기재되어 있는 명함을 만들어서 피부관리실에 비치해 두었고, 일부 고객들의 경우에는 위 명함에 기재된 乙의 휴대전화 번호를 통해 乙에게 연락을 취하여 乙이 고객의 연락처를 알게 된 경우도 있는 것으로 보인다.
>
> ④ 甲은 乙이 개인 휴대전화에 고객들의 연락처를 저장해 놓고 고객들과 연

> 락을 주고받는 것을 알고 있었으며, 그럼에도 불구하고 이를 특별히 제지하지 않았던 것으로 보인다.
>
> 이런 경우라면 고객의 이름과 연락처가 영업비밀에 해당한다고 보기 어렵다고 할 것이다(서울서부지방법원 2019. 11. 1. 2019가단203128 판결).

▶ 음식 부자재가 영업비밀이 되는지

Q. 가맹본부 甲은 가맹계약에 따라 가맹사업자 乙에게 부자재(소스, 베이킹파우더 등)를 제공하였다. 그런데 乙은 지인에게 甲으로부터 받은 부자재를 제공하면서 甲과 법적 다툼이 시작됐다. 甲이 乙에게 제공한 부자재가 영업비밀이라고 할 수 있는지?

A. 특별한 사정이 없는 한, 甲이 제공한 소스 등 유체물 자체가 영업비밀에 해당한다고 보기는 어렵고, 소스 등을 구성하고 있는 원재료의 종류와 배합비율, 배합방법 등 甲이 乙에게 공급한 소스 등의 맛을 구현하는 정보가 공공연히 알려져 있지 아니하고 독립된 경제적 가치를 가지는 것으로서, 비밀로 관리된 생산방법, 판매방법, 그 밖에 영업활동에 유용한 기술상 또는 경영상의 정보라는 조건을 갖추었을 때 비로소 영업비밀이 될 수 있을 뿐이다. 만약 소스 등 유체물을 제공받은 제3자가 이를 취득함으로써 소스 등으로 구현된 甲의 영업비밀에 해당하는 정보를 막바로 취득할 수 있다면, 그 소스 등 유체물 자체를 영업비밀과 동일하게 볼 수 있다.[44]

---

[44] 서울중앙지방법원 2023. 7. 19. 선고 2021가단5181863 판결 참조.

> **여기서 잠깐!**
> 가맹본부가 흔히 하는 주장들(☞관련 용어는 후술하는 'Ⅱ. 전직금지약정, 핵심인력 스카우트와 이직 문제'의 "전직금지"와 관련된 용어를 알아보자' 참조)

가맹본부 즉, 프랜차이즈 회사는 자사의 사업운영 노하우, 레시피, 공급처, 거래처 내역을 영업비밀로 주장하는 경우가 많다. 그중 레시피와 관련하여 '번(빵) 레시피', '패티 레시피', '소스 레시피'를 영업비밀로 주장하는 경우가 있는데, 관련 사건의 수사과정에서 "패티의 원재료와 조미료 등이 한정되어 있고, 가맹본부의 패티 레시피는 동종업체에 널리 알려져 있던 레시피이다"라는 취지의 진술 등으로 영업비밀이 인정되지 않았다.

아울러 '소스 레시피' 역시 "그 구성요소인 원재료와 용량, 배합비율이 공연히 알려져 있지 않고, 수제 햄버거의 맛에 영향을 주는 소스의 제조방법에 관한 것으로서 타제품에 대하여 경쟁상의 이익을 얻을 수 있는 주된 요소라고 할 수 있으며, 원고가 소스를 위탁생산하여 가맹점에게 완제품 형태로만 제공하는 방식으로 비밀로서 유지·관리되고 있는 것으로 보이기는 한다"고 하면서도 가맹사업자들이 가맹본부로부터 소스 레시피를 제공받았다는 점이 인정되지 않아 이를 전제로 주장하는 가맹본부의 주장은 기각되었다.[45]

▸ 음식 등 완제품이 영업비밀이 되는지

Q. 야채, 과일 등 음식에 뿌리거나 발라먹는 소스 완제품이 영업비밀이라고 할 수 있는지?

---

[45] 춘천지방법원 강릉지원 2023. 7. 11. 선고 2021가합31456 판결 참조.

A. '영업비밀'이란 공연히 알려져 있지 아니하고 독립된 경제적 가치를 가지는 것으로서 비밀로 관리된 생산방법, 판매방법 그 밖에 영업활동에 유용한 기술상 또는 경영상의 '정보'를 말한다(「부정경쟁방지법」 제2조 제2호). 그런데 소스 완제품은 '정보'가 아니므로 영업비밀에 해당한다고 보기 어렵다.[46]

▶ 어떤 정보가 산업기술에 해당하지 않는 경우 영업비밀이 되는지

Q. 「산업기술보호법」에서 정한 산업기술에 해당하지 않는 경우라 하더라도 영업비밀(내지 영업상 주요한 자산)에 해당할 수 있는지?

A. 그렇다. 비록 산업기술보호법에서 정한 산업기술에 해당하지 않는다고 하더라도, 경우에 따라 업무상배임죄의 객체인 영업비밀(내지 영업상 주요한 자산)에는 해당할 수 있다.[47]

▶ 교육서비스를 제공하는 회사에서 보관하는 교육 실시 대상 사업자들의 정보가 영업비밀이 되는지

Q. 인식개선교육, 산업안전보건교육, 성희롱예방교육, 개인정보보호교육, 퇴직연금교육 등 노동관계법령에 따라 사업주 등이 받아야 하는 이른바 '5대 법정의무교육'에 관한 교육서비스를 제공하는 회사에서 보관하는 교육 실시 대상 사업자들의 정보가 영업비밀이 될 수 있는지?

---

46 춘천지방법원 강릉지원 2023. 7. 11. 선고 2021가합31456 판결 참조.
47 대법원 2021. 5. 7. 선고 2020도17853 판결 참조.

A. 이에 대한 답변은 일률적일 수 없다. 다만, 회사가 보관하는 교육 실시 대상 사업자들의 정보가 장기간에 걸친 영업활동을 통해 축적한 각 교육 대상 사업장에 대한 영업상 정보를 다수 포함하고 있고, 이는 보유자를 통하지 아니하고는 통상 입수할 수 없는 것에 해당한다면 외부에 공지되지 않은 것으로 볼 수 있을 것이며, 그 결과 비밀정보의 내용에 비추어 볼 때 보유자인 회사들은 위 정보를 활용하여 다른 경쟁업체보다 먼저 교육 대상 사업장에 연락을 취할 수 있게 되고 각 사업장의 교육 시기, 규모, 비용 등에 관하여 다른 경쟁사업자들에 비해 상대적으로 유리한 교섭 환경을 조성할 수 있을 것으로 보인다면 해당 정보는 다른 경쟁업체와의 경쟁관계에서 유용하게 활용 가능한 것으로 그 경제적 가치가 있다고 봄이 상당하다고 볼 수 있으므로 비밀정보를 관리하기 위한 의식적인 노력을 기울인 점까지 입증된다면 최종적으로 영업비밀로 인정될 수 있을 것이다.[48]

ⓕ 영업비밀(기술상 또는 영업상 정보)의 특정(identification) 문제와 영업비밀

> **미리 하는 학습**
>
> **영업비밀을 특정(identification)해야 하는 이유**
>
> 영업비밀의 특정 문제는 침해금지 소송, 손해배상청구 소송의 소장에 청구취지를

---

48 서울중앙지방법원 2022카합21534 결정 참조.

작성할 때, 그리고 형사사건의 공소장을 작성할 때 심리대상을 정하는 필수적 사항이다. 따라서 법적 분쟁에서 반드시 그 이행을 준수해야 하는바, 특정해야 하는 이유에 대해서는 법원의 입장과 소송당사자의 입장을 나누어서 살펴볼 필요가 있다.
우선 보유하는 정보가 영업비밀이라고 주장하는 당사자인 원고(신청인) 입장에서는 정보에 대해 포괄적으로 주장하여 가능한 한 넓은 범위로 인정받기를 희망하는 마음에 두루뭉술하게 주장할 것이다. 이와 반대로 이를 방어하는 피고(피신청인) 입장에서는 영업비밀의 대상이 특정되어야 자신의 법적 책임에 관하여 적절한 방어권 행사를 할 수 있기 때문에 자신이 상대의 어떠한 정보를 침해했는지 대비하고자 상대에게 최대한 명확하게 특정해 줄 것을 요구할 것이다. 나아가 법원 역시 심리대상인 영업비밀의 모호함을 적절히 통제하여 법관으로 하여금 재판의 대상이 되는 것이 무엇인지, 다시 말해 원고가 주장하는 영업비밀이 무엇인지를 확인하여야 대상 정보가 영업비밀 요건에 부합하는지 충실한 심리를 할 수 있으므로 명확한 특정을 요구할 것이다. 더욱이 확정된 판결서에는 판결주문에 영업비밀을 구체적으로 특정함으로써 기판력의 물적범위와 집행력의 범위를 명확히 할 수 있게 되므로 법원 입장에서는 특정 문제가 최고의 난제 중 하나라고 할 수 있다.
이것이 심리를 하는 법원이나 소송당사자 모두의 입장을 고려하여 영업비밀을 구체적으로 특정해야 하는 이유이다. 이하에서 영업비밀의 특정이 인용된 예와 그렇지 않은 예, 그리고 구체적인 문답을 통해 자세히 살펴보도록 하자.

관련법리

영업비밀 침해행위의 금지를 구하는 경우에는 법원의 심리와 상대방의 방어권 행사에 지장이 없도록 그 비밀성을 잃지 않는 한도에서 가능한 한 영업비밀을 구체적으로 특정하여야 하고, 어느 정도로 영업비밀을 특정하여야 하는지는 영업비밀로 주장된 개별 정보의 내용과 성질, 관련 분야에서 공지된 정보의 내용, 영업비밀 침해행위의 구체적 태양과 금지청구의 내용, 영업비밀 보유자와 상대방 사이의 관계 등 여러 사정을 고려하여 판단하여야 한다(대법원 2013. 8. 22.자 2011마1624 결정).

▶ 영업비밀은 어느 정도로 특정해야 하는 것인지

Q. 甲은 乙을 상대로 영업비밀 침해 소송을 준비하고 있다. 이 경우 영업비밀 침해를 주장하는 甲은 자신의 영업비밀을 어느 정도로 특정하여 주장·소명하여야 하는 것일까?

A. 침해를 주장하는 자는 침해 정보에 대해 일반적, 개괄적, 추상적으로 기재하여서는 승소할 수 없다. 따라서 甲이 공지된 정보와 차별화되도록 구체적으로 특정하여 주장·소명하지 아니하여 법원으로 하여금 판단을 곤란하게 하고 아울러 乙도 영업비밀의 구체적인 내용을 알 수 없게 하여 적절한 방어권을 행사할 수 없는 경우라면 영업비밀은 제대로 특정되었다고 할 수 없다.

영업비밀 특정이 부정된 예시

‡ 첫 번째 예시 ‡

① 이 사건 파일이 영업비밀로서 특정되지 않았다는 채무자들의 주장에 대하여, 채권자는 '채무자들이 이 사건 파일을 보관하고 있고, 그 내용을 보더라도 리무진 사양 시작금형 개발착수 회의록, FRAME GNS원가표, 신규재질가격결정검토의뢰양식, 원가산출 자료, 업체선정 견적기준, 사양구성도 등 대부분이 제품원가, 거래서와의 견적, 제품도면 관련 서류들이다'라고 주장할 뿐, 구체적으로 이 사건 파일 중 어느 파일이 위 각 서류에 해당하는지 전혀 특정하지 않았다.

② 이 사건 파일은 총 2,646개로, 이 중 상당수의 자료는 파일명만으로는 그 내용을 전혀 추측할 수 없는 것으로 보인다.

③ 한편 이 사건 파일 중에는 파일명만 보더라도 공지된 정보로 보이는 자

료(예컨대, 범죄일람표 연번 2635번 내지 2340번 카탈로그, 회사소개서 등)도 포함되어 있다. 또한 특허출원된 발명에 대하여 영업비밀을 주장하는 자로서는 그 특허출원된 내용 이외의 어떠한 정보가 영업비밀로 관리되고 있으며 어떤 면에서 경제성을 갖고 있는지를 구체적으로 특정하여 주장입증하여야 하는데(대법원 2004. 9. 23. 선고 2002 다60610 판결 참조), 채권자는 E일자 'F'를 특허출원하였고, 채권자가 영업비밀이라고 주장하는 자료 중에는 도어스텝 제조 및 에칭 기술에 관한 자료가 포함되어 있음에도, 채권자는 도어스텝의 제조 및 에칭 기술과 관련하여 위와 같이 특허출원으로 공개된 제조방법 이외에 영업비밀로 주장하는 기술상 정보가 구체적으로 무엇인지 전혀 특정하지 않았다.

④ 이에 법원으로서도 이 사건 파일이 구체적으로 어떠한 내용인지 제대로 파악할 수 없어 이 사건 파일이 영업비밀에 해당하는지 판단하기 어렵고, 채무자들로서도 영업비밀의 구체적인 내용을 알 수 없어 적절한 방어행위를 할 수 없다(대구지방법원 2022카합10132 결정(가처분이의)).

‡ 두 번째 예시 ‡

① '이 사건 정보'는 '신청인이 판매하는 솔벤트 염료나 형광증백제' 제품과 관련한 '배합염료의 배합비율, 염료의 합성반응 데이터, 과립형 형광증백제의 제조방법, 립스틱용 안료 페이스트의 분산방법 등 생산기술정보' 및 '원료의 순도 검사 방법, 사출 조건의 설정 및 테스트 방법, CCM을 이용한 염료의 색상 검사방법, Hensel 믹서기 등 혼합공정 기계장치를 이용한 염료의 배합방법, 자동흔들체를 이용한 염료의 분급 방법, 가우스 자석키트를 이용한 염료의 철가루 제거방법 등 품질관리기술정보'(원심 판시 '이 사건 기술정보'이다)와 '원료의 종류·구입처·구입가격·구입수량, 관련 거래처의 동향, 원료의 품질관리를 위한 기술지도 등에 관한 사항에 관련된 영업정보'(원심 판시 '이 사건 영업정보'이다)이다.

② 그런데 피신청인들은, 신청인이 염료를 생산하는 것이 아니라 중국에서 염료 자체를 수입하여 포장만 바꾼 뒤 단품으로 판매하거나 그 염료를 원하는 색상이 나올 때까지 단순반복 작업을 통하여 배합하여 판매하고 있을 뿐 이 사건 기술정보와 관련하여 어떠한 고도의 염료 생산기술이나 품질관리기술을 보유하고 있지 않고, 신청인이 가지고 있는 생산기술정보나 품질관리기술정보는 솔벤트 염료나 형광증백제를 생산하는 다른 회사의 인터넷 웹사이트 등에서 누구나 쉽게 구할 수 있는 정보이거나 국제적으로 공인된 규격에 이미 정형화되어 있는 정보이며, 이 사건 영업정보와 관련하여 신청인이 가지고 있는 정보 또한 인터넷 웹사이트에서 누구나 쉽게 구할 수 있는 정보에 불과하다고 다투면서, 그에 부합하는 소명자료까지 일부 제출하였다.

③ 그럼에도 신청인은 이 사건 정보가 수치자료, 업무매뉴얼 등의 데이터베이스 형태로 신청인 회사 내에 보관되고 있다는 취지로 주장만 할 뿐 그러한 데이터베이스의 존재를 인정할 수 있는 아무런 소명자료를 제출하지 아니하고, 이 사건 정보가 피신청인들이 주장하는 공지된 정보와 어떻게 다른지를 구체적으로 특정하여 주장소명지도 아니하였다.

④ 그렇다면 피신청인들이 이 사건 정보가 일반적, 개괄적, 추상적으로 기재되어 있어 공지된 정보와 차이점이 무엇인지 알 수 없다고 주장함에도, 신청인이 공지된 정보와 차별화되도록 이 사건 정보를 더욱 구체적으로 특정하여 주장소명하지 아니함으로써, 법원은 이 사건 정보가 영업비밀에 해당하는지를 판단할 수 없고 피신청인들도 영업비밀의 구체적인 내용을 알 수 없어 적절한 방어행위를 할 수 없으므로, 이 사건에서 영업비밀은 제대로 특정되었다고 할 수 없다.

▶ **영업비밀로서 특정되었는지 판단함에 고려해야 할 사항**

Q. 영업비밀 침해 사건에 피해회사(원고 또는 고소인)는 자신들이 관리하는 정보가 영업비밀이라고 주장하는 반면, 이를 사용한 자(피고 또는 피고인)는 아니라고 주장하는 상황에서 영업비밀로서의 요건을 갖추었는지의 여부 및 영업비밀로서 특정이 되었는지 등을 판단하기 위해 고려해야 할 사항은?

A. 영업비밀로서의 요건을 갖추었는지 여부 및 영업비밀로서 특정(상대에 대한 방어권 보장과 원활한 심리절차를 위함)이 되었는지 등을 판단함에 있어 영업비밀 보유자로서 사용자가 주장하는 영업비밀 자체의 내용뿐만 아니라 근로자의 근무기간, 담당업무, 직책, 영업비밀에의 접근 가능성, 퇴사 후에 담당하는 업무의 내용과 성격 등 여러 사정을 고려하여야 한다.[49]

여기서 잠깐!

실무상 영업비밀 특정과 관련하여 구체적인 배합 비율까지 증명할 필요는 없다.

영업비밀의 특정 문제는 비밀 유출을 우려하는 소송당사자나 신속한 심리를 진행하는 등 소송을 지휘해야 하는 법원 모두 부담스러워하는 점이다. 다만, 법원 입장에서는 통상 근로자가 사용자 회사의 특정 업무에 종사하면서 지득한 것으로 제한하여 "…를 만드는 기술, …의 배합비율,

---

49 대법원 2009. 7. 9. 선고 2009도250 판결 참조.

…를 조절하는 기술" 정도면 특정되었다고 본다. 예컨대 ○○성분 00%, □□성분 00% 등의 구체적인 배합비율, 조절방법 등의 특정까지 요구하지 않는다.

▶ **이름과 주소 등 개인정보가 영업비밀임을 주장하기 위해, 회사가 해야 할 사항은**

Q. 甲 회사는 "거래를 담당하는 고객사 구매부서 담당 직원의 성명, 이메일 주소와 전화번호"가 자사의 영업비밀이라고 주장하고 있다. 이 경우 영업비밀임을 입증 또는 소명하기 위해 甲 회사가 해야 할 사항들은?

A. 영업비밀이라고 주장하는 정보가 동종업계 전반에 알려져 있거나 큰 비용이나 노력 없이 입수할 수 있는 정보가 아니라는 점, 포괄적·개괄적 주장이 아닌 해당 정보의 내용이 영업비밀로서 어떤 제품이나 영업활동에 관한 것인지 구체적으로 입증 또는 소명하여야 한다. 아울러 그것이 甲 회사의 홈페이지 등에 공개된 사항과 어떤 차이가 있는지 등에 관하여 구체적으로 밝혀야 한다. 그렇지 않으면 정보가 영업비밀로서 특정되었다거나 영업비밀에 해당한다고 단정하기 어렵다고 할 것이다.[50]

---

50 수원지방법원 2022카합10486 결정 참조.

▶ **형사사건에서 공소를 제기함에 있어 영업비밀은 어느 정도로 특정되어야 하는지**

Q. 乙은 甲 회사의 영업비밀을 누설한 혐의로 수사기관의 조사를 받았다. 이와 같이 검찰이 乙에 대해 공소를 제기함에 있어 「부정경쟁방지법」 위반 사건의 공소사실에 기재된 '영업비밀'의 특정 정도는?

A. 공소를 제기함에 있어 공소사실을 특정하여 기재할 것을 요구하는 형사소송법 제254조 제4항의 취지는 법원에 대하여 심판의 대상을 한정함으로써 심판의 능률과 신속을 꾀함과 동시에 방어의 범위를 특정하여 피고인의 방어권 행사를 쉽게 해주기 위한 것에 있다.

따라서 부정한 이익을 얻을 목적으로 영업비밀을 사용하였는지 여부가 문제되는 「부정경쟁방지법」 위반 사건의 공소사실에 영업비밀이라고 주장된 정보가 상세하게 기재되어 있지 않다고 하더라도, 다른 정보와 구별될 수 있고 그와 함께 적시된 다른 사항들에 의하여 어떤 내용에 관한 정보인지 알 수 있으며, 또한 피고인의 방어권 행사에도 지장이 없다면 그 공소제기의 효력에는 영향이 없다.[51]

---

51 대법원 2008. 7. 10. 선고 2006도8278 판결 참조.

⚖️ 참고판례

① 이 사건 공소사실에는 피고인이 ㅇㅇㅇ공업 주식회사(이하 'ㅇㅇㅇ'이라 한다)에 근무하면서 취득하게 된 영업비밀에 관하여 "미국 A사의 바이어 명단, 납품가격, 아웃소싱 구매가격, 물류비, 가격산정에 관한 제반자료, ㅇㅇㅇ의 중국 하청업자인 B, C(본명 공소외인)에 대한 자료"(이하 '이 사건 정보'라 한다)라고 되어있다. 이 사건 정보 중 "가격산정에 관한 제반자료"에서의 가격은 다른 공소사실 기재에 비추어 볼 때 A사에의 납품가격이나 그 제조원가(하청가격, 물류비 등)를 뜻하는 것으로 보일 뿐, 다른 가격을 의미하는 것으로 보이지는 않는다. 따라서 위 "가격산정에 관한 제반자료"는 그 자체가 독립된 정보를 나타내는 것이 아니라 납품가격, 아웃소싱 구매가격, 물류비에 관한 제반자료를 의미하는 것으로 보이므로 구체적으로 특정되어 있지 않다고 볼 수 없다.

그리고 이 사건 공소사실은 피고인이 ㅇㅇㅇ 무역부장으로 근무하면서 취득한 이 사건 정보를 이용하여 중국인 하청업자인 C 등으로부터 손톱깎이 세트 등을 생산하게 한 후 이를 A사 등에 납품하였다는 것이므로, 이 사건 정보 중 "ㅇㅇㅇ의 중국 하청업자인 B, C(본명 공소외인)에 대한 자료"는 B나 C에 관한 인적사항 또는 연락처에 관한 자료 등을 의미하는 것으로 보인다. 따라서 이 사건 공소사실에 기재된 영업비밀 중 "가격산정에 관한 제반자료"나 "ㅇㅇㅇ의 중국 하청업자인 B, C에 대한 자료"는 다른 정보와 구별될 수 있고, 어떤 내용에 관한 정보인지 알 수 있으며, 특별히 피고인의 방어권 행사에도 지장이 있는 것으로 보이지는 않는다(대법원 2008. 7. 10. 선고 2006도8278 판결).

② 이 사건 공소사실에는 피고인 6이 누설하고, 나머지 피고인들이 사용한 영업비밀에 관하여 "●●선 전동차 160량의 설계도면 ㅇㅇ파일"로 기재되어 있는바, 이 사건 ㅇㅇ파일은 다른 정보와 구별될 수 있고 어떤 내용에 관한 정보인지 충분히 알 수 있으며, 피고인들의 방어권 행사에도 지장이 있는 것으로 보이지 않는다. 따라서 원심이 이 사건 ㅇㅇ파일에 관한 기재가 영업비밀로서 특정되었다고 판단한 것은 정당하다(대법원 2009. 7. 9. 선고 2006도7916 판결).

나. 영업비밀 침해, 될지 안 될지 애매할 때

⑧ 근로자가 업무상 지득·체득한 정보의 귀속과 영업비밀

▶ **근로자가 업무상 자연스럽게 지득한 정보에 대해 소유를 주장할 수 있는지**

Q. 乙은 甲 회사에서 근무하면서 업무상 지식 K를 지득하게 되었다. 이 경우 K는 乙이 업무상 지득한 것이므로 乙에게 귀속되는지?

A. 근로자가 근로계약에 따라 직장에서 근무하는 동안에 그 학력과 경력에 비추어 스스로 체득하게 된 일반적인 지식(general knowledge and skill), 기술, 경험, 거래선과의 친분관계 등은 그 자신에게 귀속되는 인격적 성질의 것이라 할 것이므로 이것들을 회사(소유)의 영업비밀이라 할 수 없다. 다만, 일반적인 지식이라 하더라도 퇴사 시 근로자가 기억만으로는 알 수 없고, 특정한 도면, 계산식, 일람표 등을 가지고 나가야만 알 수 있는 경우에는 근로자에게 인격적으로 귀속되는 것이라고 보기 어렵다.[52]

따라서 그 귀속 여부는 지득한 정보가 자연스럽게 지득 가능한 일반적인 지식인지, 더 나아가 일반적인 지식이라 하더라도 기억만으로는 알 수 없는 경우인지 등으로 세분화하여 판단하여야 한다.

▶ **근로자가 직접 연구개발에 참여하여 지득한 정보에 대해 소유를**

---

[52] 대법원 1996. 12. 23. 선고 96다16605 판결 참조.

주장할 수 있는지

Q. 甲 회사에 고용되어 연구원으로 근무하는 乙은 회사 연구 프로젝트에 참여하여 K를 개발하였다. 그런데 乙은 직접 연구개발에 참여하였으므로 K의 영업비밀이 자신에게 귀속되어야 한다고 주장한다. 이러한 乙의 주장은 타당한 것인지?

A. 근로자가 영업비밀의 일부를 직접, 연구개발하였다고 하여 근로자에게 귀속되는 것이라 할 수 없고, 당해 정보의 성질에 따라 발명진흥법 제10조(구 특허법 제39조),[53] 저작권법 제9조[54]에 해당하지 않는 한 회사에 고용되어 급여를 받으면서 담당한 업무 그 자체이고 회사의 기자재와 연구 설비 및 다른 연구원의 연구 결과를 참조하여 연구한 것이며 근로자가 일반적인 지식, 기술, 경험 등을 활용하여 쉽게 알 수 있는 것이 아닌 이상 회사의 영업비밀이 된다.[55]

따라서 乙이 직접 연구개발에 직접 참여하였다고 하여 개발된 K의 영업비밀이 자신에게 귀속된다고 할 수 없다.

▶ **자연스럽게 체득한 일반적인 정보가 퇴사 후 사용되는 경우, "영업비밀 침해 우려"가 있다고 할 수 있는지**

---

53 「특허법」제10조(직무발명) ① 직무발명에 대하여 종업원등이 특허, 실용신안등록, 디자인등록(이하 '특허등'이라 한다)을 받았거나 특허등을 받을 수 있는 권리를 승계한 자가 특허등을 받으면 사용자등은 그 특허권, 실용신안권, 디자인권에 대하여 통상실시권(通常實施權)을 가진다.

54 「저작권법」제9조(업무상저작물의 저작자) 법인등의 명의로 공표되는 업무상저작물의 저작자는 계약 또는 근무규칙 등에 다른 정함이 없는 때에는 그 법인등이 된다. 다만, 컴퓨터프로그램저작물의 경우 공표될 것을 요하지 아니한다.

55 각주 52) 참조.

Q. 근로자가 스스로 체득하게 된 일반적 지식, 기술, 경험을 바탕으로 이직한 회사에서 동종 업무를 하고 있다는 이유만으로 전 회사의 영업비밀을 침해할 우려가 있다고 단정할 수 있는지?

A. 근로계약에 따라 근무하는 동안 그 학력과 경력에 비추어 스스로 체득하게 된 일반적 지식(general knowledge and skill), 기술, 경험 등은 근로자에게 귀속되는 인격적 성질의 것이라 할 것이므로, 근로자가 전 회사에게 근무한 경험을 바탕으로 이직한 회사에서 동종 업무를 하고 있다는 점만으로는 전 회사의 영업비밀을 침해할 우려가 있다고 단정할 수 없다.[56]

여기서 잠깐! 사용자만이 가지는 특수한 지식과 전직행위를 금지하는 약정이 필요한 이유

사용자만이 가진 특수한 지식은 사용자에게는 일종의 객관적인 재산이고 다른 사람에게 양도할 수 있는 가치를 가지고 있는 점에서 일반적인 지식(general knowledge and skill)이나 기능과 성질이 전혀 다르고, 이와 같은 특수한 지식과 기능들은 이른바 영업상의 비밀로서 영업활동의 자유와 나란히 함께 보호받아야 할 법익이며, 이를 위해 일정한 범위에서 근로자의 경업행위를 금지하는 특약을 체결하는 것은 충분히 합리성이 있다(서울중앙지방법원 2008. 1. 10. 선고 2007가합86803 판결).

---

[56] 서울중앙지방법원 2008. 1. 10. 선고 2007가합86803 판결 참조.

▶ **자연스럽게 체득한 일반적인 정보를 퇴사 후 사용할 경우, 형사처벌 여부**

Q. 직장에서 근무하는 동안 자연스럽게 스스로 체득한 일반적인 지식, 기술, 경험 등을 퇴사 후 타 업체에서 사용하였을 경우 영업비밀 침해죄로 처벌받을까?

A. 근로자가 회사에 근무하면서 지득하게 된 업무상 지식이 모두 회사의 영업비밀로 인정되는 것은 아니고, 근로자가 직장에 근무하는 동안 그 학력과 경력에 비추어 스스로 체득하게 된 일반적인 지식, 기술, 경험 등은 그 자신에게 귀속되는 인격적인 성질의 것으로서 영업비밀에 해당하지 않을 것이다.[57] 따라서 근로자가 자연스럽게 지득한 정보를 퇴사 후 사용했다고 하더라도 그러한 본원적 보유자 자신의 행위에 대하여는 영업비밀 침해유형을 규정한 「부정경쟁방지법」 제2조 제3호 (라)목[58]이 적용되지 않아 일반적인 지식 등의 사용만으로는 처벌되지 아니한다.

ⓗ 전직금지기간과 비밀유지의무기간이 차이가 나는 경우, 영업비밀

▶ **전직금지기간과 비밀유지의무기간을 달리 정할 수 있는지**

Q. 甲 회사는 근로자 乙과 영업비밀보호 서약을 체결하며 그 내

---

57 서울고등법원 2019나2008434 손해배상(기) 판결 참조.
58 「부정경쟁방지법」 제2조 제3호 라. 계약관계 등에 따라 영업비밀을 비밀로서 유지하여야 할 의무가 있는 자가 부정한 이익을 얻거나 그 영업비밀의 보유자에게 손해를 입힐 목적으로 그 영업비밀을 사용하거나 공개하는 행위.

용에 비밀유지의무기간은 5년, 전직금지기간은 2년으로 하였다. 이처럼 입사(또는 퇴사) 시 사용자와 근로자 간 체결하는 영업비밀보호 서약서에 전직금지기간과 비밀유지의무기간을 달리 정할 수 있는지?

A. 영업비밀보호 서약서 작성 시 그 내용으로 전직금지기간과 비밀유지의무기간을 달리 정할 수 있다. 다만, 이때 비밀유지의무는 사실상 전직금지와 같은 효과를 가진다고 해석할 수 있으므로 두 기간의 차이가 큰 경우, 기술개발에 소요된 기간과 비용, 업계의 기술발전 현황(이를테면 휴대폰, 컴퓨터, IT 관련 기술의 발전 및 제품의 순환 주기는 상대적으로 타 영역보다 빠르다. 이 이야기는 새로운 기술이 계속 업데이트된다는 말로, 극단적으로 오늘 기술이 내일이면 시장에서 찾기 힘들게 된다는 말이다. 따라서 전직금지기간을 장기간 할 필요가 적어진다는 말로, 필요성이 적은 이유로 근로자의 생계를 위협할 만큼 장기간의 전직금지를 할 이유가 없다는 것이다)을 고려하여 차이가 나는 양쪽의 금지기간이 제한될 수 있다(이를테면 사례에서 비밀유지의무기간 5년과 전직금지기간 2년이라는 기간 차이를 고려하여 비밀유지의무는 5년에서 3년으로 줄여 퇴직 후 3년으로 제한하는 등의 방법).[59]

---

[59] 수원지방법원 2023. 8. 23. 선고 2022가합20163 판결 참조.

ⓘ 특허와 영업비밀

📖 미리 하는 학습

특허가 영업비밀 사건에서 쟁점이 되는 이유

내가 보유한 정보를 특허로 보호받을지 영업비밀로 보호받을지는 전적으로 보유자가 선택해야 할 몫이다. 특허의 경우 존속기간은 특허권을 설정등록한 날부터 특허출원일 후 20년이 되는 날까지로 하며(『특허법』 제88조 제1항), 그 기간이 지나면 공개되어 누구나 해당 기술을 사용할 수 있게 된다. 그러나 영업비밀은 보호기간이 존재하지 않는다(그렇다고 영구적으로 보호된다는 말은 아니므로 이점은 후술하는 'ⓞ 영업비밀이 보호되는 시간적 범위와 영업비밀 보호기간' 참고). 이러한 이유 등으로 영업비밀과 특허는 동전의 양면과 같이 동시에 언급되고 쟁점화될 수밖에 없다.

회사의 기술정보에 관하여 특허출원을 하게 되면 그에 대한 개요와 명세가 상당 부분 공개되기 마련이다. 그러면 출원한 기술정보를 특허출원할 경우 비공지성 상실로 '영업비밀'로서는 보호받지 못하는 것인지 궁금증이 생길 것이다. 다시 말해 해당 기술을 특허로 출원함으로 인하여 영업비밀 요건 중 '비공지성' 요건이 상실되는 것인지, 그로 인하여 회사의 기술정보 보호가 특허와 영업비밀 양자택일의 문제인지가 실무상 중요한 부분을 차지하고 당연히 이 부분이 치열한 법적 쟁점이 된다.

또한 '영업비밀' 또는 '영업상 주요한 자산'인지 판단함 있어 영업비밀은 특허와 같은 엄격한 신규성이나 발명임을 요하지 않아서 그 범위가 특허의 경우보다 넓다고 보아야 하기 때문에 특허가 있다는 사정만으로 당해 발명에 관한 자료들이 비공지성을 결여하게 되어 영업상 주요한 자산이 될 수 없다고 단정할 수는 없다. 공개된 외국의 특허출원 서류에 문제되는 기술이나 제품의 설계 개념이 포함되어 있다는 사정만으로는 문제되는 발명이 일반적으로 잘 알려진 것이라고 단정하기는 어렵다.[60]

결국 "특허출원은 곧 비공지성 상실로 영업비밀이 될 수 없다"라고 말할 수는 없는 바, 이 부분에 대해 구체적인 사례를 통해 궁금증을 해결해 보도록 하자.

---

60 대법원 2003도3044 판결 참조.

▶ **특허출원된 발명에 대한 영업비밀, 영업비밀로 인정될 수 있는지**

Q. 특허출원된 발명은 영업비밀로 인정받을 수 없는 것인가?

A. 특허출원으로 영업비밀성 요건 중 비공지성 요건을 상실했다고 하더라도 그 특허출원된 내용 이외의 어떠한 정보가 영업비밀로 관리되고 있으며 어떤 면에서 경제성을 갖고 있는지를 구체적으로 특정하여 주장·입증할 수 있다면 비록 특허출원된 발명이라 하더라도 영업비밀로 인정될 수 있다. 즉, 특허출원 되었다고 하여 영업비밀로 인정받을 수 없는 것은 아니다.

따라서 특허출원된 발명에 대하여 영업비밀을 주장하는 자로서는 그 특허 출원된 내용 이외의 어떠한 정보가 영업비밀로 관리되고 있으며 어떤 면에서 경제성이 있는지를 구체적으로 특정하여 주장·증명하여야 한다.[61] 그러나 영업비밀임을 주장하는 정보가 이와 같은 주장·입증을 하지 못하고 주장하는 영업비밀의 내용이 특허로 출원, 공개되어 이미 공지된 것이라면 비밀성을 상실하였다고 판단하여 영업비밀로 인정될 수 없을 것이다.[62]

---

[61] 법원판단 - 특허출원을 하기 위한 특허출원서에는 발명의 명세서와 필요한 도면 및 요약서를 첨부하여야 하고, 발명의 상세한 설명에는 그 발명이 속하는 기술분야에서 통상의 지식을 가진 자가 용이하게 실시할 수 있을 정도로 그 발명의 목적·구성 및 효과를 기재하여야 하며, 특허청구범위에는 발명이 명확하고 간결하게 그 구성에 없어서는 아니 되는 사항을 기재하여야 하므로(「특허법」 제42조 제2항, 제3항, 제4항 참조), 그 기술분야에서 통상의 지식을 가진 자라면 누구든지 공개된 자료를 보고 실시할 수 있다 할 것이니, 특허출원된 발명에 대하여 영업비밀을 주장하는 자로서는 그 특허출원된 내용 이외의 어떠한 정보가 영업비밀로 관리되고 있으며 어떤 면에서 경제성을 갖고 있는지를 구체적으로 특정하여 주장·입증하여야 한다(대법원 2004. 9. 23. 선고 2002다60510 판결).

[62] 의정부지방법원 2020카합5119 결정 참조.

> **참고판례**
>
> 비록 기계의 기본적인 작동원리나 구성이 이미 공연히 알려져 있어 그 자체는 영업비밀에 해당한다고 할 수 없다 하더라도, 문제의 기계를 구성하는 개개 부품의 규격이나 재질, 가공방법, 그와 관련된 설계도면 등이 공연히 알려져 있지 아니하고 독립된 경제적 가치를 가지는 것으로서, 상당한 노력에 의하여 비밀로 유지된 생산방법이나 그에 관한 정보라면 이는 「부정경쟁방지법」 제2조 제2호가 규정하는 영업비밀에 해당한다고 보아야 한다(대법원 1998. 11. 10. 선고 98다45751 판결 참조).

▶ 특허공보에 공지된 정보와 영업비밀 여부

Q. 乙은 피해회사의 영업비밀이 포함된 F 제품이 공개특허공보에 의해 공지된 정보를 바탕으로 구체적인 수치까지 도출해 낼 수 있으므로, 피해회사의 F 제품 관련 도면 및 파일 등은 「부정경쟁방지법」에서 정한 영업비밀이 될 수 없다고 주장한다. 이러한 乙의 주장은 인용될 수 있는지?

A. 공개된 특허로 F 제품의 구조와 형태 외 부품의 상세 구조, 수치, 재질 등의 정보를 확인할 수 있는지 여부, 전체 형상을 설계하는 것이 가능한지 여부 등을 살펴보고, 이것들이 가능하지 않다면 피해회사의 출원에 의해 특허공보에 게시된 사실이 있다는 이유만으로 영업비밀이 아니라고 할 수 없다.[63] 이를테면 피해회사의 로봇 구조와 형태가 피해회사의 출원에 의해 특허공보에 게시된 사실은 있으나, 공개된 특허로는 로봇의 구조와 형태 외 부품

---

[63] 수원지방법원 2023. 2. 16. 선고 2022고합42, 2022고합96, 2022고합385(병합) 판결 참조.

의 상세 구조, 수치, 재질 등의 정보를 확인할 수 없다면 출원으로 특허공보에 게시된 사실로 영업비밀이 아니라고 할 수 없다.

☞ 乙 주장처럼 특허 공보를 통해 제품 구조와 형태 외 부품의 상세 구조, 수치, 재질 등 정보 확인이 가능하고 부품의 상세 치수 파악까지 가능하다면 모를까, 그런 정도가 아니면 영업비밀이 아니라고 단정할 수 없다.

▶ 상관습상 비밀유지의무를 부담하는 특정인에게 배포된 경우, 공지(公知) 여부

Q. 甲은 乙과 기술전수 계약을 체결하면서 甲의 "서면 동의 없이 기술 및 노하우 등을 제3자에게 유출하지 아니하기로" 약정하였고, 乙로부터 기술개발 하청을 받은 K, U 역시 이러한 甲과 乙의 비밀유지약정에 대하여 잘 알고 있었다. 아울러 일의 원활한 진행을 위해 乙을 포함한 K, U는 진행 상황을 팩스 등을 통해 서로 주고받기도 하였다.

이러한 상황에서 乙의 특허출원이 이뤄졌는데, 발명의 내용이 계약상 또는 상관습상 비밀유지의무를 부담하는 특정인에게 배포된 경우, 공지(公知)된 것이라 할 수 있는지?

A. 기술개발자료에 대해 비밀유지의무를 지고 있는 특정인에게만 배포된 경우, 공지된 것이라 할 수 없다.[64] 따라서 K, U는 계약상 또는 상관습상 비밀유지의무를 부담하는 특정인이라고 할 수 있으므로 이들에 대한 배포를 근거로 공지되었다고 할 수는 없다.

▶ 어떠한 기술이 진보성 흠결로 특허등록이 거절된 경우, 영업상

---

64   대법원 2005. 2. 18. 선고 2003후2218 판결 참조.

주요한 자산과의 관계는

Q. 치과 치료 중 실시간으로 환자의 구강 엑스레이 영상을 촬영하여 확인할 수 있게 해주는 장치인 K의 특허출원에 대하여 진보성 흠결을 이유로 특허등록이 거절되는 특허심판원 심결이 있는 경우, 이를 근거로 K가 영업상 주요 자산이 아니라고 말할 수 있는지?

A. 특허등록 거절과 상관없이 피해자 회사가 K 연구개발을 위하여 상당한 시간과 노력과 비용을 들였고, 그 결과물인 부품 상세정보 등이 망라되어 포함된 자료가 불특정 다수인에게 공개되어 있지 아니하며 영업에 필수적인 정보라면 영업상 주요 자산이라고 할 수 있다.[65]

여기서 잠깐!
굳이 은밀한 방법으로 타인의 기술을 취득했다면, 재판 과정에서 합리적 의심을 피하기 어렵다.

피고인들 및 변호인이 주장하는 바와 같이 피해회사의 도면들이 일반에 공개되어 있거나 사이즈 스케일링 등 합법적 방법으로 그 상세 치수를 쉽게 획득할 수 있으며 특별한 경제적 가치도 없는 정보라면, 피고인들이 굳이 은밀한 방법으로 취득하지는 않았을 것으로 보이는 점 등을 종합하면, 피고인들 및 변호인의 위 주장은 이유 없다(수원지방법원 2023. 2. 16. 선고 2022고합42, 2022고합96, 2022고합385(병합) 판결 참조).

---

65 인천지방법원 2018. 2. 22. 선고 2016노3514 판결 참조.

> **특허 또는 지식경제부 연구보고서에 공개된 경우, 영업비밀로 인정될 수 있는지**

Q. 기본적인 제조방법이 관련 특허 또는 지식경제부 연구개발결과보고서에 공개된 경우 해당 제조기술이 영업비밀로 인정될 수 있는지?

A. 비록 기본적인 제조방법이 관련 특허 또는 지식경제부 연구개발결과보고서에 공개되었다 하더라도, 제조기술에 관한 문서 및 도면을 별도의 보호구역에 보관하면서 지문인식 잠금장치를 통해 그 출입을 제한하고 출입내역을 관리함으로써 일부 직원에 한하여만 그 정보에 접근할 수 있도록 하고, 전 직원들로부터 이 사건 제조기술을 포함한 영업비밀 준수에 관한 기술보호계약서 및 보안서약서(특히 위 문서들은 일반적인 비밀유지의무만을 담고 있는 것이 아니라, 특정 제조기술에 관하여 별도의 항목으로 기재하여 그 보안을 강조하고 있었다면)를 징구하여 이를 비밀로 유지·관리하여 왔다는 사실이 전제되고 아울러 공개된 자료 등에 해당 제조기술의 구체적이고 세부적인 정보가 특정되어 기재되어 있지 않다면 공개에도 불구하고 영업비밀로 인정될 수 있다.[66]

> **영업비밀의 실질적인 내용이 특허로 공개된 경우, 영업비밀로 인정될 수 있는지**

Q. 영업비밀의 실질적인 내용이 특허로 공개된 경우 영업비밀성을 상실하게 되는지?

---

[66] 서울고등법원 2019나2008434 판결 참조.

A. 영업비밀의 실질적인 내용이 특허로 출원, 공개되어 이미 공지된 것이라면 특별한 사유가 없는 한 영업비밀성을 상실하였다고 할 것이다. 아울러 어떠한 정보가 영업비밀임을 주장하는 자에 의하여 영업비밀로 관리되고 있는지에 관하여 주장하는 자가 구체적으로 특정하여 주장, 소명하지 않고 있다면 영업비밀로 인정받을 수 없다.[67]

▶ **어떤 제품의 기술이 '공지의 기술 또는 자유실시기술'일 경우, 그 제품의 기술은 영업비밀로 인정될 수 있는지**

⚖ 관련법리

이른바 자유실시기술이란 기술적 사상의 실시에서 장기간 존속하는 특허권의 침해 여부를 판단할 때 등장하는 용어로 특허권의 효력이 미치지 않는 기술을 말하는데, 해당 기술이 그 기술분야에서 통상의 지식을 가진 자가 공지의 기술로부터 쉽게 실시할 수 있는 경우를 말한다.

영업비밀은 개별적이고 구체적인 특정한 생산방법, 판매방법 그 밖에 영업활동에 유용한 기술상 또는 경영상의 정보를 다룬다. 이처럼 자유실시기술과 영업비밀은 적용 영역이 다른바, 영업활동에 유용한 기술상 정보가 특정 특허발명과의 관계에서 자유실시기술에 해당된다고 하더라도 그 기술상 정보의 사용을 통해 경쟁자에 대하여 경영상의 이익을 얻을 수 있거나 또는 그 기술상 정보의 취득이나 개발을 위해 상당한 비용이나 노력이 필요하면 그 기술상 정보는 경제적 유용성이 있는 정보에 해당된다. 따라서 기술상의 정보가 자유실시기술에 해당한다고 하여 그 사정만으로 그 기술상의 정보가 경제적 유용성이 있는 정보에 해당하지 않는다고 할 수 없다(창원지방법원 2022. 7. 8. 선고 2018고단516 판결 참조).

---

[67] 부산지방법원 2019카합10702 결정 참조.

Q. 「부정경쟁방지법」위반(영업비밀국외누설등)으로 기소된 乙 회사는 "甲 회사가 개발한 K 제품은 甲 회사뿐만이 아니라 다른 업체에서도 제조되는 것이고, 그 제품 기술은 공지된 기술이거나 자유실시기술로서 비공지성 및 경제적 유용성을 충족하지 않는다"며 영업비밀이 아니라고 주장한다. 이 경우 乙 회사의 주장대로 공지의 기술 또는 자유실시기술이라는 사정으로 영업비밀이 아닐 수 있는지?

A. 일반적인 제조기술이 공지의 기술이라는 사정만으로는 자료들이 공지된 것이라고 할 수 없고, 또한 자유실시기술과 영업비밀은 적용 영역이 다르므로 기술상의 정보가 자유실시기술에 해당한다고 하여 그 사정만으로 그 기술상의 정보가 경제적 유용성이 있는 정보에 해당하지 않는다고 할 수 없다.[68]

▶ **직무발명의 내용 공개가 영업비밀 누설에 해당하는지**

⚖ 관련법리

발명진흥법 제2조는 '직무발명'이란 종업원, 법인의 임원 또는 공무원(이하 '종업원 등'이라 한다)이 그 직무에 관하여 발명한 것이 성질상 사용자·법인 또는 국가나 지방자치단체(이하 '사용자 등'이라 한다)의 업무 범위에 속하고 그 발명을 하게 된 행위가 종업원 등의 현재 또는 과거의 직무에 속하는 발명을 말한다고 규정하면서, 제10조 제3항에서 "직무발명 외의 종업원 등의 발명에 대하여 미리 사용자 등에게 특허 등을 받을 수 있는 권리나 특허권 등

---

[68] 창원지방법원 2022. 7. 8. 선고 2018고단516 판결 참조.

을 승계시키거나 사용자 등을 위하여 전용실시권을 설정하도록 하는 계약이나 근무규정의 조항은 무효로 한다"고 규정하고 있고, 위 조항은 직무발명을 제외하고 그 외의 종업원 등의 발명에 대하여는 그 발명 전에 미리 특허를 받을 수 있는 권리나 장차 취득할 특허권 등을 사용자 등에게 승계(양도)시키는 계약 또는 근무규정을 체결하여 두더라도 위 계약이나 근무규정은 무효라고 함으로써 사용자 등에 대하여 약한 입장에 있는 종업원 등의 이익을 보호하는 동시에 발명을 장려하고자 하는 점에 그 입법 취지가 있다.

위와 같은 입법 취지에 비추어 보면, 계약이나 근무규정이 종업원 등의 직무발명 이외의 발명에 대해서까지 사용자 등에게 양도하거나 전용실시권의 설정을 한다는 취지의 조항을 포함하고 있는 경우에 그 계약이나 근무규정 전체가 무효가 되는 것은 아니고, 직무발명에 관한 부분은 유효하다고 해석하여야 한다.

Q. 직무발명을 한 종업원의 지분이 아직 재직했던 회사(피해자 회사)에 승계되지 아니하고 근로자 甲에게 남아있는 상황에서 비밀유지 및 이전절차협력 의무를 이행하지 아니한 채, 그 발명의 내용이 특허출원 절차 및 라이선스 계약 체결에 의하여 공개된 경우 영업비밀 누설에 해당하는지?

A. 발명자주의에 따라 직무발명을 한 종업원에게 원시적으로 발명에 대한 권리가 귀속되는 이상 위 권리가 아직 사용자 능에게 승계되기 전 상태에서는 유기적으로 결합된 전체로서의 발명의 내용 그 자체가 사용자 등의 영업비밀로 된다고 볼 수는 없다. 따라서 직무발명에 대한 권리를 사용자 등에게 승계한다는 취지를 정한 약정 또는 근무규정의 적용을 받는 종업원 등이 비밀유지 및 이전절차협력의 의무를 이행하지 아니한 채 직무발명의 내용이

공개되도록 하는 행위를 「발명진흥법」 제58조 제1항, 제19조에 위배되는 행위로 의율(擬律, '법원이 법규를 구체적인 사건에 적용')하거나, 또는 직무발명의 내용 공개에 의하여 그에 내재되어 있었던 사용자 등의 개개의 기술상의 정보 등이 공개되었음을 문제 삼아 누설된 사용자 등의 기술상의 정보 등을 개별적으로 특정하여 「부정경쟁방지법」상 영업비밀 누설행위로 의율할 수 있음은 별론으로 하고, 특별한 사정이 없는 한 그와 같은 직무발명의 내용 공개가 곧바로 「부정경쟁방지법」 제18조 제2항에서 정한 영업비밀 누설에도 해당한다고 볼 수는 없다.[69]

☞ 직무발명 내용이 공개되었다고 바로 영업비밀 누설이 되는 것은 아니다. 적어도 직무발명에 내재된 특정한 기술적 정보 등이 공개돼야만 영업비밀 누설로 의율할 수 있다.

◇ 참고할 사항

계약이나 근무규정 속에 대가에 관한 조항이 없더라도 종업원 등에게 직무발명에 대한 정당한 보상을 받을 권리가 있는지 문의하는 경우가 종종 있다.

계약이나 근무규정 속에 대가에 관한 조항이 없는 경우에도 그 계약이나 근무규정 자체는 유효하되 종업원 등은 사용자 등에 대하여 정당한 보상을 받을 권리를 가진다고 해석해야 할 것이다. 다만, 직무발명에 대한 특허 등을 받을 수 있는 권리나 특허권 등의 승계 또는 전용실시권 설정과

---

69 대법원 2012. 11. 15. 선고 2012도6676 판결 참조.

위 정당한 보상금의 지급이 동시이행의 관계에 있는 것은 아니다(대법원 2012. 11. 15. 선고 2012도6676 판결 참조).

▸ **특허출원된 발명에 대해 영업비밀로 인정받기 위해 주장해야 할 사항에는 어떤 것들이 있는지**

Q. 특허출원된 발명에 대하여 영업비밀을 주장하는 자가 특허출원으로 공개된 제조기술 이외의 영업비밀로 인정받기 위하여 주장하여야 하는 사항은 어떤 것이 있는지?

A. 특허출원을 하기 위한 특허출원서에는 발명의 명세서와 필요한 도면 및 요약서를 첨부하여야 하고, 발명의 상세한 설명에는 그 발명이 속하는 기술분야에서 통상의 지식을 가진 자가 용이하게 실시할 수 있을 정도로 그 발명의 목적·구성 및 효과를 기재하여야 하며, 특허청구범위에는 발명이 명확하고 간결하게 그 구성에 없어서는 아니 되는 사항을 기재하여야 하므로(특허법 제42조 제2항, 제3항, 제4항 참조), 그 기술분야에서 통상의 지식을 가진 자라면 누구든지 공개된 자료를 보고 실시할 수 있다 할 것이니, 특허출원된 발명에 대하여 영업비밀을 주장하는 자로서는 그 특허출원된 내용 이외의 어떠한 정보가 영업비밀로 관리되고 있으며 어떤 면에서 경제성을 갖고 있는지를 구체적으로 특정하여 주장·입증하여야 한다.[70]

---

[70] 대법원 2004. 9. 23. 선고 2002다60610 판결 참조.

▶ **산업기술과 관련하여 특허등록이 이루어져 산업기술의 내용 일부가 공개된 경우, 비밀유지의무의 대상에서 제외되는지**

⚖ 관련법리

산업기술의 유출방지 및 보호에 관한 법률(이하 '산업기술보호법'이라 한다) 제36조 제2항, 제14조 제2호는 대상기관의 임·직원 또는 대상기관과의 계약 등에 따라 산업기술에 대한 비밀유지의무가 있는 자가 부정한 이익을 얻거나 그 대상기관에게 손해를 가할 목적으로 유출하거나 그 유출한 산업기술을 사용 또는 공개하거나 제3자가 사용하게 하는 행위를 하면 처벌하도록 규정하고 있다.

위 비밀유지의무 대상인 산업기술은 제품 또는 용역의 개발·생산·보급 및 사용에 필요한 제반 방법 내지 기술상의 정보 중에서 관계중앙행정기관의 장이 소관 분야의 산업경쟁력 제고 등을 위하여 법률 또는 해당 법률에서 위임한 명령에 따라 지정·고시·공고·인증하는 산업기술보호법 제2조 제1호 각 목에 해당하는 기술을 말하고, 부정경쟁방지 및 영업비밀보호에 관한 법률에서의 영업비밀과 달리 비공지성(비밀성), 비밀유지성(비밀관리성), 경제적 유용성의 요건을 요구하지 않는다.

Q. 산업기술과 관련하여 특허등록이 이루어져 산업기술보호법상 산업기술의 내용 일부가 공개된 경우, 비밀유지의무의 대상에서 제외되는지?

A. 산업기술보호법 제2조 제1호 각 목의 어느 하나의 요건을 갖춘 산업기술은 특별한 사정이 없는 한 비밀유지의무의 대상이 되고, 그 산업기술과 관련하여 특허등록이 이루어져 산업기술의 내용 일부가 공개되었다고 하더라도 그 산업기술이 전부 공개된 것

이 아닌 이상 비밀유지의무의 대상에서 제외되는 것은 아니다.[71]

ⓙ 업무상배임과 영업비밀

📖 미리 하는 학습

업무상배임이 영업비밀 사건에서 쟁점이 되는 이유

업무상배임죄는 영업비밀 유출 형사사건에서 영업비밀 3요소(비밀관리성, 비공지성, 경제적 유용성)를 갖추지 못하여 「부정경쟁방지법」상 영업비밀로 인정받지 못한 사건에서 보충적으로 형사처벌의 공백을 메우는 역할을 한다.
특히 동일 사건에서 부정경쟁방지법(영업비밀누설등)과 형법상 업무상배임이 동시에 쟁점이 된 사건이 많은데, 이러한 이유로 영업비밀 침해 사건에서 민사사건에서는 원고, 형사사건에서는 검사가 영업상 주요한 자산의 반출로 업무상 배임을 주장하여 동일 사건에서 위 두 개의 죄에 대한 쟁점이 심리되는 사안이 많은 만큼 아래에서 구체적인 사례를 통해 업무상배임과 영업비밀에 대한 궁금증을 해결해 보도록 하자.

⚖ 관련법리

사용자가 비밀로 정하여 통제·관리를 한 영업비밀이 아니라고 하더라도, 그 자료나 정보가 불특정 다수의 사람들에게 공개되지 아니하였고 사용자가 상당한 시간, 노력 및 비용을 들여서 제작 또는 취득한 것이며 영업활동에 필수적이어서 주요 자산이라고 평가할 만한 정도라면, 근로자가 이처럼 영업상 주요한 자산을 경쟁업체에 유출하거나 스스로의 이익을 위하여 이용할 목적으로 무단으로 반출한 행위는 타인의 사무를 처리하는 자로서의 업무상의 임무에 위배한 행위로써 재산상의 이익을 취득하고 사용자에게 손해 또는

---

71   대법원 2013. 12. 12 선고 2013도12266 판결 참조.

손해발생의 위험을 가한 것이니 그 유출 시 또는 반출 시에 업무상배임죄 기수가 성립한다.

배임죄에서 범죄의 주체는 타인의 사무를 처리하는 지위에 있어야 한다. 여기에서 '타인의 사무를 처리하는 자'라고 하려면, 타인의 재산관리에 관한 사무의 전부 또는 일부를 타인을 위하여 대행하는 경우와 같이 당사자 관계의 전형적·본질적 내용이 통상의 계약에서의 이익대립관계를 넘어서 그들 사이의 신임관계에 기초하여 타인의 재산을 보호 또는 관리하는 데에 있어야 한다.

이익대립관계에 있는 통상의 계약 관계에서 채무자의 성실한 급부이행에 의해 상대방이 계약상 권리의 만족 내지 채권의 실현이라는 이익을 얻게 되는 관계에 있다거나, 계약을 이행함에 있어 상대방을 보호하거나 배려할 부수적인 의무가 있다는 것만으로는 채무자를 타인의 사무를 처리하는 자라고 할 수 없고, 위임 등과 같이 계약의 전형적·본질적인 급부의 내용이 상대방의 재산상 사무를 일정한 권한을 가지고 맡아 처리하는 경우에 해당하여야 한다(대법원 2020. 2. 20. 선고 2019도9756 전원합의체 판결).

▶ 퇴사한 회사 DB에 저장되어 있던 고객의 전화를 받고, 이직한 회사 상품에 가입하도록 한 행위가 업무상배임에 해당하는지

Q. 甲 회사 텔레마케터로 근무하다 퇴사한 乙은 K 회사로 이직하였는데, 어느 날 전 직장(甲 회사) DB에 저장되어 있던 고객 丙으로부터 한 통의 전화를 받았다. 丙은 乙에게 주식상품 문의를 했고, 乙이 현재 근무하고 있는 직장(K 회사)의 투자상품에 가입하였다. 이 같은 乙의 행위는 전 직장(甲 회사)에 대한 업무상배임에 해당하는지?

A. 업무상배임이라는 함은 乙과 甲 사이에 고용 내지 위임 등의 계약관계를 전제로 하여 업무상 주의의무를 전제로 하여 그 의무를 위반함을 의미한다. 그런데 乙이 丙을 현 직장(K 회사)의 상품에 가입시킨 행위는 전 직장(甲 회사)이 보유한 영업비밀 침해행위로 볼 수도 없고, 乙이 甲과의 위촉계약이 해지된 이후에 이루어진 일로서, 丙이 乙에게 먼저 연락한 것을 계기로 이루어진 것이므로 乙에게 甲에 대한 업무상 주의의무를 부과할 수 없다 할 것이다.[72]

☞ 업무상배임에 해당하지 않음.

▶ 업무상배임의 고의란? 배임의 고의를 인정하며 설시한 이유는

Q. 업무상배임의 고의란?

A. 배임죄는 타인의 사무를 처리하는 자가 그 임무에 위배하는 행위로써 재산상의 이익을 취득하거나 제3자로 하여금 이를 취득하게 하여 사무의 주체인 타인에게 손해를 가할 때 성립하는 것으로서, 여기서 배임의 고의란 피해자 회사의 영업비밀 내지 영업상 주요한 자산임을 인식하면서 반출한 경우를 말한다.[73]

이와 관련하여 피고인은 업무상배임이 없었다고 주장하였으나, 아래 정리한 사실 등에 비추어 본 결과 피고인에 대한 업무상배임의 고의를 인정하였다.[74]

---

72 서울남부지방법원 2021가단206817 판결 참조.
73 서울중앙지방법원 2022. 11. 11. 선고 2021노2067 판결 참조.
74 수원지방법원 2020고단9194 판결 참조.

①	피고인들은 피해회사와 정보 보호 서약을 하였고 퇴직 시 영업비밀 관련 자료를 반납하고 보유하지 않겠다는 퇴직서약서를 작성한 점
②	피고인들이 피해회사 재직하는 동안 업무상 필요에 따라 위 자료들을 반출하여 사용하였더라도 위 퇴직서약에 따라 위 각 자료들을 반환하거나 폐기할 의무가 있음을 인식한 점
③	그럼에도 피고인들은 위 각 자료를 반환하거나 폐기하지 않았고 이후 동종업체로 이직하였으며, 위 자료반출이 적발될 때까지 각 자료 들을 보관하고 있던 점
④	피고인들이 전직 후 위 자료들을 사용하지 않았다는 사정은 범죄 성립 후에 사정에 불과한 점
판단	위 사실 등에 비추어 보면 피고인들에게 경쟁업체 또는 자신의 이익을 위하여 이용할 의사가 있었다고 추인할 수 있다.

▶ **'영업비밀'과 '영업상 주요한 자산'의 차이점은**

관련법리

'보호할 가치 있는 사용자의 이익'이라 함은 부정경쟁방지 및 영업비밀보호에 관한 법률 제2조 제2호에 정한 '영업비밀'뿐만 아니라 그 정도에 이르지 아니하였더라도 당해 사용자만이 가지고 있는 지식 또는 정보로서 근로자와 이를 제3자에게 누설하지 않기로 약정한 것이거나 고객관계나 영업상의 신용의 유지도 이에 해당한다(대법원 2010. 3. 11. 선고 2009다82244 판결 등 참조).

Q. 영업비밀과 영업상 주요한 자산의 차이는 무엇인지?

A. 영업비밀은 「부정경쟁방지법」이 정한 엄격한 요건을 갖추어

야 하지만(요건 중 하나라도 충족하지 못하면 영업비밀성 탈락), 영업상 주요한 자산은 그 요건이 상대적으로 완화된 것이라고 보면 이해하기 쉬울 것이다. 즉, 영업비밀에 이르지 않더라도, 적어도 그 자료가 불특정 다수인에게 공개되어 있지 않아 보유자를 통하지 않고는 이를 통상 입수할 수 없고, 그 자료의 보유자가 자료의 취득이나 개발을 위해 상당한 시간, 노력 및 비용을 들인 것으로 그 자료의 사용을 통해 경쟁자에 대하여 경쟁상의 이익을 얻을 수 있는 정도의 것이라면, 영업상 주요한 자산에 해당한다고 할 수 있다.[75]

▶ 영업상 주요한 자산을 반출한 근로자를 상대로 회사가 취할 수 있는 법적 조치는

Q. 乙은 甲 회사에서 퇴직하면서 甲의 영업상 주요한 자산을 갖고 나왔다. 이 경우 乙은 어떤 처벌을 받고, 甲 회사가 乙을 상대로 취할 수 있는 법적 조치는?

A. 영업상 주요한 자산인 자료의 무단 반출 행위는 형사상 업무상배임죄에 해당하는 동시에 민법상 불법행위를 구성한다.[76] 영업상 주요 자산인 자료를 취득함으로써 얻는 이익은 영업상 주요 자산이 가지는 재산가치이고, 재산가치는 영업상 주요 자산을 가지고 경쟁사 등 다른 업체에서 제품을 만들 경우, 영업상 주요 자산으로 인하여 기술개발에 소요되는 비용이 감소되는 경우

---

[75] 수원지방법원 성남지원 2022. 11. 10. 선고 2021고단3251 판결 참조.
[76] 대법원 2012. 6. 28. 선고 2011다6700, 2011다6717(병합) 판결 등 참조.

의 그 감소분과 나아가 영업비밀 등을 이용하여 제품생산에까지 발전시킬 경우 제품판매이익 중 영업상 주요 자산이 제공되지 않았을 경우의 차액으로서 그러한 가치를 감안하여 시장경제원리에 따라 형성될 시장교환 가격이다.

따라서 甲 회사는 乙을 상대로 형사적인 조치로서 고소 외에, 민법 제750조에 따른 불법행위로 인한 손해배상청구를 할 수 있다. 다만, 법 제750조에 따른 손해배상을 청구하기 위한 요건은 아래와 같다.

민법 제750조 손해배상청구 성립요건	• 가해자의 고의 또는 과실 • 침해행위의 위법성 • 손해의 발생 • 침해행위와 손해의 인과관계

▶ 무단 반출한 자료가 영업비밀이 아닌 경우, 그 행위자는 처벌받지 않는 것인지

Q. 乙은 甲 회사의 직원으로 근무하며 회사의 K 자료를 무단으로 반출하였다. 다만 위 자료는 영업비밀에 이를 정도는 아니지만 영업상 주요한 자산으로 보기에 무리가 없었다. 乙은 어떤 처벌을 받게 되는지?

A. 회사직원이 경쟁업체 또는 스스로의 이익을 위하여 이용할 의사로 무단으로 자료를 반출한 행위가 업무상배임죄에 해당하기 위하여는, 그 자료가 반드시 영업비밀에 해당할 필요까지는 없다고 하겠지만 적어도 그 자료가 불특정 다수인에게 공개되어 있지

않아 보유자를 통하지 아니하고는 이를 통상 입수할 수 없고 그 보유자가 자료의 취득이나 개발을 위해 상당한 시간, 노력 및 비용을 들인 것으로서, 그 자료의 사용을 통해 경쟁상의 이익을 얻을 수 있는 정도의 영업상 주요한 자산에는 해당하여야 한다.[77]

따라서 乙이 무단 반출한 자료가 불특정 다수인에게 공개되어 있지 않아 보유자를 통하지 아니하고는 통상 입수할 수 없는 것으로 보유자가 그 취득 등을 위하여 상당한 공을 들인 경우라면 업무상배임죄로 처벌된다.

▶ **영업상 주요한 자산을 무단 반출하였지만, 실제 사용하지 않은 경우, 업무상배임죄로 의율(擬律)할 수 있는지**

Q. 甲은 재직하던 회사에서 영업상 주요한 자산을 무단 반출하였다. 다만 양심의 가책을 느껴 무단 반출한 파일을 실제 사용하지 않았다. 이 경우 甲은 무단 반출한 파일을 사용하지 않았으므로 업무상배임죄에 해당하지 않는 것인지?

A. 회사 직원이 영업비밀이나 영업상 주요한 자산인 자료를 적법하게 반출할 수 있는 경우라도 퇴사 시에 그 영업비밀 등을 회사에 반환하거나 폐기할 의무가 있음에도 경쟁업체에 유출하거나 스스로의 이익을 위하여 이용할 목적으로 이를 반환하거나 폐기하지 아니하였다면, 이러한 행위는 업무상배임죄에 해당하고,[78] 설령 위와 같이 무단 반출한 파일을 실제 사용하지 않았다고 하더라

---

77 대법원 2011. 6. 30. 선고 2009도3915 판결 등 참조.
78 대법원 2008. 4. 24. 선고 2006도9089 판결 참조.

도 업무상배임죄의 성립에는 영향이 없다.[79]

▶ **계약관계에 있지 않은 자에 대하여 업무상배임으로 처벌할 수 있는지**

Q. G, H, I는 각각 J 회사의 대표이사, 기술연구소장, 기술연구소 차장으로 근무하는 자이고, J 회사는 P 기관에서 발주한 Q 개발 용역에 따라 피해회사와 계약을 체결하였다. 그런데 이들은 공모하여 피해회사의 영업비밀을 USB 메모리스틱에 담아 F 회사 부사장 B에게 건네줌으로써 F 회사로 하여금 액수를 알 수 없는 재산상 이익을 취득하게 하고 피해회사에 같은 금액 상당의 재산상 손해를 가하였다는 공소사실로 기소되었다. 이 경우 G, H, I는 업무상배임죄로 처벌되는지?

A. 피해회사와 계약 관계에 있는 것이 J 회사일 뿐이고 G, H, I는 피해회사와 어떤 계약 관계에 있지 않다면, 이들은 업무상배임 법리에서 설시하는 "계약의 전형적·본질적 급부의 내용이 상대방의 재산상 사무를 일정한 권한을 가지고 맡아 처리하는 경우"에 해당한다고 보기 어렵다.

따라서 G, H, I는 피해회사의 사무를 처리하는 자의 지위에 있다고 보기 어려워 업무상배임으로 처벌할 수 없다.[80]

---

79 서울남부지방법원 2023. 10. 12. 선고 2022노2002 판결 참조.
80 대구지방법원 2023. 2. 13. 선고 2021고단3704 판결 참조.

▶ **직무발명에서 종업원이 제3자에게 특허를 받을 수 있는 권리를 이중으로 양도하여 등록까지 마친 경우, 배임죄에 해당하는지**

Q. 직무발명에 대한 특허를 받을 수 있는 권리 등을 사용자 등에게 승계한다는 취지를 정한 약정(또는 근무 규정)의 적용을 받는 종업원 등이 그 발명에 대한 특허를 받을 수 있는 권리를 제3자에게 이중으로 양도하여 제3자가 특허권 등록까지 마치도록 하여 공개된 경우 배임죄를 구성하는지?

A. 직무발명에 대한 특허를 받을 수 있는 권리 등을 사용자 등에게 승계한다는 취지를 정한 약정 또는 근무규정의 적용을 받는 종업원 등은 사용자 등이 이를 승계하지 아니하기로 확정되기 전까지는 임의로 위와 같은 승계 약정 또는 근무 규정의 구속에서 벗어날 수 없는 상태에 있는 것이어서, 종업원 등이 그 발명의 내용에 관한 비밀을 유지한 채 사용자 등의 특허권 등 권리의 취득에 협력하여야 할 의무는 자기 사무의 처리라는 측면과 아울러 상대방의 재산보전에 협력하는 타인 사무의 처리라는 성격을 동시에 가지게 되므로, 이러한 경우 그 종업원 등은 배임죄의 주체인 '타인의 사무를 처리하는 자'의 지위에 있다고 할 것이다.

따라서 위와 같은 지위에 있는 송업원 등이 그 임무를 위반하여 직무발명을 완성하고도 그 사실을 사용자 등에게 알리지 않은 채 그 발명에 대한 특허를 받을 수 있는 권리를 제3자에게 이중으로 양도하여 제3자가 특허권 등록까지 마치도록 하는 등으로 그 발명의 내용이 공개되도록 하였다면, 이는 사용자 등에게 손해를 가

하는 행위로서 배임죄를 구성한다고 할 것이다.[81]

▶ **외부에 반출하지 않은 미반환·미폐기한 행위도 업무상배임죄를 구성하는지**

Q. 회사직원이 회사의 영업비밀 또는 영업상 주요한 자산에 대해 경쟁업체에 반출한 행위는 업무상배임죄를 구성한다. 그렇다면 비록 외부에 반출하지는 않았지만, 미반환·미폐기한 행위도 업무상배임죄를 구성하는지?

A. 파일들이 회사의 영업비밀 또는 영업상 주요한 자산에 해당한다면, 회사직원이 회사의 승낙을 받지 않은 채 위 파일들을 폐기하지 않고 경쟁업체에 유출하거나 스스로의 이익을 위하여 이용할 목적의 미반환·미폐기 행위도 업무상배임죄를 구성한다.[82]

▶ **고용계약을 체결하지 않은 채 비밀유지 서약서를 작성한 근로자가 정보를 반출한 경우, 배임죄에서 말하는 범죄의 주체인 '타인의 사무를 처리하는 지위'에 있다고 할 수 있는지**

Q. 乙은 甲 회사와의 사이에 비밀유지 서약서를 작성하였지만, 고용계약(내지 위임계약)을 체결한 사실이 없다. 그러던 중 乙은 甲 회사의 업무상 주요한 자산을 무단으로 반출하였다. 이 경우 乙이 甲에게 부담하는 비밀유지의무는 용역계약에 따른 채무로서 자신의 사무에 해당한다고 할 수 있는지?

---

81 대법원 2012. 11. 15. 선고 2012도6676 판결 참고.
82 대법원 2008. 4. 24. 선고 2006도9089 판결 참조.

A. 乙 자신의 사무라고 볼 수 없다. 즉, 용역 계약상 乙이 부담하는 비밀유지의무는 통상의 계약에서의 이익 대립 관계를 넘어서 그들 사이의 신임 관계에 기초하여 타인의 재산을 보호 또는 관리하는 데에 따라 부담하는 타인의 사무라고 할 것이다.[83]

☞ 乙 자신의 사무가 아니라 甲 회사라는 타인을 위한 사무다. 따라서 乙은 업무상배임죄의 주체가 된다.

▶ **실행행위자의 행위가 피해자 본인에 대한 배임행위에 해당한다는 것을 알면서도 소극적으로 그 배임행위에 편승한 경우, 업무상배임죄의 공동정범으로 인정할 수 있는지**

Q. 甲은 K 회사를 퇴직하기로 마음먹고 퇴직 후에 업무에 활용할 목적으로, K 회사의 영업비밀을 회사 밖으로 반출하여 집으로 가져왔다. 이후 甲은 乙을 만나 U 회사에 취업하고 싶다는 뜻을 표시하면서 K 회사의 영업비밀에 관한 자료를 집에 보관하고 있다고 말하였고, 乙은 알았다고 하였다. 결국 甲은 U 회사로 전직하였고, K 회사 영업비밀을 U 회사에 제공하였다. 이 경우 乙은 甲의 업무상배임죄의 공동정범이 되는지?

A. 업무상배임죄의 실행으로 인하여 이익을 얻게 되는 수익자 또는 그와 밀접한 관련이 있는 제3자를 배임의 실행행위자와 공동정범으로 인정하기 위하여는 실행행위자의 행위가 피해자 본인에 대한 배임행위에 해당한다는 것을 알면서도 소극적으로 그 배임행위에 편승하여 이익을 취득한 것만으로는 부족하고, 실행행

---

[83] 서울중앙지방법원 2022. 8. 17. 선고 2022노589 판결 참조.

위자의 배임행위를 교사하거나 또는 배임행위의 전 과정에 관여하는 등으로 배임행위에 적극 가담할 것을 필요로 한다.[84]

이를 근거하여 볼 때, 乙은 甲이 가지고 나온 영업비밀에 관한 한 소극적으로 甲의 업무상 배임행위에 편승하여 그 이익을 취득하려 한 것이라고는 할 수 있어도 거기에서 나아가 甲의 배임행위를 교사하거나 또는 배임행위의 전 과정에 관여하는 등으로 적극 가담한 것으로 볼 수는 없다고 할 것이어서 이를 다른 죄로 의율하는 것은 별론으로 하고, 乙을 甲의 업무상배임죄의 공동정범으로 볼 수는 없다.

ⓚ 침해행위와 영업비밀

> **📖 미리 하는 학습**
>
> '영업비밀 침해행위'는 민법상 불법행위의 특수한 형태로서 사전이나 사후에 고의나 중과실로 영업비밀을 부정취득·사용·공개하는 행위로서 부정경쟁방지법 제2조 제3호에서 규정하고 있는데, 아래와 같다.
>
> 가. 절취(竊取), 기망(欺罔), 협박, 그 밖의 부정한 수단으로 영업비밀을 취득하는 행위(이하 "부정취득행위"라 한다) 또는 그 취득한 영업비밀을 사용하거나 공개(비밀을 유지하면서 특정인에게 알리는 것을 포함한다. 이하 같다)하는 행위(◯ 제3자의 부정취득행위)
>
> 나. 영업비밀에 대하여 부정취득행위가 개입된 사실을 알거나 중대한 과실로 알지 못하고 그 영업비밀을 취득하는 행위 또는 그 취득한 영업비밀을 사용하거나 공개하는 행위(◯ 부정취득자로부터의 악의취득행위)

---

[84] 대법원 2003. 10. 30. 선고 2003도4382 판결 참조.

다. 영업비밀을 취득한 후에 그 영업비밀에 대하여 부정취득행위가 개입된 사실을 알거나 중대한 과실로 알지 못하고 그 영업비밀을 사용하거나 공개하는 행위(○ **부정취득행위에 관한 사후적 관여행위**)

라. 계약관계 등에 따라 영업비밀을 비밀로서 유지하여야 할 의무가 있는 자가 부정한 이익을 얻거나 그 영업비밀의 보유자에게 손해를 입힐 목적으로 그 영업비밀을 사용하거나 공개하는 행위(○ **비밀유지의무자의 부정공개행위**)

마. 영업비밀이 라목에 따라 공개된 사실 또는 그러한 공개행위가 개입된 사실을 알거나 중대한 과실로 알지 못하고 그 영업비밀을 취득하는 행위 또는 그 취득한 영업비밀을 사용하거나 공개하는 행위(○ **부정공개자로부터의 악의취득행위**)

바. 영업비밀을 취득한 후에 그 영업비밀이 라목에 따라 공개된 사실 또는 그러한 공개행위가 개입된 사실을 알거나 중대한 과실로 알지 못하고 그 영업비밀을 사용하거나 공개하는 행위(○ **부정공개행위에 관한 사후적 관여행위**)

따라서 어떠한 행위가 법 제2조 제3호 (가)목 내지 (바)목에서 규정하고 있는 것에 해당하면 영업비밀 침해행위라고 할 수 있다.

▶ 영업비밀 침해 사건의 쟁점 사항들

Q. 영업비밀 침해 사건에서 쟁점이 되는 사항은 어떤 것들이 있는지?

A. 피해자가 침해자를 상대로 법원에 영업비밀 침해를 원인으로 하는 소송을 제기하였을 경우, 주요한 쟁점 사항을 정리하면 아래와 같다.

① 영업비밀 보유주체에 해당하는지 즉, 침해를 당했다고 주장하는 자가 영업비밀 보유자인지 여부
② 만일 영업비밀 최초 보유자에서 이전되었다면, 그 이전 등의 절차가 적법하였는지 여부

③ 주장하는 정보가 '영업비밀' 또는 '보호할 가치 있는 사용자 이익'에 해당하는지 여부
④ 그 행위가 영업비밀 침해에 해당하는지 여부
⑤ 고의성 여부
⑥ 「부정경쟁방지법」 위반 외에 업무상배임죄에 해당하는지 여부

▶ **타인의 영업비밀을 사용한 경우, 영업비밀 침해에 해당하는지**

Q. 타인의 영업비밀을 사용한 경우, 영업비밀 침해에 해당하는 것인지?

A. 타인의 영업비밀을 사용하였다고 해서 영업비밀 침해행위라고 단정 지을 수 없다. 이와 관련하여 「부정경쟁방지법」에서 규정하고 있는 '영업비밀 침해행위'란 절취(竊取), 기망(欺罔), 협박, 그 밖의 부정한 수단으로 영업비밀을 취득하는 행위(부정취득행위) 또는 그 취득한 영업비밀을 사용하거나 공개(비밀을 유지하면서 특정인에게 알리는 것을 포함)하는 행위 등으로 규정하고 있으므로 부정취득행위를 통한 사용이어야 비로소 영업비밀 침해행위라고 할 수 있다.

여기서 잠깐!
영업비밀 침해행위를 금지하는 이유

영업비밀 침해행위를 금지시키는 것은 침해행위자가 침해행위에 의하여 공정한 경쟁자보다 유리한 출발 내지 시간절약이라는 우월한 위치에서 부당하게 이익을 취하지 못하도록 하고, 영업비밀 보유자로 하여금

그러한 침해가 없었더라면 원래 있었을 위치로 되돌아갈 수 있게 하는 데에 그 목적이 있다.

따라서 영업비밀 침해행위의 금지는 공정하고 자유로운 경쟁의 보장 및 인적 신뢰관계의 보호 등의 목적을 달성함에 필요한 시간적 범위 내로 제한되어야 하고, 그 범위를 정함에 있어서는 영업비밀인 기술정보의 내용과 난이도, 영업비밀 보유자의 기술정보 취득에 소요된 기간과 비용, 영업비밀의 유지에 기울인 노력과 방법, 침해자들이나 다른 공정한 경쟁자가 독자적인 개발이나 역설계와 같은 합법적인 방법에 의하여 그 기술정보를 취득하는 데 필요한 시간, 침해자가 종업원(퇴직한 경우 포함)인 경우에는 사용자와의 관계에서 그에 종속하여 근무하였던 기간, 담당업무나 직책, 영업비밀에의 접근 정도, 영업비밀보호에 관한 내규나 약정, 종업원이었던 자의 생계 활동 및 직업선택의 자유와 영업활동의 자유, 지적재산권의 일종으로서 존속기간이 정해져 있는 특허권 등의 보호기간과의 비교, 그 밖에 변론에 나타난 당사자의 인적·물적 시설 등을 고려하여 합리적으로 결정하여야 한다. 그리고 영업비밀이 보호되는 시간적 범위는 당사자 사이에 영업비밀이 비밀로서 존속하는 기간이므로 그 기간의 경과로 영업비밀은 당연히 소멸하여 더 이상 비밀이 아닌 것으로 된다고 보아야 한다(대법원 1998. 2. 13. 선고 97다24528 판결 등 참조).

▶ **영업비밀 사용의 해석과 관련한 피고인의 주장과 법원의 판단**

Q. 「부정경쟁방지법」위반으로 기소된 乙은 "법 제18조 제2항의 영업비밀 사용의 의미를, 부정한 이익을 얻거나 기업에 손해를 입힐 목적으로 그 기업에 유용한 영업비밀을 취득한 자가, 다시 부정한 이익을 얻거나 기업에 손해를 입힐 목적으로 사용한 경우만

을 의미하는 것으로 엄격하게 해석해야 한다"는 주장을 하였다. 乙의 주장은 타당한 것인지?

A. 계약관계 등에 따라 영업비밀을 취급할 수 있는 자 역시 업무상 계기로 영업비밀을 '취득'할 수 있는 것이고, 이러한 자가 비밀유지의무를 저버리고 부정한 이익을 얻거나 그 영업비밀의 보유자인 기업에 손해를 입힐 목적으로 그 영업비밀을 사용하는 경우에도 영업비밀의 사용으로 인한 법 위반죄로 처벌됨이 명백하므로, 乙의 주장은 타당하지 않다.[85]

여기서 잠깐!

구 「부정경쟁방지법」(2004. 1. 20. 법률 제7095호로 개정된 것)에서는 기업의 전·현직 임원 또는 직원이 영업비밀을 누설하는 행위만을 처벌하였고, 그 외에 영업비밀의 부정취득 또는 부정사용의 각 행위에 관하여는 처벌규정이 없었다.

그런데 위와 같이 2004. 1. 20.에 개정된 위 법률의 제18조 제2항은 "누구든지 부정한 이익을 얻거나 기업에 손해를 가할 목적으로 그 기업에 유용한 영업비밀을 취득·사용하거나 제3자에게 누설한 자"를 일정한 형벌에 처한다고 정하여, 영업비밀의 부정취득 또는 그 부정사용을 별도의 범죄구성요건으로 규정하기에 이르렀다. 그 개정 입법의 취지가 영업비밀 침해행위와 관련하여 그 처벌의 대상이 되는 행위유형을 확대함으로써 기업의 영업비밀 보호를 강화하는 데 있다고 할 것이고, 또 위 개정법률의 부칙 제2항이 "이 법 시행 전에 종전의 제18조 제1항 및 제2항

---

85 서울고등법원 2008. 10. 2. 선고 2008노1298 판결 참조.

의 규정을 위반한 자에 대해서는 종전의 규정에 의한다"고 규정하고 있을 뿐임을 고려하면, 위 개정법률이 시행되기 전에 취득한 영업비밀이라 하더라도 그 시행 후에 이를 부정사용하는 행위는 위 개정법률 제18조 제2항의 적용대상이 된다고 볼 것이다(대법원 2009. 7. 9. 선고 2006도7916 판결 참조).

▶ 타인의 영업비밀을 참조한 경우, 영업비밀의 사용에 해당하는지

Q. 甲 회사는 乙이 자사의 영업비밀을 사용했다고 주장하는 반면, 乙은 甲의 영업비밀인 기술을 참조만 하였을 뿐 사용한 사실이 없다고 주장하고 있다. 乙의 경우처럼 타인의 영업비밀을 참조하여 기술개발에 성공한 경우 「부정경쟁방지법」에서 말하는 영업비밀의 사용에 해당하는지?

A. 영업비밀의 '사용'이란 영업비밀 본래의 사용 목적에 따라 상품의 생산·판매 등의 영업활동에 이용하거나 연구·개발사업 등에 활용하는 등으로 기업활동에 직접 또는 간접적으로 사용하는 행위로서 구체적으로 특정이 가능한 행위를 가리키고, 영업비밀인 기술을 단순모방하여 제품을 생산하는 경우뿐 아니라, 타인이 영업비밀을 참조하여 시행착오를 줄이거나 필요한 실험을 생략하는 경우 등과 같이 제품개발에 소요되는 시간과 비용을 절약하는 경우 또한 영업비밀의 사용에 해당한다.[86]

☞ 乙이 甲 회사의 영업비밀을 참조하여 시행착오를 줄이거나 필요한 실험을

---

[86] 대법원 2019. 9. 10. 선고 2017다34981 판결 참조.

생략하는 등의 이득을 얻는 것도 영업비밀의 사용에 해당할 수 있다.

▶ 비밀유지의무를 부담하는 자를 스카우트하는 것이 영업비밀 침해에 해당하는지

Q. 고액의 연봉을 제시하는 등의 방법으로 비밀유지의무를 부담하는 근로자를 타 회사에서 자신의 회사로 스카우트 하는 행위도 영업비밀 침해행위에 해당하는지?

A. 원래 근무하던 회사에서 다년간 근무하면서 지득한 일반적인 지식, 기술, 경험 등을 활용하기 위하여 근로자를 고용한 것이 아니라 근로자가 비밀유지의무를 부담하면서 피해회사로부터 습득한 특별한 지식, 기술, 경험 등을 사용하기 위하여 그를 고용하여 이러한 비밀을 누설하도록 유인하는 등 부정한 수단으로 피해회사가 보유하는 기술정보를 취득하였다고 봄이 상당하다고 판단될 경우, 이는 「부정경쟁방지법」 제2조 제3호 (가)목 전단 소정의 '영업비밀 침해행위'의 유형에 해당한다고 할 것이다.[87]

▶ 경쟁회사 직원을 스카우트한 경우, 스카우트한 회사는 경쟁사의 영업비밀을 취득한 것인지

Q. 甲 회사는 경쟁사인 K 회사 핵심 기술팀 임원으로 근무하다 퇴사한 乙을 스카우트하였다. 이 경우 甲 회사는 K 회사의 영업비밀을 취득한 것으로 볼 수 있는지?

A. 영업비밀의 취득은 문서, 도면, 사진, 녹음테이프, 필름, 전산

---

87 각주 52) 참조.

정보처리조직에 의하여 처리할 수 있는 형태로 작성된 파일 등 유체물의 점유를 취득하는 형태로 이루어질 수도 있고, 유체물의 점유를 취득함이 없이 영업비밀 자체를 직접 인식하고 기억하는 형태로 이루어질 수도 있으며, 영업비밀을 알고 있는 사람을 고용하는 형태로 이루어질 수도 있는바, 어느 경우에나 사회통념상 영업비밀을 자신의 것으로 만들어 이를 사용할 수 있는 상태가 되었다면 영업비밀을 취득하였다고 보아야 할 것이다.

따라서 회사가 다른 업체의 영업비밀에 해당하는 기술정보를 습득한 자를 스카우트하였고, 나아가 스카우트된 직원이 전 회사의 영업비밀을 관리하는 핵심 구성원이었다면 특별한 사정이 없는 한 회사의 영업비밀을 취득하였다고 볼 수 있다.[88]

▶ 자신의 노트에 영업비밀을 기재한 행위가 영업비밀 침해에 해당하는지

Q. 영업비밀을 취득한 자가 그 영업비밀을 자신의 노트에 기재한 행위 자체가 영업비밀 침해행위에 해당하는지?

A. 영업비밀을 취득한 자가 그 영업비밀을 자신의 노트에 기재한 행위 자체는 영업비밀 침해행위에 해당하지 아니한다. 다만, 그 노트에 기재된 영업비밀을 이용하여 영업비밀 침해행위를 하고 있다면 그 노트는 폐기를 명할 수 있는 '침해행위를 조성한 물건'에 해당한다.[89]

---

88 대법원 1998. 6. 9. 선고 98다1928 판결 등 참조.
89 각주 52) 참조.

> ## ⚖️ 참고판례
>
> 원심이 인정한 사실관계에 의하면 피고 ㅇㅇㅇ이 이 사건 영업비밀을 취득하고 이를 자신의 소유인 위 노트에 기재한 행위 자체는 영업비밀의 침해행위에 해당하지 아니하나, 위 「부정경쟁방지법」 시행 이후에 위 영업비밀을 공개하는 행위는 그 침해행위를 구성하는 것이고, 원심이 인정하고 있는 것처럼 부정경쟁방지법 시행 이후에 피고 ㅇㅇㅇ이 피고 회사에 근무하면서 그 노트에 쓰인 기술정보를 이용하여 잉크를 제조함으로써 이 사건 영업비밀을 피고 회사에 공개하는데 제공되고 있다면 이 사건 영업비밀이 기재된 위 노트는 「부정경쟁방지법」 제10조 제2항 소정의 '침해행위를 조성한 물건'에 해당한다고 보아야 할 것이므로, 영업비밀 침해행위가 계속될 염려가 있다면 이 사건 노트에 대한 폐기 사유가 있다고 할 것이다.

▸ 고객정보를 누설한 경우, 영업비밀 침해행위에 해당하는지

Q. 피부관리 업체를 운영하는 원장 甲은 자신이 보유한 고객정보에는 고객의 이름, 연락처 등 인적사항 이외에 고객의 피부상태, 관리내역, 사용제품, 사진, 상담개요 등 고객 응대 및 미용에 관한 정보가 포함되어 있으므로, 고객정보가 유출될 경우 인적사항의 유출에 그치지 않고 미용 업무의 수행방식 등 영업기법이 유출되는 경우에 해당한다고 주장한다.

甲의 주장대로 부원장 乙이 고객정보를 누설하였을 경우, 영업비밀 침해행위에 해당하는 것인지?

A. 피부관리 등 서비스업종에서 고객의 이름과 연락처는 영업비밀이 될 수도 있고, 아닐 수도 있다. 다만 이것은 주장하는 사정에 따라 달리 판단될 수 있으므로 구체적인 사정과 입증 정도에 따라

결과가 달라질 수 있다. 이 사안의 경우 법원은 甲이 고객의 이름과 연락처를 획득하기 위해 상당한 비용이나 노력을 들이지 않았다는 등의 이유로 영업비밀에 해당한다고 보기 어렵다고 판단하였다.[90]

> **⚖️ 참고판례**
>
> ① 고객의 이름과 연락처 자체는 乙이 직접 고객을 통하여 얻을 수 있는 정보이다(특히 이름의 경우 부원장이었던 乙로서는 자신이 피부관리를 담당했던 고객의 이름은 물론 다른 직원에게 피부관리를 받았던 고객의 이름도 잘 알고 있거나 쉽게 알 수 있었을 것으로 보인다). ② 甲이 고객의 정보를 획득하기 위해 상당한 비용이나 노력이 필요한 경우에 해당하지도 않는다. ③ 甲은 乙의 연락처가 기재되어 있는 명함을 만들어서 피부관리실에 비치해 두었고, 일부 고객들의 경우에는 위 명함에 기재 된 乙의 휴대전화 번호를 통해 乙에게 연락을 취하여 乙이 고객의 연락처를 알게 된 경우도 있는 것으로 보인다. ④ 甲은 乙이 개인 휴대전화에 고객들의 연락처를 저장해 놓고 고객들과 연락을 주고받는 것을 알고 있었으며, 그럼에도 불구하고 이를 특별히 제지하지 않았던 것으로 보인다. 따라서 이런 경우라면 고객의 이름과 연락처가 영업비밀에 해당한다고 보기 어렵다고 할 것이다(서울서부지방법원 2019. 11. 1. 선고 2019가단203128 판결).

▶ **영업비밀에 접근할 정당한 권원이 있는 자가 그 정보를 외부로 무단 반출한 경우, 영업비밀 침해에 해당하는지**

Q. 乙은 재직 중이던 기업에서 영업비밀에 접근할 수 있는 정당한 권원이 있는 사람이다. 이처럼 기업의 직원으로서 영업비밀을

---

[90] 서울서부지방법원 2019. 11. 1. 선고 2019가단203128 판결 참조.

인지하여 사용할 수 있는 사람이 해당 영업비밀을 단순히 기업의 외부로 무단 반출한 경우 영업비밀의 부정취득에 해당하는지?

A. 기업의 직원으로서 영업비밀을 인지하여 이를 사용할 수 있는 사람은 이미 당해 영업비밀을 취득하였다고 보아야 하므로 그러한 사람이 당해 영업비밀을 단순히 기업의 외부로 무단 반출한 행위는(단, 업무상배임죄에 해당할 수 있음은 별론으로 함) 구 「부정경쟁방지법」 제18조 제2항(구 「부정경쟁방지법」 제18조 제2항은 '부정한 이익을 얻거나 기업에 손해를 가할 목적으로 그 기업에 유용한 영업비밀을 취득·사용하거나 제3자에게 누설한 자'를 처벌하고 있다) 소정의 영업비밀의 취득에는 해당하지 않는다고 봄이 타당하다.[91]

▶ **업그레이드 소프트웨어를 설치한 시험폰, 일명 테스트제품을 소지하고 있다가 퇴사한 경우, 영업비밀 침해행위에 해당하는지**

Q. 乙은 甲 회사에서 선임연구원으로 근무하면서 휴대폰 기술개발 프로젝트에 참여하던 중 시험폰을 소지하고 있다가 퇴사하면서 위 폰에 업그레이드된 소프트웨어를 탑재한 후 가지고 나와 K 회사로 전직하였다. 乙은 시험폰을 X, Y에게 건네어 그들로 하여금 통화시험, 무선송수신 감도시험 등을 하도록 하였는데, 이런 乙의 행위가 甲 회사의 영업비밀을 침해한 것인지?

A. 乙이 가지고 나온 휴대폰 단말기만으로는 거기에 구현된 기능이나 시나리오를 확인할 수 있을 뿐, 탑재된 소프트웨어의 소스

91　대법원 2008. 4. 10. 선고 2008도679 판결 등 참조.

프로그램을 비롯한 기술적 구성과 정보를 추출·인지하는 이른바 역분석(reverse engineering)이 불가능하므로, 乙이 K 회사로 전직한 뒤 시험폰인 단말기를 가지고 통화시험이나 송수신감도를 측정하였다 하더라도 이러한 행위만으로는 甲 회사의 영업비밀을 침해하였다고 볼 수 없고, 나아가 이로 인하여 배임행위를 하였다고 할 수도 없다.[92]

▶ **"영업비밀 침해행위에 대한 금지 등을 청구할 수 있는 자"는 '영업비밀의 보유자'이어야 하는지**

Q. 甲은 퇴사한 직원 乙이 회사 영업비밀을 유출한 정황을 파악하였고, 이에 영업비밀 침해 금지 청구를 하기 위해 소송을 준비 중이다. 그런데 영업비밀 침해 금지 청구를 하기 위한 보유 요건을 갖추어야 한다는 말을 들었다. 영업비밀 보유 요건은 무엇이며, 보유자만이 소송 주체가 될 수 있는지?

A. 영업비밀 침해행위에 대한 금지 등을 청구할 수 있는 자는 영업비밀 침해행위에 의하여 영업상의 이익이 침해되거나 침해될 우려가 있는 영업비밀의 보유자이고(「부정경쟁방지법」 제10조 제1항), 영업비밀의 보유자란 기술상·영업상의 노하우를 최초로 생산·개발한 자뿐만 아니라 그로부터 정당하게 양수받은 자나 실시권 허여(라이선스)계약에 의하여 영업비밀의 실시권(사용권)을 얻은 자 등 법적으로 유효한 거래행위에 의하여 취득한 경우 등과 같이 정당한 권원에 의하여 취득한 자를 포함한다고 봄이 타당하

---

[92] 서울중앙지방법원 2006. 1. 26. 선고 2005고단1248 판결 참조.

다.[93] 따라서 위 조건에 부합한 자만이 금지 청구를 할 수 있다.

▶ 양벌규정에서 법인을 처벌하기 위한 요건인 업무관련성의 의미는

Q. 乙은 甲 회사(피해자 회사)에서 K 회사로 이직 후, 甲 회사의 서버에 접속하여 甲 회사의 영업비밀 취득하여 누설하였다. 이 경우 乙이 근무하는 K 회사도 처벌되는지?

A. 양벌규정에서 법인을 처벌하기 위한 요건으로서 규정한 '법인의 업무에 관하여' 행한 것으로 보기 위해서는 객관적으로 법인의 업무를 위하여 하는 것으로 인정할 수 있는 행위가 있어야 하고, 주관적으로는 피용자 등이 법인의 업무를 위하여 한다는 의사를 가지고 행함을 요한다.

따라서 乙이 甲 회사의 서버에 접속한 것은 이직하여 근무하는 K 회사의 기술 및 정보수집 행위로서 법인의 업무에 관한 행위라고 할 것이고, 만일 乙 역시 K 회사의 업무를 위하여 甲 회사의 서버에 접속한다는 의사가 있었다면 乙의 위와 같은 행위는 회사와 업무관련성이 인정된다고 할 것이므로 그 책임이 인정될 것이다.[94]

▶ 형사사건에서 어떤 경우 무죄가 선고되는지

Q. 甲은 K 회사에서 근무하다 퇴사한 자로, K 회사가 영업비밀로 관리하고 있는 자료를 유출하였다는 혐의(「부정경쟁방지법」 위반

---

93 대법원 1997. 2. 5.자 96마364 결정, 대법원 1996. 11. 26. 선고 96다31574 판결 등 참조.
94 대법원 2006. 6. 15. 선고 2004도1639 판결 참조.

으로)로 기소되었으나 재판에서 무죄 판결을 받았다. 어떤 경우에 무죄 판결을 받는지?

A. 형사재판에 있어서 유죄로 인정하기 위한 심증형성의 정도는 합리적인 의심을 할 여지가 없을 정도로 하여야 하는바, 수사기관의 입증 부족은 무죄 판결로 이어진다. 영업비밀 사건에서 해당 기술정보 등이 영업비밀에 해당하지 않는 경우 즉, K 회사가 영업비밀이라고 주장하며 관리하는 자료에 대해 영업비밀 인정요건인 비밀관리성(또는 비공지성, 경제적 유용성)이 인정되지 아니한 경우, 또한 보유자의 정보가 인정 요건은 충족하여 영업비밀은 맞지만, 침해행위에 해당하지 않을 경우, 이를테면 해당 자료를 부정하게 사용하지 않는 등 영업비밀 침해유형을 규정한 「부정경쟁방지법」 제2조 3호 각목의 행위에 해당하지 않을 경우에는 무죄가 선고된다.[95]

> **⚖ 참고판례**
>
> 피고 C는 원고에서 원고 제품의 개발 초기단계부터 연구·개발에 깊숙이 관여함으로써 ○○○ 제품에 관한 제조 기술에 대하여 상당한 지식을 습득한 상내였기 때문에, 피고 회사가 원고에 비해 인적·물적 설비가 다소 부족하였다고 하더라도 원고가 원고 제품을 개발한 기간 정도면 이 사건 각 자료를 참조하지 않고도 충분히 ○○○ 관련 제품을 독자적으로 개발할 수 있었다고 보인다.

---

95 서울중앙지방법원 2016고단9212, 서울중앙지방법원 2019노91, 대법원 2019도10134 각 판결 참조.

이 사건 각 자료가 유출된 이후부터 약 7년이 경과한 2016년 8월경까지 피고 회사를 제외하고도 약 9개 회사가 원고 제품과 같은 ㅇㅇㅇ사용 ●●● ●●와 관련하여 식품의약품안전처로부터 품목허가를 받았다. 이와 같이 현재 다수의 회사가 ㅇㅇㅇ 및 이를 이용한 ㅇㅇㅇ 제품의 제조에 성공하고 있는 실정인바, 위 회사별 제품의 품질 차이나 시장에서의 평가에 차이가 있다고 하더라도 이러한 기술의 발전 속도에 비추어 보면, 경쟁자들이 ㅇㅇㅇ 제품을 독자적으로 개발하는 데에 7년을 넘는 기간이 필요하지는 않을 것으로 보인다. 원고는 피고 D, C에 대하여 전직금지기간을 퇴직일로부터 각 2년간으로 제한하고 있다. 따라서 근로자의 퇴직 후의 영업비밀 유지기간을 위 전직금지기간을 훨씬 넘어 지나치게 장기간으로 정할 경우, 근로자의 직업선택의 자유 및 영업의 자유를 제한하고 부당한 독점상태를 초래할 수 있다.

이 사건 각 자료를 유출한 2009. 8. 31.경부터 약 13년 이상 경과한 현재에 이르러서는 그 보호기간의 경과로 영업비밀로서의 가치가 소멸되었다고 봄이 타당하다. 원고의 영업비밀 침해금지 및 폐기청구는 별지1 목록 기재 각 자료가 영업비밀로서 보호 가치가 있음을 전제로 한 것인데, 위와 같이 이 사건 각 자료에 대한 영업비밀 보호기간이 도과한 이상, 이와 다른 전제에선 원고의 이 부분 청구는 더 나아가 살필 필요 없이 이유 없다.

▶ 영업비밀의 "부정사용, 부정취득, 누설행위"가 별도의 범죄구성요건을 구성하는지

Q. 「부정경쟁방지법」 소정의 영업비밀 부정취득, 부정사용, 누설행위는 각각 별도의 범죄구성요건에 해당하는지?

A. 영업비밀 부정취득, 부정사용, 누설행위는 각각 별도의 범죄구성요건에 해당한다.[96] 구 '부정경쟁방지 및 영업비밀 보호에 관한 법률'(2004. 1. 20. 법률 제7095호로 개정되기 전의 것)에서는

---

[96] 대법원 2009. 10. 15. 선고 2008도9433 판결 참조.

기업의 전·현직 임원 또는 직원이 영업비밀을 누설하는 행위만을 처벌하였고, 그 외에 영업비밀의 부정취득 또는 부정사용의 각 행위에 관하여는 처벌규정이 없었다. 그런데 2004. 1. 20.에 개정된 위 법률의 제18조 제2항은 "누구든지 부정한 이익을 얻거나 기업에 손해를 가할 목적으로 그 기업에 유용한 영업비밀을 취득·사용하거나 제3자에게 누설한 자"를 일정한 형벌에 처한다고 정하여, 영업비밀의 부정취득 또는 그 부정사용을 별도의 범죄구성요건으로 규정하기에 이르렀다.

이는 영업비밀 침해행위와 관련하여 그 처벌의 대상이 되는 행위유형을 확대함으로써 기업의 영업비밀보호를 강화하는 데 있다.

▶ **공범 중 1인이 누설한 영업비밀을, 다른 공범 상호 간 전달하는 행위가 「부정경쟁방지법」상 비밀누설 등에 해당하는지**

Q. 甲은 乙 및 丙과 함께 회사를 설립하여 K 회사의 영업비밀을 유출·사용하기로 공모하고, 이를 실행하였다. 실제 甲은 자료를 취득하여 무단으로 외부로 반출한 다음, 이를 乙에게 전달하여 이를 누설하였고, 乙은 이를 취득하여 자신의 이동저장장치(USB 등)에 저장한 후 보관하였다. 이 경우 甲과 乙의 영업비밀 사용행위 외, 甲이 유출한 정보를 乙에게 전달한 행위 즉, 乙이 甲으로부터 취득한 행위에 대해 「부정경쟁방지법」상 누설 등의 죄가 성립하는지?

A. 위 사안에서 甲·乙·丙은 유출·사용을 실행하였으므로 영업비밀 사용행위에 대하여 공동정범의 관계에 있다.

다만, 甲과 乙 사이에 영업비밀 누설·취득이 있었다고 하더라도 공범자인 甲의 누설행위와 乙의 취득행위는 공범자 상호 간 영업비밀을 사용하기 위해 전달하는 행위에 불과할 뿐, 이를 제3자에 대한 영업비밀 누설 및 제3자로부터의 영업비밀 취득이라고 평가할 수는 없다. 따라서 공범자 상호 간의 전달행위에 대해 영업비밀 사용 이외에 별도로 영업비밀 누설 및 취득죄까지 성립한다고 볼 순 없다.[97]

여기서 잠깐!

타인의 비밀을 삭제 또는 반환할 의무 있는 자가 정당한 권원이 있을 당시 취득한 비밀을 개인적으로 사용한 경우 부정경쟁방지법(영업비밀누설등), 업무상배임 그리고 정보통신망법(비밀누설)과의 관계

인터넷 홈페이지 서버에 접근할 수 있는 정당한 권원이 있을 당시에 취득한 타인의 비밀(ex, 회원들의 주민등록번호, ID, 비밀번호, 주소 등의 개인정보 등)을 그 업무가 종료된 이후 자신이 운영하는 홈페이지 서버에 복사 및 저장한 경우, 이에 대한 배임죄 또는 부정경쟁방지법(영업비밀누설등) 위반죄의 성립은 별론으로 하더라도, 부정한 수단 또는 방법으로 타인의 비밀을 취득하지 않은 이상 취득한 타인의 비밀을 누설하였다고 하여 이를 정보통신망법 제49조[98]에 규정된 비밀 침해 또는 도용으로 처벌하는 것은 해당 조항의 입법취지나 규율체계 등에 비추어 그 처벌 범위를 지나치게 넓히게 되는 결과가 되어 부당하다고 할 수 있

---

[97] 대구지방법원 서부지원 2020. 8. 13. 선고 2019고합34 판결 ; 대구고등법원 2022. 2. 17. 선고 2020노338 판결 각 참조.

다(광주지방법원 2013. 11. 20. 선고 2013노1096 판결 ; 대법원 상고기각 확정).

그 이유는 정보통신망법 제49조에 규정된 '정보통신망에 의하여 처리·보관 또는 전송되는 타인의 비밀 누설'이란 타인의 비밀에 관한 일체의 누설행위를 의미하는 것이 아니라, 정보통신망에 의하여 처리·보관 또는 전송되는 타인의 비밀을 정보통신망에 침입하는 등 부정한 수단 또는 방법으로 취득한 사람이나, 그 비밀이 위와 같은 방법으로 취득된 것을 알고 있는 사람이 그 비밀을 아직 알지 못하는 타인에게 이를 알려주는 행위만을 의미하는 것으로 제한하여 해석함이 타당하고(대법원 2012. 12. 13. 선고 2010도10576 판결 참조), 위와 같은 해석은 '비밀누설'의 경우뿐만 아니라 '비밀침해, 비밀도용'의 경우에도 마찬가지이다.

① 영구적 침해행위 금지와 영업비밀

▶ **영업비밀 침해행위의 영구적 금지가 가능한지**

Q. 영업비밀 침해행위를 영구적으로 금지시킬 수 있는지?

A. 영업비밀 침해행위의 금지는 공정하고 자유로운 경쟁의 보장 및 인적 신뢰관계의 보호 등의 목적을 달성함에 필요한 시간적 범위 내에서 기술의 급속한 발달상황 및 변론에 나타난 침해행위자의 인적·물적 시설 등을 고려하여 침해행위자나 다른 공정한 경쟁자가 독자적인 개발이나 역설계와 같은 합법적인 방법에 의하

---

98 「정보통신망 이용촉진 및 정보보호 등에 관한 법률」제49조(비밀 등의 보호) - 누구든지 정보통신망에 의하여 처리·보관 또는 전송되는 타인의 정보를 훼손하거나 타인의 비밀을 침해·도용 또는 누설하여서는 아니 된다.

여 그 영업비밀을 취득하는 데 필요한 시간에 상당한 기간 동안으로 제한하여야 하고, 영구적인 금지는 제재적인 성격을 가지게 될 뿐만 아니라 자유로운 경쟁을 조장하고 종업원들이 그들의 지식과 능력을 발휘할 수 있게 하려는 공공의 이익과 상치되어 허용될 수 없다.[99]

▶ 특허출원을 중지하는 계약이 영업비밀의 침해를 영구적으로 금지할 수 있는지

Q. 甲(licensor, '라이선스 제공자')이 乙(licensee, '라이선스 이용자')에게 제공하였던 라이선스계약상 기술에 기초한 일체의 '특허출원'을 중지할 것을 그 내용으로 하는 계약에서 이러한 내용이 영업비밀 침해행위 자체를 영구적으로 금지하는 것으로 볼 수 있는지?

A. 특허출원 과정에서 위 기술상 정보 등이 공개됨으로써 그것이 영업비밀 침해행위의 범위에 포섭될 수는 있어도 특허출원이 곧 영업비밀 침해행위 전부를 의미하는 것은 아니다.

따라서 위 라이선스 계약에 따르더라도 乙로서는 라이선스계약상 기술을 이용하는 전반적인 행위가 영구히 금지되는 것이 아니라 그 기술에 기초하여 특허출원을 하는 것만이 기간의 제한 없이 금지되는 것일 뿐이므로, 위 계약이 영업비밀 침해행위 자체를 영구적으로 금지하는 것이라 볼 수는 없다.[100]

---

99 대법원 1996. 12. 23. 선고 96다16605 판결, 대법원 1998. 2. 13. 선고 97다24528 판결 등 참조.
100 인천지방법원 2015. 2. 10. 선고 2012가합14100 판결 참조.

ⓜ-1 비밀유지명령과 영업비밀

📖 미리 하는 학습

비밀유지명령이란, 이것이 발령되는 때는

비밀유지명령은 영업비밀 등 지식재산권 침해에 관한 소송에서 그 당사자가 보유한 영업비밀을 해당 소송의 계속적인 수행 외의 목적으로 사용하거나 비밀유지명령을 받은 자 외의 자에게 공개하지 아니할 것을 명하는 제도이다(특허법 제224조의 3 ; 부정경쟁방지법 제14조의 4 ; 저작권법 제129조의 3 ; 상표법 제227조 ; 디자인보호법 제217조). 여기서 지식재산권침해 소송은 영업비밀, 특허권, 상표권, 디자인권, 저작권 등이 침해되었음을 이유로 금지청구나 손해배상을 청구하는 사건을 말한다.

따라서 지식재산침해 소송에서 준비서면이나 증거에 영업비밀이 포함되어 있거나, 영업비밀의 사용 또는 공개를 제한할 필요가 있을 경우 비밀유지명령이 발령된다.

▶ 어떤 경우에 비밀유지명령 신청을 하는지

Q. 비밀유지명령 신청을 하는 이유는?

A. 특허권 등 침해 소송에서 피고가 원고의 주장을 적극적으로 다투고자 하는 때에는, 특허발명(주로 방법특허)과의 대비를 위하여, 자기가 제조하는 제품의 구조나 실시하는 방법의 내용을 구체적으로 주장하고, 원고의 영업비밀과의 대비를 위하여 피고가 보유하고 있는 기술노하우나 고객명부를 제출할 수 있다. 그렇게 하는 것이 소송에 적극적으로 임하는 피고나 법원 모두 소송의 쟁점을 정리하여 심리를 원활하게 하는 데 도움이 되기 때문이다.

문제는 이렇게 될 경우, 기술노하우 등 피고의 영업비밀이 상대방이나 제3자에게 공개될 위험이 있다는 것이다. 따라서 이와 같은 상황을 방지하기 위해 비밀유지명령을 신청하게 된다.[101]

▶ 비밀유지명령의 대상자는

⚖ 관련법리

「부정경쟁방지법」 제14조의 4 제1항은, 법원은 영업비밀 침해행위로 인한 영업상 이익의 침해에 관한 소송에서 그 당사자가 보유한 영업비밀에 대하여 다른 당사자(법인인 경우에는 그 대표자), 당사자를 위하여 소송을 대리하는 자, 그 밖에 해당 소송으로 인하여 영업비밀을 알게 된 자에게 비밀유지명령을 할 수 있다고 규정하면서, 그 단서에서 "다만, 그 신청 시점까지 다른 당사자(법인인 경우에는 그 대표자), 당사자를 위하여 소송을 대리하는 자, 그 밖에 해당 소송으로 인하여 영업비밀을 알게 된 자가 제1호에 규정된 준비서면의 열람이나 증거조사 외의 방법으로 그 영업비밀을 이미 취득하고 있는 경우에는 그러하지 아니하다"고 규정하고 있다.

Q. 甲은 "근로자 乙이 甲 회사에서 근무하는 동안 취득한 영업비밀을 K 회사에 공개하고, K 회사는 이를 취득, 사용함으로써 영업비밀을 침해하였다"고 주장하며 乙과 K 회사에 대하여 영업비밀 침해행위의 금지와 조성물 등의 폐기, 손해배상을 청구하는 소송을 제기하며 위 소송절차에서 비밀유지명령 신청을 하였다. 이 경우 甲의 위 신청은 인용될 수 있는지?

A. 비밀유지명령은 소송절차에서 공개된 영업비밀의 보호를 목적으로 하는 것이다. 소송절차와 관계없이 다른 당사자 등이 이미

---

[101] 전효숙, "지식재산소송절차와 비밀유지명령제도", 『법학논집』 제17권 제2호(2012) 참조.

취득하고 있는 영업비밀은 위와 같은 목적과 아무런 관련이 없다. 따라서 비밀유지명령 신청의 대상인 영업비밀을 乙과 K 회사가 취득, 사용하고 있다고 주장하면서 그 영업비밀에 대하여 비밀유지명령을 신청하는 것은 인용될 수 없다.[102]

ⓜ-2 문서제출명령과 영업비밀

미리 하는 학습

문서제출명령이란? 영업비밀 사건에서 문서제출명령이 갖는 의미

문서제출명령이란 문서제출의 상대방이 소지하고 있는 문서가 서증으로 필요한 경우 문서의 제출의무를 부담하는 문서제출명령의 상대방에 대하여 그 문서의 제출을 명하는 것을 말한다. 법원은 문서제출명령에 정당한 이유가 있다고 인정한 때에는 결정으로 문서를 가진 사람에게 그 제출을 명할 수 있다(민사소송법 제347조 제1항).

영업비밀 침해 관련 소송에서는 특히 피고 쪽에서 문서가 제출되면 회사의 영업비밀이 침해될 수 있다는 이유로 제출을 거부하는 경우가 있지만, 부득이 보유자의 문서를 제출하도록 하는 경우가 있다. 이 경우 문서에 민사소송법 제344조에서 정한 비밀사항이 포함되어 있어 제출거부사유에 해당하는지를 판단하기 위하여 필요하다고 인정하는 때에는, 법원은 문서소지자에게 그 문서를 제시하도록 명할 수 있지만, 그 문서를 다른 사람이 보도록 하여서는 아니 되며(민사소송법 제347조 제4항), 비밀절차(in-camera-proceeding)로 진행되어 법원만이 해당 문서를 볼 수 있고 문서제출명령을 신청한 당사자도 볼 수 없다.[103]

---

102 대법원 2015. 1. 16.자 2014마1688 결정 참조.
103 각주 101) 참조.

▶ **영업비밀이 공개되어 침해될 수 있다는 이유 또는 대상이 되는 문서가 특정되지 않았다는 이유로 문서제출명령에 응하지 않을 수 있는지**

⚖️ 관련법리

법원은 문서제출신청에 정당한 이유가 있다고 인정한 때에는 결정으로 문서를 가진 사람에게 그 제출을 명할 수 있다(민사소송법 제347조 제1항).
이때 법원은 당해 문서가 쟁점 판단이나 사실의 증명에 어느 정도로 필요한지, 다른 문서로부터 자료를 얻는 것이 가능한지 여부, 문서 제출로 인하여 얻게 될 소송상 이익과 피신청인이 문서를 제출함으로 인하여 받게 될 부담이나 재산적 피해 또는 개인의 프라이버시나 법인 내부의 자유로운 의사 형성 및 영업비밀, 기타 권리에 대한 침해와의 비교형량 및 기타 소송에 나타난 여러 가지 사정을 고려하여 과연 문서제출이 필요한지 및 문서제출명령에 정당한 이유가 있는지 여부를 판단하여야 할 것이다(대법원 2016. 7. 1.자 2014마2239 결정 등 참조).

Q. 甲은 乙을 상대로 불법행위 및 「부정경쟁방지법」 제5조에 의한 손해배상을 구하는 소를 제기하던 중 문서소지인을 乙로 하여 문서제출명령신청을 하여 인용결정을 받았다. 그러나 乙은 해당 문서가 제출되면 영업비밀이 침해될 소지가 있다는 이유로 문서제출명령 결정에 대한 즉시항고를 하였다. 이 경우 乙은 영업비밀 침해를 이유로 문서의 제출을 거부할 수 있는지?

A. 현 단계에서 위 각 자료가 제출되지 않는 이상 甲이 자신의 손해액을 증명하는 것은 사실상 불가능할 것으로 보이는 반면 대상 문서가 제출된다고 하여 乙의 업무수행에 심각한 영향을 미친

다고 보기는 어렵다고 판단된다면 즉시항고가 인용될 확률은 극히 희박할 것이다. 따라서 乙은 문서제출명령에 반해 제출을 거부할 수 없다.[104]

▶ **계약에 따라 제3자에게 정보를 제공할 수 없다는 이유로 문서제출명령을 거부할 수 있는지**

Q. 문서소지인이 상대방과의 내부적 계약에 따라 임의로 제3자에게 정보를 제공할 수 없다는 이유로 법원이 증거보전 결정으로 문서제출명령을 내렸음에 이를 거부할 수 있는지?

A. 문서소지인이 상대방과의 내부적 계약에 따라 임의로 제3자에게 정보를 제공할 수 없다고 하더라도 그것이 문서의 제출의무를 규정한 민사소송법 제344조[105]에서 정한 문서제출거부사유에

---

[104] 서울고등법원 2022라21002 문서제출명령 결정에 대한 즉시항고; 서울중앙지방법원 2022. 9. 21.자 2021가합535783 결정 참조.

[105] 「민사소송법」 제344조(문서의 제출의무) ① 다음 각호의 경우에 문서를 가지고 있는 사람은 그 제출을 거부하지 못한다.
1. 당사자가 소송에서 인용한 문서를 가지고 있는 때
2. 신청자가 문서를 가지고 있는 사람에게 그것을 넘겨 달라고 하거나 보겠다고 요구할 수 있는 사법상의 권리를 가지고 있는 때
3. 문서가 신청자의 이익을 위하여 작성되었거나, 신청자와 문서를 가지고 있는 사람 사이의 법률관계에 관하여 작성된 것인 때. 다만, 다음 각목의 사유 가운데 어느 하나에 해당하는 경우에는 그러하지 아니하다.
가. 제304조 내지 제306조에 규정된 사항이 적혀있는 문서로서 같은 조문들에 규정된 동의를 받지 아니한 문서
나. 문서를 가진 사람 또는 그와 제314조 각호 가운데 어느 하나의 관계에 있는 사람에 관하여 같은 조에서 규정된 사항이 적혀 있는 문서
다. 제315조 제1항 각호에 규정된 사항 중 어느 하나에 규정된 사항이 적혀 있고 비밀을 지킬 의무가 면제되지 아니한 문서
② 제1항의 경우 외에도 문서(공무원 또는 공무원이었던 사람이 그 직무와 관련하여 보관하거나 가지고 있는 문서를 제외한다)가 다음 각호의 어느 하나에도 해당하지 아니하는 경우에는 문서를 가지고 있는 사람은 그 제출을 거부하지 못한다.
1. 제1항 제3호 나목 및 다목에 규정된 문서

해당하지 않는 경우, 법원이 증거보전 결정으로 문서제출명령을 내리는 것에 어떠한 방해가 되지 않는다.[106]

ⓝ 계약관계 등에 의하여 비밀유지의무가 부과된 자와 영업비밀

▶ 영업비밀과 관련하여 비밀유지의무 없는 자가 영업비밀 누설행위의 주체가 될 수 있는지

Q. 乙은 甲 회사 재직 당시 영업비밀과 관련하여 계약 등 어떠한 명시적 비밀유지의무를 부과받은 사실이 없었을 뿐만 아니라, 보안교육 및 전직제한 요구도 받은 바 없다. 이 경우 乙이 영업비밀 유출 사건의 주체라는 전제로 공범 의심자에게 형사적 책임을 물을 수 있는지?

A. 계약관계 등에 의하여 비밀유지의무가 부과된 자에 해당하지 않으면, 乙은 영업비밀 유출 사건의 주체가 될 수 없고, 이에 따라 乙과 공범으로 의심받는 자에 대해 乙이 영업비밀 유출의 주체라는 주장을 전제로 하는 공범 의심자에 대한 행위주체성 역시 인정되지 않아 이들에 대해 무죄가 선고될 것이다.[107]

---

2. 오로지 문서를 가진 사람이 이용하기 위한 문서
[106] 서울고등법원 2022라20258 결정 참조.
[107] 대법원 2003. 1. 24. 선고 2001도4331 판결 참조.

⚖️ 참고판례

피고인 1은 ㅇㅇ의 직원으로 재직 당시 영업비밀과 관련하여 계약 등 어떠한 명시적 비밀유지의무를 부과받은 사실이 없을 뿐만 아니라, ●●공정에서 일하는 ●●기술자일 뿐, ☆☆☆ 생산의 전반적인 공정에 관여하고 있지도 않았으며, 영업비밀에 관한 보안교육을 받거나 전직을 제한하는 요구를 받은 사실도 없고, 위 피고인이 누설하였다는 정보 역시 ☆☆☆ 생산공정의 핵심 내지 중요기술로 보기 어려우므로, 위 피고인은 같은 법 제18조 제2항 제2호 소정의 계약관계 등에 의하여 비밀유지의무가 부과된 자에 해당하지 않아 같은 법 소정의 영업비밀 누설의 행위 주체가 되지 못하고, 위 피고인이 이 사건 범죄의 주체가 될 수 있음을 전제로 하는 피고인 2의 행위 주체성 역시 인정할 수 없다고 판단하여, 피고인들에 대하여 무죄를 선고하였는바, 앞서 본 법리와 기록에 비추어 살펴보면, 원심의 위와 같은 사실인정과 판단은 모두 수긍이 되고, 원심판결에 상고이유로 주장하는 바와 같이 채증법칙을 위배하여 사실을 잘못 인정하거나 부정경쟁방지 및 영업비밀보호에 관한 법률 소정의 영업비밀에 관한 법리를 오해한 위법이 있다고 할 수 없다(대법원 2003. 1. 24. 선고 2001도4331 판결).

다. 우리 회사 영업비밀 더 깊게 보호하기

◎ 영업비밀이 보호되는 시간적 범위와 영업비밀 보호기간

▶ **영업비밀은 영원히 보호된다는 말이 있는데, 사실인지**

Q. 영업비밀은 영구적으로 보호되는지?

A. 이 질문은 기술개발자 입장에서는 발명을 완성한 시점에 이르러 특허로 보호받을지 또는 영업비밀로 보호받을지를 선택해야

하는 전략적 판단을 앞둔 상황에서 하는 고민이다. 그런데 영업비밀이 영구적으로 보호될 수 있다는 말에는 오해와 함정이 있는데, 그것은 영업비밀 누설 등 영업비밀 침해가 발생하지 않았을 때라는 점이다.

즉, 보유자와 경쟁 관계에 있는 누군가에 의해 영업비밀이 누설되는 등 침해행위가 발생하면 영업비밀 요건 중 비공지성을 상실하게 되어 그때부터는 법리상 해당 정보는 더 이상 영업비밀이 아닌 것이 되므로 「부정경쟁방지법」상 보호 대상이 될 수 없다.[108] 덧붙여 이때부터는 법원의 판단(보호기간의 도과 유무) 즉, 상대의 영업비밀 침해에 따라 정보 보유자가 제기한 손해배상(침해금지 및 폐기) 청구 소송에서 사실심의 심리 결과 영업비밀 보호기간이 남아있으면 그 기간 동안 보유자에 대한 침해금지청구권이 인용되고, 이미 영업비밀 보호기간이 지나면 침해금지청구권은 소멸하게 된다.[109] 따라서 영업비밀은 해당 정보가 갖는 여러 조건을 심리한 법원의 사실심 심리 결과에 따라 보호기간이 달라질 수 있으므로, 영업비밀이 영구적으로 보호된다는 말은 반은 맞고, 반은 틀린 것이라고 할 수 있다.

---

[108] 「부정경쟁방지법」제2조 2. '영업비밀'이란 공공연히 알려져 있지 아니하고 독립된 경제적 가치를 가지는 것으로서, 비밀로 관리된 생산방법, 판매방법, 그 밖에 영업활동에 유용한 기술상 또는 경영상의 정보를 말한다.

[109] 사실심의 심리 결과 영업비밀 보호기간이 남아있으면 남은 기간 동안 침해금지청구권이 인정되고, 이미 영업비밀 보호기간이 지나면 침해금지청구권은 소멸한다. 다만 침해행위자나 다른 공정한 경쟁자가 독자적인 개발이나 역설계와 같은 합법적인 방법으로 영업비밀을 취득하거나 영업비밀과 동일한 기술을 개발할 가능성이 인정되지 않는 등으로 영업비밀 보호기간의 종기를 확정할 수 없는 경우에는 침해행위 금지의 기간을 정하지 않을 수 있다. 이처럼 금지기간을 정하지 않는다고 해서 영구히 금지하는 것은 아니고, 금지명령을 받은 당사자는 나중에 영업비밀 보호기간이 지났다는 사정을 주장·증명하여 가처분 이의나 취소, 청구이의의 소 등을 통해 다툴 수 있다(대법원 2019. 3. 14.자 2018마7100 결정).

▶ **영업비밀이 비밀로서의 존속기간이 경과한 경우, 관련 소송의 결과는**

Q. 甲 회사는 乙이 영업비밀을 유출하였다는 사실을 알고 수사기관에 고소하였고, 그 결과 「부정경쟁방지법」 위반(영업비밀누설등)의 공소사실로 기소되어 유죄판결을 받았다. 이후 甲 회사는 乙이 甲의 영업비밀을 이용하여 제품의 제조 및 판매 등 행위(영업비밀 침해행위)에 대해 아래와 같은 취지로 영업비밀 침해금지 청구의 소를 제기하였다.

> 가. 별지1 목록 기재 각 기술정보를 사용하거나 이를 제3자에게, 공개하여서는 아니 되고,
> 나. 별지2 목록 기재 각 제품의 생산, 양도, 판매, 대여, 수입 또는 수출 및 이를 위한 청약이나 광고 또는 홍보를 하여서는 아니 되고,
> 다. 피고들의 사무소, 공장, 창고, 영업소, 대리점, 매장에 보관 또는 전시 중인 별지 2 목록 기재 각 제품을 폐기하라.

그런데 영업비밀이 보호되는 시간적 범위 즉, 영업비밀이 비밀로서의 존속기간이 경과하면 영업비밀 침해금시 청구의 소는 어떻게 되는지?

A. 영업비밀 침해행위의 금지는 그 목적을 달성함에 필요한 시간적 범위 내로 제한되어야 하고 그 범위를 정함에 있어서는 영업비밀인 기술정보의 내용과 난이도, 영업비밀 보유자의 기술정보 취득에 소요된 기간과 비용, 영업비밀의 유지에 기울인 노력과 방

법 등 여러 가지 요소들을 고려하여 결정된다. 그런데 위와 같은 다양한 요소들이 고려되어 합리적으로 결정된 시간적 범위가 소 제기 전 또는 진행 중 이미 경과한 경우 보호기간의 경과로 영업 비밀로서 가치가 소멸되어 더 이상 비밀이 아닌 것으로 되므로 영업비밀 침해금지청구는 기각될 것이다.[110]

▶ 영업비밀 보호기간의 임의적 연장이 가능한지

Q. 영업비밀 보호기간이 사정에 따라 연장될 수 있는지?

A. 영업비밀이 보호되는 시간적 범위는 당사자 사이에 영업비밀이 비밀로서 존속하는 기간이므로 그 기간의 경과로 영업비밀은 당연히 소멸하여 더 이상 비밀이 아닌 것으로 된다고 보아야 하는 바, 사정에 따라 연장될 수 없다.[111]

▶ 영업비밀 금지기간의 임의적 조정이 가능한지

Q. 영업비밀 금지기간은 당사자 간 임의로 정할 수 있는 것인지?

A. 그렇지 않다. 금지기간은 영업비밀인 기술정보의 내용과 난이도, 영업비밀 보유자의 기술정보 취득에 소요된 기간과 비용, 영업비밀의 유지에 기울인 노력과 방법, 침해자들이나 다른 공정한 경쟁자가 독자적인 개발이나 역설계와 같은 합법적인 방법에 의하여 그 기술정보를 취득하는 데 필요한 시간 등 당사자의

---

110 서울중앙지방법원 2023. 2. 3. 선고 2019가합527437 판결 참조.
111 대법원 1998. 2. 13. 선고 97다24528 판결 참조.

인적·물적 시설 등을 고려하여 합리적으로 결정될 수 있는 것이다.[112]

▶ 영업비밀 보호기간이 도과한 이후 제기한 가처분 인용이 가능한지

Q. 乙은 甲 회사를 퇴사하면서 甲 회사가 영업비밀로 관리하던 기술파일을 유출하였다. 이에 甲 회사는 乙이 기술을 유출한 때부터 상당시간이 흐른 뒤에야 비로소 乙을 상대로 영업비밀침해금지가처분 신청을 했는데, 이 경우 甲의 가처분 신청이 인용될 수 있는지?

A. 사실심의 심리 결과 영업비밀 보호기간이 남아있으면 남은 기간 동안 침해금지청구권이 인정되고, 이미 영업비밀 보호기간이 지나면 침해금지청구권은 소멸한다. 따라서 甲 회사가 乙을 상대로 제기한 가처분 신청이 인용되려면 영업비밀 보호기간이 도과하지 않은 상태여야 한다.[113]

ⓟ 라이선스(License)계약과 영업비밀

▶ 영업비밀을 정당하게 취득한 자가 이를 사용 또는 공개한 경우, 민사상 책임이 있는지

Q. 丙 회사는 甲 회사와 영업비밀 실시허여(라이선스)계약을 체

---

112 대법원 1998. 2. 13. 선고 97다24528 판결 참조.
113 대법원 2019. 3. 14.자 2018마7100 결정 참조.

결하였다. 이처럼 거래에 의하여 영업비밀을 정당하게 취득한 자가 그 거래에 의하여 허용된 범위에서 그 영업비밀을 사용하거나 공개하였을 경우, 영업비밀 침해에 대한 손해배상책임을 지는지?

A. 「부정경쟁방지법」 제13조에 따르면 거래에 의하여 영업비밀을 정당하게 취득한 자가 그 거래에 의하여 허용된 범위에서 그 영업비밀을 사용하거나 공개하는 행위에 대하여는 동법 제10조부터 제12조까지의 규정을 적용하지 아니한다고 명시하고 있으므로 丙 회사는 손해배상책임을 지지 않는다.[114]

---

[114] 「부정경쟁방지법」 제13조(영업비밀 침해 선의자에 관한 특례)
① 거래에 의하여 영업비밀을 정당하게 취득한 자가 그 거래에 의하여 허용된 범위에서 그 영업비밀을 사용하거나 공개하는 행위에 대하여는 제10조부터 제12조까지의 규정을 적용하지 아니한다.
② 제1항에서 "영업비밀을 정당하게 취득한 자"란 제2조 제3호 다목 또는 바목에서 영업비밀을 취득할 당시에 그 영업비밀이 부정하게 공개된 사실 또는 영업비밀의 부정취득행위나 부정공개행위가 개입된 사실을 중대한 과실 없이 알지 못하고 그 영업비밀을 취득한 자를 말한다.
법 제10조(영업비밀 침해행위에 대한 금지청구권 등)
① 영업비밀의 보유자는 영업비밀 침해행위를 하거나 하려는 자에 대하여 그 행위에 의하여 영업상의 이익이 침해되거나 침해될 우려가 있는 경우에는 법원에 그 행위의 금지 또는 예방을 청구할 수 있다.
② 영업비밀 보유자가 제1항에 따른 청구를 할 때에는 침해행위를 조성한 물건의 폐기, 침해행위에 제공된 설비의 제거, 그 밖에 침해행위의 금지 또는 예방을 위하여 필요한 조치를 함께 청구할 수 있다.
법 제11조(영업비밀 침해에 대한 손해배상책임) 고의 또는 과실에 의한 영업비밀 침해행위로 영업비밀 보유자의 영업상 이익을 침해하여 손해를 입힌 자는 그 손해를 배상할 책임을 진다.
법 제12조(영업비밀 보유자의 신용회복) 법원은 고의 또는 과실에 의한 영업비밀 침해행위로 영업비밀 보유자의 영업상의 신용을 실추시킨 자에게는 영업비밀 보유자의 청구에 의하여 제11조에 따른 손해배상을 갈음하거나 손해배상과 함께 영업상의 신용을 회복하는 데에 필요한 조치를 명할 수 있다.

▶ **영업비밀의 이전이 가능한지**

Q. 영업비밀도 양도 양수 및 실시권허여(라이선스)계약을 통해 이전이 가능한지?

A. 우선 영업비밀 침해행위에 대한 금지 등을 청구할 수 있는 자는 영업비밀 침해행위에 의하여 영업상의 이익이 침해되거나 침해될 우려가 있는 영업비밀의 보유자인데(「부정경쟁방지법」 제10조 제1항), 여기서 영업비밀의 보유자란 기술상·영업상의 노하우를 최초로 생산·개발한 자뿐만 아니라 그로부터 정당하게 양수받은 자나 실시권 허여(라이선스)계약에 의하여 영업비밀의 실시권(사용권)을 얻은 자 등 법적으로 유효한 거래행위에 의하여 취득한 경우 등과 같이 정당한 권원에 의하여 취득한 자를 포함한다고 밝히고 있으므로,[115] 영업비밀 역시 양수 및 실시권 허여(라이선스)계약을 통해 이전이 가능하다고 할 것이다.

⑨ 영업비밀 공동보유자와 영업비밀

📖 **미리 하는 학습**

영업비밀 공동보유자들 사이의 법률관계는 민법상 공동소유 규정을 유추 적용해 볼 수 있을 듯하지만, 아직 학문적으로 정리가 덜 되어 명확한 답을 주기는 조심스러운 영역이다. 아울러 판례 역시 명확한 답을 줄 만큼 충분히 축적되지 않고 각 심급마다 그 판단도 달리하여 다소 혼란스러울 수 있다. 다행히 최근 하급심 판결과 이를 인용하는 대법원 판결이 나와 이를 근거한 문답으로 영업비밀 공동보유자 간 사용관계(자기사용 권한 및 범위)에 대한 궁금증을 풀어보도록 하자.

---

[115] 대법원 1997. 2. 5.자 96마364 결정, 대법원 1996. 11. 26. 선고 96다31574 판결 등 참조.

참고로 영업비밀 공동보유자 간 사용관계(자기사용 권한 및 범위)와 관련하여 법원은 ① 영업비밀 공동보유자 중 1인의 사용이라도 다른 영업비밀 공동보유자의 동의 내지 승인이 필요하다는 판단(동의필요설), ② 다른 영업비밀 공동보유자의 동의 및 승인 없이도 영업비밀 공동보유자는 공동보유 영업비밀을 자기 사용할 수 있다는 판단(동의불요설), ③ '영업비밀을 상실시키지 않는 범위'에서 다른 영업비밀 공동보유자의 동의 없이 공동보유 영업비밀을 자기사용 할 수 있다는 판단(절충설) 등의 서로 다른 입장을 취하고 있음을 알아둘 필요가 있다(박재성, "영업비밀 공동보유관계 성립 및 영업비밀 공동보유자의 자기사용 관련 판례분석 및 검토", 『사법』 제1권 제68호(2024) 참고).

▶ **영업비밀 공동보유 관계가 성립하지만, 법률관계에 대한 명확한 합의가 이루어지지 않은 경우 공동연구 주체 사이의 소유관계는**

Q. 甲·乙·丙·丁 4명은 공동연구를 통해 개발한 K에 대해 대규모 생산에 따른 상업화에 성공하였다. 그런데 이들 4명은 영업비밀에 대해서 별도 약정을 하지 않아 누구에게 영업비밀을 귀속시킬지 정하지 않았다.

이와 같이 복수의 주체가 공동연구를 통해 생산, 개발한 영업비밀에 대해서 별도 약정으로 그 귀속을 정하지 않은 경우, 영업비밀의 소유관계는 어떻게 되는지?

A. 공동연구개발 주체들인 甲·乙·丙·丁 4명이 공동연구개발에 따라 산출된 성과물을 영업비밀로 관리하기로 하며, 그 법률관계에 대한 구체적인 합의를 하였다면 아무런 문제가 발생하지 않았을 것이다. 그러나 「부정경쟁방지법」에서는 이들 주체 사이에 합의가 이루어지지 않았거나 그 의사가 불명확한 경우 공동보유에

관한 규정이 없어 문제 해결이 쉽지 않다. '영업비밀의 보유자'란 당해 정보를 자신이 직접 생산, 개발하거나 법적으로 유효한 거래행위에 의하여 이를 취득하는 등으로 정당한 권한을 가진 자를 의미하는데,[116] 이때 복수의 주체가 공동연구를 통해 생산, 개발한 영업비밀에 대해서 별도 약정으로 그 귀속을 정하지 않았다면, 그 영업비밀은 이를 생산, 개발하는 과정에 실질적으로 기여한 연구 개발 주체에게 공동으로 귀속된다고 봄이 상당하다.[117]

따라서 甲·乙·丙·丁 4명 모두가 실질적으로 연구에 참여하여 그 개발에 기여하였다면 공동연구를 통해 생산, 개발한 영업비밀은 4인 공유가 될 것이다.

▶ **영업비밀 공동보유자의 동의 없는 사용이 침해행위를 구성하는지**

Q. 甲과 乙은 K 제품 도면을 영업비밀로 관리하고 있다. 이 경우 甲과 乙은 서로 다른 공유자의 동의를 받지 아니하고 영업비밀을 자신이 실시할 수 있는지?

A. 특허권이 공유인 경우 각 공유자는 다른 공유자 모두의 동의를 받아야만 그 지분을 양도하거나 질권을 설정할 수 있으나, 각 공유자는 계약으로 특별히 약정한 경우를 제외하고는 다른 공유자의 동의를 받지 아니하고 그 특허발명을 자신이 실시할 수 있

---

[116] '영업비밀의 보유자'란 기술상·영업상의 정보를 최초로 생산·개발한 자뿐만 아니라 매매 또는 실시권허여계약(라이선스계약) 등 법적으로 유효한 거래행위에 의하여 이를 취득함으로써 정당한 권한을 가진 자를 포함한다(대법원 1997. 2. 5.자 96마364 결정, 대법원 1996. 11. 26. 선고 96다31574 판결 등 취지 참조).
[117] 수원지방법원 2021. 1. 21. 선고 2018고합586, 616(병합) 판결 참조.

고, 공동저작자가 다른 공동저작자와의 합의 없이 공동저작물을 이용한다고 하더라도 그것은 공동저작자들 사이에서 위 규정이 정하고 있는 공동저작물에 관한 저작재산권의 행사방법을 위반한 행위가 되는 것에 그칠 뿐 다른 공동저작자의 공동저작물에 관한 저작재산권을 침해하는 행위까지 된다고 볼 수는 없다(특허법 제99조 제2, 4항 참조).[118]

그러나 이와는 달리 영업비밀의 경우 구「부정경쟁방지법」에는 영업비밀 공유자 사이의 영업비밀 사용에 대한 규정이 없기는 하나, 이미 일반에 공지되어 있는 특허권과 저작권과는 달리, 영업비밀의 경우 영업비밀 공유자 사이에 아무런 제한 없이 각자 사용을 인정하게 되면, 자칫 영업비밀이 일반에게 공개됨으로써 영업비밀로서의 속성(비공지성, 경제적 유용성)을 상실하게 될 위험을 초래하게 되므로, 위 특허권과 공동저작권에서의 법리와 같이 볼 수 없다.[119]

☞ 아직 학문적으로 정리가 덜 된 부분이기는 하지만, 본 판결에 따르면 甲과 乙은 다른 공유자의 동의 없이 영업비밀을 단독으로 실시할 수 없다.

ⓡ 영업비밀 사용에 대한 묵시적 승낙과 영업비밀

▶ 영업비밀 사용 승낙의 의사표시는 명시적으로만 가능한지

Q. 영업비밀 보유자가 거래 상대방에게 영업비밀을 사용하도록

---

[118] 대법원 2014. 12. 11. 선고 2012도16066 판결 참조.
[119] 수원고등법원 2023. 3. 7. 선고 2021노69 판결 ; 대법원 2023. 7. 13. 선고 2023도4058 판결 각 참조.

승낙하는 의사표기는 명시적으로 해야 하는 것인지?

A. 영업비밀 보유자는 거래상대방에게 영업비밀을 사용하도록 승낙하는 의사표시를 할 수 있고, 그 행위에 일정한 방식이 요구되지 않고 묵시적 의사표시로도 할 수 있다. 다만, 묵시적 의사표시의 존재는 거래상대방과 체결한 영업비밀 관련 계약의 내용, 영업비밀 보유자가 사용하도록 승낙한 것으로 볼 수 있는 범위, 관련 분야의 거래 실정, 당사자의 태도 등 여러 사정을 종합적으로 고려하여 판단하여야 한다.[120]

> ### 비밀유지의무가 있는 계약당사자 중 일방이 업무상 타인에게 해당 정보를 제공한 경우 계약 위반에 해당하는지

Q. 甲 회사(이하, 甲)는 乙 회사(이하, 乙)와 비밀유지의무 내용이 포함된 설계기술용역계약을 체결하여 乙이 건설하는 ○○발전소에 관한 설계자료를 작성해 주었는데, 乙은 신규 ○○발전소를 건설하면서 乙과 '설계기술용역계약'을 체결한 丙 주식회사에 위 설계자료를 제공하여 사용하도록 하였다. 이 경우, 乙은 甲과의 비밀유지의무를 위반한 것인지?

A. 이와 같은 사안은 甲과 乙이 체결한 '설계기술용역계약의 계약서'를 근거로 판단해야 하는데, 만일 乙이 설계 목적 범위에서 위 설계자료를 丙 주식회사에게 제공하여 사용하도록 하고, 이에 대하여 甲의 묵시적인 승낙이 있었다면 乙은 비밀유지의무를 위

---

[120] 대법원 2019. 1. 31. 선고 2017다284885 판결 참조.

반했다고 할 수 없다.[121] 반대로 乙이 丙 주식회사에게로 자료를 제공한 행위가 甲과의 관계에서 목적 범위 밖의 제공이라면 비밀유지의무 위반으로 볼 수 있다.

⑤ 영업비밀 부정사용 미수범과 영업비밀

> **미리 하는 학습**
>
> **영업비밀 부정사용죄에서 실행의 착수**
>
> 부정경쟁방지법 제18조 제2항에서 정하고 있는 영업비밀부정사용죄에 있어서는, 행위자가 당해 영업비밀과 관계된 영업활동에 이용 혹은 활용할 의사 아래 그 영업활동에 근접한 시기에 영업비밀을 열람하는 행위(영업비밀이 전자파일의 형태인 경우에는 저장의 단계를 넘어서 해당 전자파일을 실행하는 행위)를 하였다면 그 실행의 착수가 있다(대법원 2009. 10. 15. 선고 2008도9433 판결).

▶ **영업비밀을 누설하려 하였으나 미수에 그친 경우, 미수범도 처벌되는지**

Q. 부정한 이익을 얻을 목적, 절취 등 그 밖의 부정한 수단으로 영업비밀을 취득·사용하거나 누설하는 행위를 하려고 하였으나, 그 뜻을 이루지 못하고 미수에 그친 경우에도 처벌되는지?

A. 「부정경쟁방지법」제18조의 2(제18조의 2(미수) 제18조 제1항 및 제2항의 미수범은 처벌한다)에 따르면, 미수범도 처벌된다. 참고로, 「부정경쟁방지법」제18조 제2항에서 정하고 있는 영업비

---

[121] 대법원 2019. 1. 31. 선고 2017다284885 판결 참조.

밀부정사용죄에 있어서는 행위자가 당해 영업비밀과 관계된 영업활동에 이용 혹은 활용할 의사 아래 그 영업활동에 근접한 시기에 영업비밀을 열람하는 행위(영업비밀이 전자파일의 형태인 경우에는 저장의 단계를 넘어서 해당 전자파일을 실행하는 행위)를 하였다면 그 실행의 착수가 있다고 할 것이다.[122]

▶ **사용인이 영업비밀 부정사용 미수에 그친 경우, 사용인이 근무하는 회사에 대한 처벌이 가능한지**

관련조문 - 「부정경쟁방지법」

제19조(양벌규정) 법인의 대표자나 법인 또는 개인의 대리인, 사용인, 그 밖의 종업원이 그 법인 또는 개인의 업무에 관하여 제18조 제1항부터 제4항까지의 어느 하나에 해당하는 위반행위를 하면 그 행위자를 벌하는 외에 그 법인 또는 개인에게도 해당 조문의 벌금형을 과(科)한다. 다만, 법인 또는 개인이 그 위반행위를 방지하기 위하여 해당 업무에 관하여 상당한 주의와 감독을 게을리하지 아니한 경우에는 그러하지 아니하다.

제18조(벌칙) ① 영업비밀을 외국에서 사용하거나 외국에서 사용될 것임을 알면서도 다음 각 호의 어느 하나에 해당하는 행위를 한 자는 15년 이하의 징역 또는 15억 원 이하의 벌금에 처한다. 다만, 벌금형에 처하는 경우 위반행위로 인한 재산상 이득액의 10배에 해당하는 금액이 15억 원을 초과하면 그 재산상 이득액의 2배 이상 10배 이하의 벌금에 처한다. 〈개정 2019. 1. 8.〉
1. 부정한 이익을 얻거나 영업비밀 보유자에 손해를 입힐 목적으로 한 다음 각 목의 어느 하나에 해당하는 행위

---

[122] 대법원 2009. 10. 15. 선고 2008도9433 판결 참조

> 가. 영업비밀을 취득·사용하거나 제3자에게 누설하는 행위
> 나. 영업비밀을 지정된 장소 밖으로 무단으로 유출하는 행위
> 다. 영업비밀 보유자로부터 영업비밀을 삭제하거나 반환할 것을 요구받고도 이를 계속 보유하는 행위
> 2. 절취·기망·협박, 그 밖의 부정한 수단으로 영업비밀을 취득하는 행위
> 3. 제1호 또는 제2호에 해당하는 행위가 개입된 사실을 알면서도 그 영업비밀을 취득하거나 사용(제13조 제1항에 따라 허용된 범위에서의 사용은 제외한다)하는 행위
>
> 제18조의 2(미수) 제18조 제1항 및 제2항의 미수범은 처벌한다.

Q. 甲 회사의 사용인 상무 L은 부정한 이익을 얻거나 경쟁업체인 피해자 乙 회사에 손해를 끼칠 목적으로 甲 회사의 업무에 관한 영업비밀을 부정사용하려다 미수에 그쳤다. 이 경우 L 외에 甲 회사도 처벌받는지?

A. 구 「부정경쟁방지법」 제19조는 "법인의 대표자나 법인 또는 개인의 대리인, 사용인, 그 밖의 종업원(이하 '사용인 등'이라 한다)이 그 법인 또는 개인의 업무에 관하여 제18조 제1항부터 제4항까지의 어느 하나에 해당하는 위반행위를 하면 그 행위자를 벌하는 외에 그 법인 또는 개인에게도 해당 조문의 벌금형을 과한다"고 규정한다.

이에 따르면 위 양벌규정은 사용인 등이 영업비밀의 취득 및 부정사용에 해당하는 제18조 제1항부터 제4항까지의 위반행위를 한 경우에 적용될 뿐이고, 사용인 등이 영업비밀의 부정사용에 대한

미수범을 처벌하는 제18조의 2에 해당하는 위반행위를 한 경우에는 위 양벌규정이 적용될 수 없다. 따라서 甲 회사는 처벌받지 않는다.[123]

 여기서 잠깐!
영업비밀이 담겨있는 CD를 절취하여 부정사용한 경우, 절도죄 외에 부정경쟁방지법 위반으로도 처벌받을까?

형법상의 절도죄와 부정경쟁방지 및 영업비밀 보호에 관한 법률상의 영업비밀 부정 사용죄는 그 행위태양 및 보호법익이 다르다. 부정한 이익을 얻거나 기업에 손해를 가할 목적으로 그 기업에 유용한 영업비밀이 담겨있는 타인의 재물을 절취한 후 그 영업비밀을 사용하는 경우, 영업비밀의 부정사용행위는 새로운 법익의 침해로 보아야 하므로 위와 같은 부정사용행위가 절도범행의 불가벌적 사후행위가 되는 것은 아니다.
즉, CD 등 자료 사용 행위는 절도죄에 흡수되는 불가벌적 사후행위가 아니므로 절도죄와 별도로 부정경쟁방지 및 영업비밀 보호에 관한 법률 제18조 제2항 위반죄(영업비밀 부정사용죄)가 성립한다(대법원 2008. 9. 11. 선고 2008도5364 판결 참조).

---

123 대법원 2023. 12. 14. 선고 2023도3509 판결 참조.

ⓣ 역설계(또는 역분석, reverse engineering)와 영업비밀

📚 미리 하는 학습

역설계가 뭐지? 역설계가 영업비밀 사건에서 쟁점이 되는 이유

역설계(리버스 엔지니어링(Reverse engineering)이란 소프트웨어 공학의 한 분야로 이미 만들어진 시스템을 역으로 추적해 애초의 문서나 설계기법 등의 자료를 얻어내는 것을 말한다. 참고로 이 용어는 역분석 또는 역공정이라는 말로도 통용된다. 기술정보가 영업비밀로 보호된다고 하더라도 다른 선의의 경쟁자가 독자적인 연구개발이나 역설계와 같은 합법적인 방법에 의하여 본인의 기술정보와 동일한 내용의 제품(ex, 볼펜 잉크 등)의 제조방법을 취득하는 것 자체가 금지되는 것은 아니다. 만일 이러한 사용 내지 공개를 무한히 금지한다면 오늘날과 같은 고도의 산업 및 정보화 사회에서 영업비밀 보유 회사 직원의 생계활동 및 직업선택의 자유와 경쟁관계에 있는 회사의 영업활동의 자유를 부당하게 침해할 뿐만 아니라, 지적재산권의 일종으로서 존속기간이 정해져 있는 특허권 등의 보호와 비교하여서도 영업비밀 보유 회사에게 필요 이상의 과다한 법적 보호를 부여하여 균형이 맞지 않게 되며, 현대산업사회에 있어 기술은 과거와 달리 하루가 다르게 급속히 발전해 나가고 있어 기술정보도 그다지 멀지 않은 시일에 역설계(역공정)에 의하여 널리 알려지거나 더 좋은 제조방법의 등장으로 말미암아 아무 쓸모 없는 것으로 되어버려 영업비밀의 성질을 상실하리라는 것을 능히 짐작할 수 있을 것이다.

▶ **철저한 비밀관리에도 불구하고 역설계에 의한 기술 습득이 가능한 경우, 해당 기술에 대한 영업비밀성 인정 여부**

Q. 영업비밀 보유자인 甲 회사는 직원들에게 비밀유지의무를 부과하는 등 영업비밀 인정 요건(3요소)을 갖추어 기술정보를 엄격하게 관리하고 있었다. 그럼에도 경쟁사인 乙 회사에 의해 기술정보에 대한 역설계가 이루어졌고, 그 결과 乙에게 기술정보의 획득

이 가능해졌다. 이 경우 甲 회사의 기술정보는 영업비밀이 부정되는지?

A. 영업비밀의 보유자인 甲 회사가 직원들에게 철저하게 비밀유지의 의무를 부과하는 등 기술정보를 엄격하게 관리하는 상황이었음에도, 부득이 역설계가 가능하여 경쟁사인 乙 회사에 의하여 기술정보의 획득이 가능하게 되었더라도, 그러한 사정만으로 그 기술정보를 영업비밀로 보는 데에 지장이 있다고 볼 수 없다.[124]

▶ **역설계를 통한 정보 취득이 영업비밀의 부정취득이라고 할 수 있는지, 그리고 비공지성(또는 경제적유용성) 인정에 영향을 미치는지**

Q. 역설계를 통하여 취득한 정보는 부정취득한 것인지?

A. 역설계를 통하여 취득한 정보는 역설계가 정당한 기술정보의 획득 방법으로 인정되는 이상 그 정보를 부정취득하였다고 할 수 없고, 역설계를 통하여 취득할 수 있는 정보 중 그 기술 자체가 단순하고, 이를 구현한 제품을 시중에서 쉽게 구할 수 있으며, 그 기술정보가 해당 기술에 지식과 경험을 가진 자가 몇 시간 혹은 며칠 안에 역설계를 통해 손쉽게 획득할 수 있는 정도의 것(readily ascertainable by propermeans)이라면 비공지성이나 경제적 유용성을 인정하는 데에는 신중을 기하여야 한다.[125]

따라서 통상의 기술자가 쉽게 역설계의 방법으로 그 제품에 구현

---

[124] 대법원 1999. 3. 12. 선고 98도4704 판결 참조.
[125] 부산지방법원 2016. 8. 30. 선고 2014노873 판결 참조.

된 기술이나 정보를 파악할 수 있는 경우에는 비공지성이 인정되지 않을 것이고, 반면에 역설계를 통해 해당 제품에 구현된 기술이나 정보를 파악하는 데 고도의 전문적인 지식이 필요하거나 상당한 시간이나 비용이 소요되는 경우, 비공지성이 인정되는 것이 일반적이라고 할 수 있다.

▶ **통상의 역설계로 입수 가능한 정보가 영업상 주요한 자산이 되는지**

Q. 통상적인 역설계 등의 방법으로 쉽게 입수가 가능한 상태에 있는 정보를 영업상 주요한 자산이라고 할 수 있는지?

A. 비밀유지조치를 취하지 아니한 채 판매 등으로 공지된 제품의 경우, 역설계를 통한 정보의 획득이 가능하다는 사정만으로 그 정보가 불특정 다수인에게 공개된 것으로 단정할 수 없으나, 상당한 시간과 노력 및 비용을 들이지 않고도 통상적인 역설계 등의 방법으로 쉽게 입수 가능한 상태에 있는 정보라면 보유자를 통하지 아니하고서는 통상 입수할 수 없는 정보에 해당한다고 보기 어려우므로 영업상 주요한 자산에 해당하지 않는다.[126]

▶ **어떠한 제품을 만듦에 있어 시제품을 통해 역설계가 가능한 경우, 기술보유자의 정보를 영업비밀(또는 영업상 주요한 자산)이라고 할 수 있는지**

Q. 乙은 기술보유자인 甲의 제품과 동일하거나 유사한 제품을

---

[126] 인천지방법원 2022. 10. 14. 선고 2022노2364 판결 참조.

만들어 판매하던 중 甲으로부터 소송을 당하였다. 그런데 乙은 재판에서 시제품을 통해 역설계하여 제품을 만들었을 뿐이라고 주장한다. 甲의 제품은 영업비밀 또는 영업상 주요한 자산에 해당할 수 있는지?

A. 비록 시제품을 통해 역설계할 수 있다고 하더라도 완성된 제품에서 각 부품의 관계를 추출하고 그 부품이 어떠한 기능과 역할을 하는지 등에 관한 작동 과정을 알아내며 완성품을 새로 구현해 내는 등의 방식으로 설계도면을 역설계하는 데에는 일반적으로 많은 시간과 노력이 드는 점 등을 종합하면, 기술보유자의 설계도면은 불특정 다수인에게 알려지지 않았고 그 보유자를 통하지 아니하고는 통상 입수할 수 없는 정보에 해당한다면 甲의 제품은 영업비밀 또는 영업상 주요한 자산에 해당할 수 있다.[127]

▶ **상대방의 영업비밀을 역설계로 알아낸 경우, 그 영업비밀은 비공지성 상실로 더 이상 영업비밀이 아닌 것인지**

Q-1. 상대방의 영업비밀인 설계도면이 역설계의 방법을 통하여 알아낼 수 있는 정보일 경우, 영업비밀의 성립요건 중 비공지성을 상실한 것이라고 할 수 있는지?

A-1. 설계도면이 역설계의 방법을 통하여 알아낼 수 있는 정보라고 하더라도 '그러한 사정만으로' 그 정보가 영업비밀이 되는 데 지장이 있는 것은 아니다.[128]

---

[127] 수원지방법원 2019. 10. 30.자 결정 2019카합10295 결정 참조.
[128] 각주 52) ; 대법원 2008. 2. 15. 선고 2005도6223 판결 등 참조.

즉, 역설계를 통한 정보의 획득이 가능하다는 사정만으로 그 정보가 불특정 다수인에게 공개된 것으로 단정할 수 없다고 할 것인데, 여기서 '그러한 사정만으로'라는 말의 의미는 통상의 역설계가 아닌 방법으로 이해함이 타당하고, 결과적으로 상당한 시간과 노력 및 비용을 들이지 않고도 통상적인 역설계 등의 방법으로 쉽게 입수 가능한 상태에 있는 정보라면 비공지성이 부정된다고 할 것이다.

Q-2. 乙은 甲 회사의 영업비밀인 설계도면 K를 역설계에 의하여 획득하는 데 성공하였다. 이처럼 역설계에 의하여 기술정보 획득이 가능하였으므로 甲 회사의 기술정보는 영업비밀이라고 할 수 없는 것인지?

A-2. 역설계가 허용되고 역설계에 의하여 설계도면 K의 획득이 가능하다고 하더라도 그러한 사정만으로는 그 기술정보가 영업비밀이 되는 데 지장이 없다.[129] 다시 말해 비록 역설계로 정보 취득이 가능하다고 해서 그 정보가 영업비밀이 아니라고 할 수 없다는 의미이다. 다만, 상당한 시간과 노력 및 비용을 들이지 않고도 통상적인 역설계 등의 방법으로 쉽게 입수 가능한 상태에 있는 정보라면 보유자를 통하지 아니하고서는 통상 입수할 수 없는 정보에 해당한다고 보기 어렵다.[130]

---

129 각주 52) ; 대법원 2008. 2. 15. 선고 2005도6223 판결 등 참조.
130 대법원 2022. 6. 30. 선고 2018도4794 판결 참조.

▶ **역설계를 통해 영업비밀을 알았을 뿐이라고 주장하면서, 실시 제품의 근거가 되는 정보(ex, 설계도면 등)를 제출하지 못한 경우, 법원의 판단은**

Q. 甲 회사의 영업비밀을 침해한 혐의로 기소되어 재판을 받고 있는 乙은 "자신은 역설계를 통해 甲 회사의 영업비밀을 알아내었을 뿐 영업비밀을 침해한 사실이 없다"고 주장하면서도 乙이 자체적으로 제작하였다는 실시제품의 설계도면을 제출하지 못하고 있다. 이 경우 영업비밀 침해에 대한 법원의 판단은?

A. 설계도면이 역설계를 통한 적법한 방법임을 주장하면서도 자체적으로 제작하였다는 설계도면을 제출하지 못하고 있는 경우, 법원은 乙의 영업비밀 침해를 인정하는 한 근거로 볼 수 있다.[131]

따라서 역설계의 방법으로 알아낼 수 있는 성질의 기술정보라고 하는 주장만 있을 뿐, 이를 뒷받침하는 증거를 제출하지 못한다면 영업비밀 침해 책임을 면할 수는 없을 것이다.

▶ **역설계를 통해 개별 제품의 구조 및 대략적인 수치 등만 파악할 수 있을 뿐인 경우, 영업비밀 인정 여부**

Q. 乙은 피해회시의 영업비밀이 포함된 F 제품이 승고 제품으로 실물 거래되고 있어 용이하게 역설계가 가능하므로, 피해회사의 F 제품 관련 도면 및 파일 등은 「부정경쟁방지법」에서 정한 영업비밀이 될 수 없다고 주장한다. 乙의 이런 주장은 인용될 수 있는지?

A. 우선 "영업비밀 보유자인 회사가 직원들에게 비밀유지의 의

---

[131] 수원지방법원 2019. 10. 30.자 결정 2019카합10295 결정 참조.

무를 부과하는 등 기술정보를 엄격하게 관리하는 이상, 역설계가 가능하고 그에 의하여 기술정보의 획득이 가능하더라도, 그러한 사정만으로 그 기술정보를 영업비밀로 보는 데에 지장이 있다고 볼 수 없다"는 것이 법원의 입장이다.[132]

이와 같은 사건에서는 F 제품이 실제로 중고로 거래되고 있는지, 만일 중고로 거래되었다면 그 사유는 무엇인지, 그 이후 조치는 어떻게 하였는지, 역설계를 통하여 어느 정도의 기술을 알아낼 수 있는지 여부 등을 종합적으로 살펴 판단하게 될 것이지만, 만약 역설계를 통하여서는 그 개별 제품의 구조 및 대략적인 수치 등만 파악할 수 있을 뿐이라면 용이하게 역설계가 가능하다는 이유만으로 영업비밀이 될 수 없다고 할 수 없다.[133]

▶ 역설계로 영업비밀을 취득하는 것이 금지되는지

Q. 乙은 영업비밀로 보호되는 甲 회사의 기술정보를 역설계의 방법으로 기존에 보호되는 기술정보와 동일한 내용의 제조방법을 취득하는 데 성공하였다. 이처럼 영업비밀로 보호되는 정보를 역설계의 방법으로 동일하게 취득하는 것이 금지되는지?

A. 기술정보가 영업비밀로 보호된다고 하더라도 다른 선의의 경쟁자가 역설계와 같은 합법적인 방법에 의하여 타인의 기술정보와 동일한 내용의 제조방법을 취득하는 것 자체가 금지되는 것은 아니다.[134] 이는 영업비밀 보유 회사와 경쟁관계에 있는 회사의 영

---

132 대법원 1999. 3. 12. 선고 98도4704 판결 참조.
133 각주 63) 참조.
134 각주 52) 참조.

업활동의 문제, 존속기간이 정해져 있는 특허권 등의 보호와 비교하여 영업비밀 보유 회사에게 필요 이상의 과다한 법적 보호 등 형평성 문제 등의 이유와 연결되기 때문이다.

▶ 상대방의 영업상 주요한 자산을 역설계로 알아내면 상대의 정보는 비공지성 상실로 더 이상 영업상 주요한 자산이 아닌 것인지

Q. 乙은 비밀유지조치를 취하지 아니한 채 판매 등으로 공지된 甲 회사의 K 제품을 역설계로 제품의 정보를 획득하는 것이 가능하였다. 이 경우 비밀조치를 취하지 않아 불특정 다수인에게 공개되었으므로 K 제품은 영업상 주요한 자산이라고 할 수 없는 것인지?

A. 비밀유지조치를 취하지 아니한 채 판매 등으로 공지된 제품의 경우, 역설계를 통한 정보의 획득이 가능하다는 사정만으로 그 정보가 불특정 다수인에게 공개된 것으로 단정할 수는 없다. 다만, 그것이 상당한 시간과 노력 및 비용을 들이지 않고도 통상적인 역설계 등의 방법으로 쉽게 입수 가능한 상태에 있는 정보라면 보유자를 통하지 아니하고서는 통상 입수할 수 없는 정보에 해당한다고 보기 어렵다고 할 것이므로 영업상 주요한 자산에 해당하지 않는다고 할 것이다.[135]

▶ 샘플 자체만으로는 역설계가 극히 불가능한 제품을 영업상 주요한 자산이라고 할 수 있는지

---

[135] 대법원 2022. 6. 30. 선고 2018도4794 판결 참조.

Q. 甲 회사는 액체 상태의 혼합물인 K 샘플이 자신의 유용한 기술상 또는 경영상의 정보이거나 그 사용을 통해 경쟁자에 대하여 경쟁상의 이익을 얻을 수 있는 정도의 영업상 주요한 자산이라고 주장한다. 그런데 K 샘플은 고도의 화학적 분석기법에 의하더라도 역설계가 거의 불가능하거나 극히 어렵다고 판단되었는데, 이 경우 K 샘플이 영업상 주요 자산이라고 할 수 있는지?

A. K 샘플을 통해 甲 회사 영업비밀의 역설계 즉, 원료의 종류나 제조원·원료 간 배합비율·원료 배합조건·원료 배합방법·기타 필요 공정·품질관리기법 등 유용한 기술상의 정보를 알아내는 것이 거의 불가능하거나 극히 어렵다고 판단될 경우, 설령 甲 회사의 경쟁자가 K 샘플을 취득한다고 하더라도, 그 샘플 자체만으로는 甲 회사와의 관계에서 어떠한 제조·생산 등과 관련된 경쟁상의 이익을 얻을 수 있다고 보이지 않는다면, K 샘플 자체만으로는 그 사용을 통해 경쟁자에 대하여 경쟁상의 이익을 얻을 수 있는 정도의 영업상 주요 자산이라고 단정할 수 없다.[136]

⒤ 소송(법적조치)과 영업비밀

부정경쟁방지 및 영업비밀 보호에 관한 법률 위반(영업비밀누설 등)의 점을 판단함에 있어 단계별 순서 및 인정 이유에 대한 예시를 정리하면 다음 표와 같다.

---

[136] 서울중앙지방법원 2017. 1. 19. 선고 2015고단5275 판결 참조.

부정경쟁방지 및 영업비밀보호에 관한 법률 위반(영업비밀누설등)의 점에 대한 판단 순서			
①	영업비밀 보유 여부	기술상·영업상의 노하우를 최초로 생산·개발한 자뿐만 아니라 그로부터 정당하게 양수받은 자나 실시권 허여(라이선스)계약에 의하여 영업비밀의 실시권(사용권)을 얻은 자 등 법적으로 유효한 거래행위에 의하여 취득한 경우 등과 같이 정당한 권원에 의하여 취득한 자인지 여부를 판단한다.		
②	영업비밀 해당 여부	비공지성	비밀 관리성	경제적 유용성
③	부정한 목적 인정 여부	'부정한 목적'을 인정한 예시 ㉠ 피고인은 영업비밀임을 잘 알고 있었을 것으로 보인다. ㉡ 피고인은 자료 전체를 유출하려고 시도하다가 실패하였다. ㉢ 피고인은 유출사실 은폐를 위해 반출한 업무용 노트북을 포맷하였다. ㉣ 유출할 수 없다는 것을 알면서도, 무단 유출을 적극 요구하였다.		
④	영업비밀의 '누설' 및 '취득' 해당 여부	'취득'을 인정한 예시 일부 자료가 협력회사와 공유되었다고 하더라도, 피해자 회사와 협력회사 사이의 임가공 계약이 종료되면 협력회사는 피해자 회사로부터 지득하게 된 영업비밀을 전부 폐기하여야 하는바, 피고인이 임가공계약 종료 후 자료를 새롭게 취득한 행위는 영업비밀의 '취득'에 해당한다.		

▶ **영업비밀침해 소송을 하기 위해 영업비밀 보유자가 소송 과정에서 취해야 할 중요사항은**

Q. 甲 회사는 퇴직자인 乙이 자사의 영업비밀을 부정취득한 사

실을 인지하였고, 이에 법원에 영업비밀 침해금지 청구의 소를 진행하려고 한다. 이때 영업비밀 보유자인 甲 회사가 취해야 할 사항은?

A. 첫째, 비밀성을 잃지 않는 범위 내에서 영업비밀을 구체적으로 특정하여야 한다(ex, 퇴직자가 영업비밀을 복제하여 자신이 사용하는 노트북에 복제하였다면 영업비밀의 존재와 범위를 파악하는 데 어려움이 없었을 것이고, 해당 기술이 재직기간 동안 퇴직자가 직접 제작하여 어떻게 개발되었는지 등 내용을 알 수 있는 사정이라면 사용자로서는 굳이 해당 기술파일의 기능을 일일이 적시하지 아니하였다고 하더라도 영업비밀이 특정되지 아니하였다고 단정할 수 없다).[137]

둘째, 상당한 정도의 기술력과 노하우를 가지고 경쟁사로 전직하여 종전의 업무와 동일 유사한 업무에 종사하는 퇴직자를 상대로 영업비밀 침해금지를 구하는 경우 영업비밀 자체의 내용뿐만 아니라 퇴직자의 근무기간, 담당업무, 직책, 영업비밀에의 접근 가능성, 전직한 회사에서 담당하는 업무의 내용과 성격, 사용자와 퇴직자가 전직한 회사와의 관계 등 여러 사정이 고려 대상임을 명심하여야 한다.[138]

---

[137] 법원판단 - 영업비밀 침해행위의 금지를 구함에 있어서는 법원의 심리와 상대방의 방어권 행사에 지장이 없도록 그 비밀성을 잃지 않는 한도에서 가능한 한 영업비밀을 구체적으로 특정하여야 하고, 어느 정도로 영업비밀을 특정하여야 하는지는 영업비밀로 주장된 개별 정보의 내용과 성질, 관련 분야에서 공지된 정보의 내용, 영업비밀 침해행위의 구체적 태양과 금지청구의 내용, 영업비밀 보유자와 상대방 사이의 관계 등 여러 사정을 고려하여 판단하여야 한다(대법원 2013. 8. 22자 2011마1624 결정 참조).

[138] 특히 상당한 정도의 기술력과 노하우를 가지고 경쟁사로 전직하여 종전의 업무와 동일 유사한 업무에 종사하는 근로자를 상대로 영업비밀 침해금지를 구하는 경우 사용자가 주장하는 영업비밀이 영업비밀로서 요건을 갖추었는지 및 영업비밀로서 특정이 되었는지 등을 판단

▶ **영업비밀을 부정취득하였으나 실제 사용하지는 않은 경우, 회사에 대한 손해배상책임이 있는지**

Q. 乙은 甲 회사에 재직하는 동안 허가 없이 업무 관련 파일을 복사하는 등 회사의 영업비밀을 부정취득하였으나, 실제 사용하지는 않았다. 이 경우 乙은 영업비밀을 실제 사용하지 않았으므로 甲 회사에 대한 손해배상책임이 없는 것인지?

A. '영업비밀'이나 '영업상 주요 자산'인 자료 등을 부정취득한 자는 그 취득한 영업비밀 등을 실제 사용하였는지 여부와 관계없이 부정취득행위 자체만으로 영업비밀 등의 경제적 가치를 손상시킴으로써 영업비밀 등 보유자의 영업상 이익을 침해하여 손해를 입힌다고 봄이 타당하다.[139] 따라서 乙이 甲 회사로부터 허가를 받지 않고 업무 관련 파일을 복사함으로써 회사의 영업비밀을 부정취득하는 침해행위를 하였으므로, 이로 말미암아 甲 회사가 입은 손해를 배상할 책임이 있다. 이 경우 영업비밀 침해행위라는 불법행위가 인정되는 이상 민사상 일반원칙에 따라 손해배상청구권이 발생한다. 따라서 甲 회사는 민법 제750조에 따라 손해배상청구권이 발생하고, 아울러 「부정경쟁방지법」 제11조에서도 손해배상청구권이 발생하여 선택적 청구가 가능하다. 단 「부정경쟁방지법」 제11조와 관련하여 동 법 제14조의 2에서는 손해액 입증에

함에 있어서, 영업비밀 자체의 내용 뿐만 아니라 근로자의 근무기간, 담당업무, 직책, 영업비밀에의 접근 가능성, 전직한 회사에서 담당하는 업무의 내용과 성격, 사용자와 근로자가 전직한 회사와의 관계 등 여러 사정을 고려하여야 한다(대법원 2003. 7. 16.자 2002마4380 결정 참조).

[139] 대법원 2011. 7. 14. 선고 2009다12528 판결, 대법원 2017. 9. 26. 선고 2014다27425 판결 참조.

관한 특칙 규정을 두고 있다.

여기서 잠깐!
법원이, 피고인에 대해 "자체적으로 만들었다고 주장하는 도면의 제출을 요구"했음에도 제출하지 아니하는 경우, 이러한 점이 판결에 영향을 미칠까? - 법원이 피고인의 혐의를 인정하며 밝힌 이유

甲은 乙 회사의 영업비밀인 K(설계도면)를 침해한 혐의로 기소되어 재판을 받고 있는데, 재판에서 본인은 "시중에서 판매되는 제품을 역설계의 방법을 통하여 K를 알아내었을 뿐, 乙 회사의 영업비밀을 침해한 사실이 없다"고 주장하고 있으나, 정작 甲이 자체적으로 제작하였다는 실시제품의 설계도면을 제출하지 못하고 있다 (수원지방법원 2019. 10. 30.자 결정 2019카합10295 결정 참조).

▶ **약정 또는 의무이행에 반하여 직무발명의 내용이 공개되도록 한 행위가 영업비밀 누설에 해당하는지**

Q. 직무발명에 대한 권리를 사용자 등에게 승계한다는 취지를 정한 약정 또는 근무 규정을 적용 받는 종업원 등이 비밀유지 및 이전절차협력 의무를 이행하지 아니한 채 직무발명의 내용이 공개되도록 하는 행위가 곧바로 「부정경쟁방지법」 제18조 제2항[140]에서 정한 영업비밀 누설에 해당하는지?

---

[140] 「부정경쟁방지법」 제18조(벌칙) ① 영업비밀을 외국에서 사용하거나 외국에서 사용될 것임을 알면서도 다음 각 호의 어느 하나에 해당하는 행위를 한 자는 15년 이하의 징역 또는 15억 원 이하의 벌금에 처한다. 다만, 벌금형에 처하는 경우 위반행위로 인한 재산상 이득액의 10배에 해당하는 금액이 15억 원을 초과하면 그 재산상 이득액의 2배 이상 10배 이하의 벌금에 처한다.

A. 발명자주의에 따라 직무발명을 한 종업원에게 원시적으로 발명에 대한 권리가 귀속되는 이상 위 권리가 아직 사용자 등에게 승계되기 전 상태에서는 유기적으로 결합된 전체로서의 발명의 내용 그 자체가 사용자 등의 영업비밀로 된다고 볼 수는 없으므로 특별한 사정이 없는 한 그와 같은 직무발명의 내용 공개가 곧바로 「부정경쟁방지법」 제18조 제2항에서 정한 영업비밀 누설에 해당한다고 볼 수는 없다.[141]

⚖ 관련조문 - 「발명진흥법」

제58조(벌칙) ① 제19조를 위반하여 부정한 이익을 얻거나 사용자등에 손해를 가할 목적으로 직무발명의 내용을 공개한 자에 대하여는 3년 이하의 징역 또는 3천만 원 이하의 벌금에 처한다.
② 제31조의 7을 위반한 자는 1년 이하의 징역 또는 1천만 원 이하의 벌금에 처한다. 〈신설 2023. 1. 3.〉
③ 제1항의 죄는 사용자등의 고소가 있어야 공소를 제기할 수 있다. 〈개정 2023. 1. 3.〉

---

1. 부정한 이익을 얻거나 영업비밀 보유자에 손해를 입힐 목적으로 한 다음 각 목의 어느 하나에 해당하는 행위
  가. 영업비밀을 취득·사용하거나 제3자에게 누설하는 행위
  나. 영업비밀을 지정된 장소 밖으로 무단으로 유출하는 행위
  다. 영업비밀 보유자로부터 영업비밀을 삭제하거나 반환할 것을 요구받고도 이를 계속 보유하는 행위
2. 절취·기망·협박, 그 밖의 부정한 수단으로 영업비밀을 취득하는 행위
3. 제1호 또는 제2호에 해당하는 행위가 개입된 사실을 알면서도 그 영업비밀을 취득하거나 사용(제13조 제1항에 따라 허용된 범위에서의 사용은 제외한다)하는 행위
② 제1항 각 호의 어느 하나에 해당하는 행위를 한 자는 10년 이하의 징역 또는 5억 원 이하의 벌금에 처한다. 다만, 벌금형에 처하는 경우 위반행위로 인한 재산상 이득액의 10배에 해당하는 금액이 5억 원을 초과하면 그 재산상 이득액의 2배 이상 10배 이하의 벌금에 처한다.

[141] 대법원 2012. 11. 15. 선고 2012도6676 판결 참조.

제19조(비밀유지의 의무) ① 종업원등은 사용자등이 직무발명을 출원할 때까지 그 발명의 내용에 관한 비밀을 유지하여야 한다. 다만, 사용자등이 승계하지 아니하기로 확정된 경우에는 그러하지 아니하다. 〈개정 2013. 7. 30.〉
② 제18조 제3항에 따라 자문위원으로 심의위원회에 참여하거나 참여하였던 사람은 직무상 알게 된 직무발명에 관한 내용을 다른 사람에게 누설하여서는 아니 된다. 〈신설 2013. 7. 30.〉

 **여기서 잠깐!**
영업비밀을 연구 목적으로의 사용으로 허락하였지만, 판매 등의 방법으로 사용한 경우, 소송전략

기존 기술보다 진보된 기술 연구를 위해 기존에 보유한 영업비밀을 제한적으로 제공하여 연구개발 용역을 의뢰하는 경우가 있다. 그런데 건네받은 영업비밀을 연구 목적이 아닌 판매 등 목적으로 활용하여 자신의 사리사욕을 채우는 경우, 피해회사의 소송전략을 아래와 같이 소개한다.

우선 피해회사의 S 회로도가 영업비밀(비공지성, 경제적유용성, 비밀관리성)에 해당함을 입증하고, 그다음 침해회사가 제작하여 판매한 K 회로도가 S 회로도를 사용하여 제작 즉, 가해회사가 피해회사의 영업비밀을 사용하였음을 입증하여야 한다. 이때 S 회로도(피해회사)와 K 회로도(가해회사)의 대응되는 부분들을 비교하여 K 회로도를 작성할 때 S 회로도를 보면서 작성하거나 S 회로도를 수정하여 만들지 않는 한 생기기 어려울 정도의 유사성이 두 회로도 사이에 존재한다면, 가해회사는 S 회로도를 사용하여 K 회로도를 만들었다고 인정할 수 있다. 아울러 회로도는 일정 수준 이상 복잡해지면 작성자라 하더라도 소자의 특성값

등 세부적인 사항을 다 기억하기는 어려운 점을 참작할 필요가 있다(서울중앙지방법원 2019. 10. 18. 선고 2018노3239 판결 참조).

▶ **침해회사의 구체적인 영업이익률 및 영업비밀이 침해회사의 매출액에 기여한 비율을 알 수 없는 경우, 손해액 산정 방법은**

Q. 영업비밀 침해회사의 총매출액과 영업이익은 확인되나, 구체적인 영업이익률을 알 수 없고 영업비밀이 침해회사의 매출액에 기여한 비율을 정확하게 산정하기 매우 어려운 경우, 그러한 침해행위로 인한 손해배상 산정 방법은?

A. 영업이익률 및 기여율 등 구체적인 손해액을 산정하기 어려워 그 손해액을 입증하는 것이 해당 사실의 성질상 극히 곤란한 경우, 침해행위로 인한 손해배상액을 「부정경쟁방지법」 제14조의 2 제2항이 아닌 동법 제14조의 2 제5항에 따른 손해액의 산정으로 그 손해배상을 명할 수 있다.[142] 이 경우 피해회사의 손해배상액을 산정하기 위해서는 영업비밀 보유자의 영업비밀 보호기간(보호기간 동안 침해행위자의 총매출액과 영업이익을 살펴봐야 하기 때문)과 기여율이 정해서야 한다.

먼저 영업비밀 보호기간은 영업비밀인 기술정보의 내용과 난이도, 침해행위자나 다른 공정한 경쟁자가 독자적인 개발이나 역설계와 같은 방법으로 영업비밀을 취득할 수 있었는지 여부, 영업비밀 보유자의 기술정보 취득에 걸린 시간, 관련 기술의 발전 속

---

[142] 수원고등법원 2023. 9. 14. 선고 2022나21534 판결 참조.

도, 침해행위자의 인적물적 시설, 종업원이었던 자의 직업선택의 자유와 영업활동의 자유 등을 종합적으로 고려하여 정해져야 하고,[143] 물건의 일부가 영업비밀 침해에 관계된 경우에 침해자가 물건을 제작·판매함으로써 얻은 전체 이익에 대한 영업비밀의 기여율은 전체 물건에서 영업비밀의 침해에 관계된 부분이 필수적 구성인지 여부, 기술적·경제적 가치, 전체 구성 내지 가격에서 차지하는 비율 등을 종합적으로 고려하여 정하여야 한다.[144]

예를 들어 피해회사의 매출액과 영업이익 등이 다음 표와 같고, 보유하고 있는 정보에 대한 영업비밀 보호기간이 3년, 기여율이 70%라고 가정해 보자. 이 경우 침해회사가 피해회사의 정보를 사용하여 만든 유사제품이 판매되기 시작한 시점(00년도)부터 피해회사의 영업비밀 보호기간 종기(3년간)까지인 02년도까지 유사제품의 총매출액을 산정하여 위 같은 기간 동안 침해회사의 손익계산서에 따른 매출액과 영업이익을 기초로 유사제품의 추정 영업이익을 계산할 수 있다. 이렇게 계산된 유사제품의 추정 영업이익이 38,400,000원이라면, 유사제품의 추정 영업이익에 피해회사 영업비밀의 기여율을 곱한 금액인 26,880,000원(= 38,400,000원 × 70%, 원 미만 버림)이 법 제14조의 2 제5항에 따른 영업비밀 침해에 따른 손해배상액이 된다.

---

[143] 각주) 86 참조.
[144] 각주) 86 참조.

(단위: 원)

사업 연도	총매출액 (원) (A)	영업이익 (원) (B)	영업 이익율 (%) (B/A)	유사 제품의 매 출액(원) (C)	유사 제품의 추정 영업이익 (원) (C× B/A)
00년도	100,000,000	30,000,000	30	25,000,000	7,500,000
01년도	100,000,000	50,000,000	50	45,000,000	22,500,000
02년도	50,000,000	20,000,000	40	21,000,000	8,400,000
합계				91,000,000	38,400,000

관련조문 - 「부정경쟁방지법」

제14조의 2(손해액의 추정)

② 부정경쟁행위, 제3조의 2 제1항이나 제2항을 위반한 행위 또는 영업비밀 침해행위로 영업상의 이익을 침해당한 자가 제5조 또는 제11조에 따른 손해배상을 청구하는 경우 영업상의 이익을 침해한 자가 그 침해행위에 의하여 이익을 받은 것이 있으면 그 이익액을 영업상의 이익을 침해당한 자의 손해액으로 추정한다. 〈개정 2011. 6. 30.〉

⑤ 법원은 부정경쟁행위, 제3조의 2 제1항이나 제2항을 위반한 행위 또는 영업비밀 침해행위에 관한 소송에서 손해가 발생된 것은 인정되나 그 손해액을 입증하기 위하여 필요한 사실을 입증하는 것이 해당 사실의 성질상 극히 곤란한 경우에는 제1항부터 제4항까지의 규정에도 불구하고 변론 전체의 취지와 증거조사의 결과에 기초하여 상당한 손해액을 인정할 수 있다. 〈개정 2011. 6. 30.〉

▶ **영업비밀 보유자가 침해자를 상대로 그 침해에 따른 손해배상 등 법적 조치를 구할 경우, 손해액 등에 대한 판단 시점은**

Q. 보유자가 영업비밀 침해에 따른 손해배상청구 및 영업비밀의 금지를 구할 경우 손해액에 관한 법원의 판단 시점은?

A. 영업비밀 침해에 따른 손해배상청구와 금지를 구하는 청구에 있어 각 청구에 대한 법원의 판단 시점은, 「부정경쟁방지법」 제11조에 의한 손해배상청구에 있어서는 '부정행위 즉, 침해행위가 행해진 시점'인데 반하여, 같은 법 제10조에 의한 금지 및 폐지 청구에 있어서는 금지 등을 명할 것인지 여부를 판단하는 시점까지 제조기술 즉, 영업비밀의 비공지성이 유지되어야 하기 때문에 '사실심 변론종결시'라고 할 수 있다.[145]

"영업비밀 침해금지 및 손해배상" 청구 소송에서의 '청구취지' 예시

청구취지

피고들은

가. 별지 1 목록 기재 각 영업비밀을 사용하거나 이를 제3자에게 공개하여서는 아니 되고,

나. 별지 1 목록 기재 각 영업비밀을 사용하여 별지 2 목록 기재 제품을 제조, 제조 위탁 또는 판매하여서는 아니 되며,

---

[145] 대전지방법원 2019. 11. 7. 선고 2016가합102720 판결 참조.

다. 피고들의 공장, 사무실, 창고, 영업소에 보관하고 있는 별지 2 목록 기재 제품 및 그 제작에 사용되는 생산설비를 폐기하라.

2. 피고들은 공동하여 원고에게 700,000,000원 및 그중 200,000,000원에 대하여는 이 사건 소장 부본 송달일의 다음 날부터, 나머지 500,000,000원에 대하여는 이 사건 2017. 11. 29.자 청구취지변경 신청서 부본 송달일의 다음 날부터 각 다 갚는 날까지 연 15%의 비율로 계산한 돈을 지급하라.

▸ 영업비밀침해로 인한 손해배상청구 시「부정경쟁방지법」제14조의 2 제2항을 주장하기 위해 입증해야 할 사항은

Q. 甲 회사는 乙이 甲의 영업비밀인 K 관련 자료를 무단 유출한 후 이를 이용하여 연구용역을 수주하여 연구용역비, 지원금 등으로 1억 원을 받았으므로 이 금액이 영업비밀 침해로 인한 甲의 乙에 대한 손해배상금이라고 주장하며「부정경쟁방지법」제14조의 2 제2항을 주장한다. 이러한 甲의 주장은 타당한 것인지?

A. 영업비밀 등을 취득함으로써 얻는 이익은 영업비밀 등이 가지는 재산가치이고, 재산가치는 영업비밀 등을 가지고 경쟁사 등 다른 업체에서 제품을 만들 경우, 영업비밀 등으로 인하여 기술개발에 소요되는 비용이 감소되는 경우의 그 감소분과 나아가 영업비밀 등을 이용하여 제품생산에까지 발전시킬 경우 제품판매이익 중 영업비밀 등이 제공되지 않았을 경우의 차액으로서 그러한 가치를 감안하여 시장경제원리에 따라 형성될 시장교환가격이다.

이에 「부정경쟁방지법」 제14조의 2에는 손해액의 추정 등에 관한 규정을 두고 있는데, 그중 제14조의 2 제2항[146]에서 영업비밀 침해자가 그 침해행위에 의하여 이익을 받은 것이 있으면 그 이익액을 영업상의 이익을 침해당한 자의 손해액으로 추정하는 규정이 있다.

다만 위 사안에서 乙이 연구용역 등으로 지급받은 1억 원 전부를 영업비밀 침해행위에 의한 이익 또는 영업비밀 등이 가지는 재산가치라고 단정할 수는 없다. 이는 乙이 甲의 영업비밀 등을 사용하여 절감할 수 있었던 비용 또는 연구용역비 등에서 영업비밀 외에 乙이 투입한 비용 등을 공제한 부분 등을 이익액이라고 볼 수 있는데, 이러한 입증은 영업비밀 침해로 손해를 보았다고 주장하는 자 즉, 甲이 하여야 하며 이러한 주장이 입증되어야만 비로소 동법 14조의 제2항에 의한 손해배상이 인정될 수 있다.[147]

▶ **형사처벌을 명하는 판결이 곧바로 민사상 손해배상책임으로 이어지는지**

Q. 乙은 甲 회사의 사무실에서 업무용 컴퓨터를 이용하여 甲 회사의 승낙 없이 회사의 대용량 하드 디스크 'D'에 저장된 모델들의 영업비밀을 포함한 개인정보, 데이터베이스 등 회사의 영업자

---

[146] 「부정경쟁방지법」제14조의 2 제2항 부정경쟁행위, 제3조의 2 제1항이나 제2항을 위반한 행위 또는 영업비밀 침해행위로 영업상의 이익을 침해당한 자가 제5조 또는 제11조에 따른 손해배상을 청구하는 경우 영업상의 이익을 침해한 자가 그 침해행위에 의하여 이익을 받은 것이 있으면 그 이익액을 영업상의 이익을 침해당한 자의 손해액으로 추정한다. 〈개정 2011. 6. 30.〉
[147] 대법원 1999. 3. 12. 선고 98도4704 판결 참조.

료들을 외장 하드에 복사, 저장하여 반출함으로써 업무상배임 등의 범죄 사실로 벌금 300만 원의 약식명령을 받았다. 이 경우 乙이 형사처벌을 받았으므로 甲 회사는 乙을 상대로 손해배상청구소송을 제기하면 형사판결에 근거하여 배상청구를 인정받을 수 있는지?

A. 민사재판에 있어서는 형사재판의 사실인정에 구속을 받는 것이 아니라고 하더라도 동일한 사실관계에 관하여 이미 확정된 형사판결이 유죄로 인정한 사실은 유력한 증거자료가 된다고 할 것이므로 민사재판에서 제출된 다른 증거들에 비추어 형사재판의 사실판단을 채용하기 어렵다고 인정되는 특별한 사정이 없는 한 이와 반대되는 사실을 인정할 수 없다.[148] 그러나 甲이 주장하는 사정과 제출된 증거만으로 乙의 불법행위로 甲에게 발생한 손해 및 구체적인 액수에 관한 증명이 없는 한 乙이 형사처벌을 받았다고 하여 손해배상액이 무조건 인용된다고 할 수는 없다.[149]

Ⅴ 소멸시효와 영업비밀

📖 미리 하는 학습

소멸시효가 뭐지? 영업비밀 사건에서 소멸시효가 쟁점이 되는 이유

내가 누군가에게 행사할 수 있는 권리를 일정기간 동안 행사하지 않은 경우 어떻게 될까? 기간 내에 권리를 행사하지 않았다는 사실만으로 나의 권리는 사라지고, 나

---

[148] 대법원 2021. 10. 14. 선고 2021다243430 판결 참조.
[149] 서울중앙지방법원 2023. 2. 10. 선고 2021가단5216578 판결 참조.

의 권리 불행사로 어떠한 행위를 하여야 할 상대방(의무자)은 의무를 면하게 되는 것이 소멸시효 제도이다. 이는 ① 법적안정성의 확보(일정기간 계속된 사실상태를 진정한 권리관계와 일치하는지 여부를 묻지 않고 권리관계를 인정하여 제3자의 신뢰를 보호), ② 입증곤란의 구제(일정한 사실상태의 지속으로 진정한 권리관계에 대한 증거가 사라져 증명 곤란의 당사자를 구제), ③ 권리행사의 태만(권리 위에 잠자는 자는 보호받을 가치가 없음)이라는 각각의 이유로 그 존재 이유를 설명한다. 이렇듯 시효제도의 존재 이유는 영속된 사실상태를 존중하고 권리 위에 잠자는 자를 보호하지 않는다는 데에 있고 특히 소멸시효에 있어서는 후자의 의미가 강하다(대법원 1992. 3. 31. 선고 91다32053 판결 참조).

따라서 영업비밀 보유자는 자신의 정보가 누군가에게 침해당하고 있음을 기간 내에 소제기 등의 방법으로 행사하여야 하며, 반대로 상대방(영업비밀 침해자로 지목된 자)은 정보 보유자의 권리행사가 기간을 도과한 소제기 즉, 소멸시효 완성으로 의무를 면하였다는 취지의 항변으로 맞서기 때문에 소멸시효가 쟁점이 된다.

관련법리

불법행위로 인한 손해배상청구권의 단기소멸시효 기산점이 되는 민법 제766조 제1항의 '손해 및 가해자를 안 날'이란 손해의 발생, 위법한 가해행위의 존재, 가해행위와 손해의 발생 사이에 상당인과관계가 있다는 사실 등 불법행위의 요건사실에 대하여 현실적이고도 구체적으로 인식하였을 때를 의미하고, 피해자 등이 언제 불법행위 요건사실을 현실적이고도 구체적으로 인식하였다고 볼 것인지는 개별적 사건에서 여러 객관적 사정을 참작하고 손해배상청구가 사실상 가능하게 된 상황을 고려하여 합리적으로 인정하여야 한다(대법원 2011. 11. 10. 선고 2011다54686 판결 등 참조).

▶ **영업비밀 침해에 대한 소멸시효는**

Q. 甲 회사는 乙이 자사의 영업비밀을 경쟁회사에 누설하는 등 영업비밀 침해 사실을 알고 있었으나, 평소 가족과 같은 관계를

유지했던 사이라 乙의 행동을 조금 더 지켜보고자 법적조치를 차일피일 미루고 있었다. 그러던 중 甲 회사는 乙의 행위를 용서할 수 없다고 판단하고 법적조치를 하려고 마음먹었다.

이때 영업비밀 침해행위에 대한 민사적 법적조치(ex, 금지 또는 예방 청구)를 할 수 있는 기간이 있는지?

A. 「부정경쟁방지법」 제14조에 따르면, "동법 제10조 제1항[150]에 따라 영업비밀 보유자가 그 침해행위에 의하여 영업상의 이익이 침해되거나 침해될 우려가 있다는 사실 및 침해행위자를 안 날로부터 3년간 행사하지 아니하면 시효로 소멸한다"고 명시하고 있다.[151]

따라서 甲 회사는 침해될 우려가 있다는 사실 및 침해행위자를 안 날부터 3년간 행사하지 아니하거나, 침해행위가 시작된 날부터 10년이 지난 때에는 乙의 영업비밀 침해행위에 대한 금지 또는 예방 청구를 할 수 없다.

▶ **「부정경쟁방지법」 제10조 제1항 소정의 영업비밀 침해행위의 금지 및 예방 청구권의 소멸시효 기산점을 위해 고려할 사항**

Q. 영업비밀 보유자가 영업비밀 침해행위의 금지 또는 예방을

---

150 「부정경쟁방지법」 제10조(영업비밀 침해행위에 대한 금지청구권 등) ① 영업비밀의 보유자는 영업비밀 침해행위를 하거나 하려는 자에 대하여 그 행위에 의하여 영업상의 이익이 침해되거나 침해될 우려가 있는 경우에는 법원에 그 행위의 금지 또는 예방을 청구할 수 있다.

151 「부정경쟁방지법」,제14조(영업비밀 침해행위 금지청구권 등에 관한 시효) 제10조 제1항에 따라 영업비밀 침해행위의 금지 또는 예방을 청구할 수 있는 권리는 영업비밀 침해행위가 계속되는 경우에 영업비밀 보유자가 그 침해행위에 의하여 영업상의 이익이 침해되거나 침해될 우려가 있다는 사실 및 침해행위자를 안 날부터 3년간 행사하지 아니하면 시효(時效)로 소멸한다. 그 침해행위가 시작된 날부터 10년이 지난 때에도 또한 같다.

청구할 경우, 소멸시효 기산점을 판단하기 위하여 고려해야 할 사항은

A. 민법 제166조 제2항의 규정에 의하면 부작위를 목적으로 하는 채권의 소멸시효는 위반행위를 한 때로부터 진행한다는 점 및 「부정경쟁방지법」 제14조의 규정 내용 등에 비추어 보면, 「부정경쟁방지법」 제10조 제1항이 정한 영업비밀 침해행위의 금지 또는 예방을 청구할 수 있는 권리의 경우, 그 소멸시효가 진행하기 위하여는 일단 침해행위가 개시되어야 하고, 나아가 영업비밀 보유자가 그 침해행위에 의하여 자기의 영업상의 이익이 침해되거나 또는 침해될 우려가 있는 사실 및 침해행위자를 알아야 한다.[152]

따라서 침해자에 대한 인식과 침해행위 개시, 그리고 영업비밀 보유자가 그러한 침해행위 또는 침해될 우려가 있는 사실을 인식했을 것이 고려되어야 한다.

▶ 단기 소멸시효 기산점의 산정 기준은

Q. 乙은 甲 회사(이하, 甲)로부터 비밀약정이 체결된 K 자료를 2018. 12. 12. 丙에게 유출하였고, 甲은 2019. 1. 초순경 이 사실을 지인으로부터 전해 듣게 되었다. 이에 甲은 乙에게 유출 여부 및 경위를 물었고 2019. 4. 5. 의도적인 유출은 없었다는 소명서를 받았다. 그러나 乙은 2019. 4. 11.에 이르러서야 없었던 일로 해달라며 甲에게 합의금 명목의 돈을 보냈으나, 甲은 같은 해 5. 30.에 이

---

[152] 대법원 1996. 2. 13.자 95마594 결정 참조.

르러서 乙을 고소하였고 아울러 2022. 2. 25. 손해배상청구 소송을 제기하였다. 그런데 乙은 침해행위가 있던 날인 2018. 12. 12. 또는 침해행위 있음을 들은 날인 2019. 1. 초순경부터 소멸시효가 진행되어 이 사건 소제기일인 2022. 2. 25.에는 단기소멸시효 3년이 경과한 상태라고 주장한다. 乙의 주장은 타당한지(이 경우 소멸시효 기산점은?)

A. 이 사건 관련 형사판결의 항소심은 2022. 1. 13. 선고되어 확정된 점을 종합하면, 甲이 이 사건 침해행위를 비롯하여 乙에게는 이 사건 계약에 따라 제3자에게 영업상 주요 자산을 누설해서는 안 될 업무상 임무가 있어 이 사건 침해행위가 업무상 배임에 해당하고「부정경쟁방지법」소정의 책임을 물을 수 있다는 등 그 관련 법규의 요건사실에 관하여 현실적이고 구체적으로 인식한 것은 고소장을 제출한 2019. 5. 30.경이라 보아야 할 것이고 아무리 그보다 이르게 본다고 하여도 2019. 4. 5. 乙로부터 소명서를 받고 나서야 설계도면의 유출 여부 및 유출경위를 구체적·최종적으로 알게 되었다고 봄이 타당하며 이를 기산점으로 하면 이 사건 소제

기일인 2022. 2. 25.에는 그 소멸시효 기간이 도과되지 아니하였다고 볼 것이다.[153] 따라서 乙의 단기소멸시효 (완성)주장은 타당하지 않아 이유 없다 할 것이므로, 甲의 乙에 대한 손해배상청구 소송은 정상적으로 진행된다.

▶ **「부정경쟁방지법」 제18조 제2항(영업비밀누설의 점)으로 형사처벌을 받은 자가 보유자로부터 손해배상청구 소송을 당하자, 소멸시효를 주장하는 경우, 시효 기산점의 산정은**

Q. 甲은 2018. 10. 11. 乙에 대한 고소장을 제출하여 2022. 1. 27. 유죄 판결이 확정되었고, 같은 해 6. 27. 乙을 상대로 영업비밀 침해로 인한 불법행위 손해배상청구 소송을 제기하였다. 그러자 乙은 2018. 10. 11. 고소장을 제출하였을 때 불법행위의 요건에 대하여 현실적·구체적으로 인식하고 있었으므로 그때부터 소멸시효가 진행되고, 그로부터 3년이 지난 후인 2022. 6. 27. 제기된 소의 시효는 완성되어 소멸하였다고 항변한다. 이와 같은 사안의 경우 손해배상청구권의 소멸시효는?

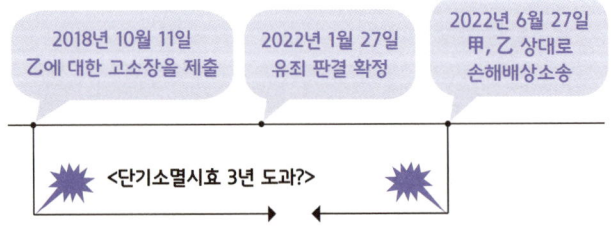

---

[153] 인천지방법원 2023. 3. 8. 선고 2022가단227045 판결 참조.

A. 甲은 형사재판 결과에 따라 위법한 가해행위와 그로 인한 손해를 특정할 수 있었다고 볼 수 있다. 그러므로 甲이 乙의 불법행위로 인하여 손해가 발생하였다는 사실을 구체적으로 인식한 시점은 乙에 대한 유죄판결이 확정된 2022. 1. 27. 무렵이라고 봄이 상당하다. 따라서 甲의 소제기는 그로부터 3년이 경과하기 전인 2022. 6. 27. 제기되었음은 기록상 명백하므로, 乙의 항변과 달리 손해배상청구권이 시효로 소멸하였다고 할 수 없다.[154]

▶ 법인이 소송당사자인 경우, 소멸시효의 기산점이 되는 '손해 및 가해자를 안 날'이란

Q. 불법행위로 인한 손해배상청구권의 소멸시효를 기산함에 있어, 불법행위의 피해자가 법인인 경우 단기 소멸시효의 기산점이 되는 '손해 및 가해자를 안 날'은?

A. 불법행위로 인한 손해배상청구권의 단기소멸시효의 기산점이 되는 「민법」제766조 제1항에 정한 '손해 및 가해자를 안 날'이란 손해의 발생, 위법한 가해행위의 존재, 가해행위와 손해의 발생과의 사이에 상당인과관계가 있다는 사실 등 불법행위의 요건사실에 대하여 현실적이고도 구체적으로 인식하였을 때를 의미하고, 피해자 등이 언제 불법행위의 요건사실을 현실적이고도 구체적으로 인식한 것으로 볼 것인지는 개별 사건에서의 여러 객관적 사정을 참작하고 손해배상청구가 사실상 가능하게 된 상황을 고

---

[154] 서울중앙지방법원 2023. 7. 18. 선고 2022가단5184920 판결 참조.

려하여 합리적으로 인정하여야 한다.[155]

따라서 불법행위의 피해자가 법인인 경우 단기 소멸시효의 기산점이 되는 '손해 및 가해자를 안 날'은 대표자가 안 때를 기준으로 판단한다.[156]

위약금 및 위약벌과 영업비밀

미리 하는 학습

위약금, 위약벌이란? 이것이 영업비밀 사건에서 자주 등장하는 이유

보통 계약 위반이 있는 경우에 위반자가 상대방에게 지급하기로 약정한 일정한 금전 기타 이익을 위약금이라 하고, 그러한 내용의 합의를 위약금약정이라고 한다. 위약금에 관하여 민법은 제398조 제4항에서 손해배상액의 예정으로 추정하고 있을 뿐이다. '손해배상액의 예정'이란 채무불이행 시 채무자가 지급하여야 할 손해배상의 액을 채권관계의 당사자들이 미리 계약으로 정하여 두는 것이다. 아울러 '위약벌'이란 계약위반(좁은 의미의 채무불이행)이 있으면 상대방이 이를 몰수(또는 몰취)하는 것을 말한다.

영업비밀(전직금지 포함) 사건의 경우 근로자가 종전회사와 영업비밀 준수서약서(또는 전직금지약정)에 서명하였음에도 퇴직 후(또는 근무 계속 중) 동종 경쟁업체에 정보를 누설하는 경우(전직금지의 경우, 금지기간이 지나지 않음에도 이직하는 경우 등)가 빈번히 발생함으로 인해 사용자 입장에서는 이를 방지할 장치가 필요한 것이고, 추후 영업비밀 누설로 인한 손해액의 입증 곤란을 해소하기 위해 분쟁의 예방(손해배상액의 예정의 경우) 또는 심리적 경고(위약벌의 경우)를 통해 이행확보를 갖기 위한 제재적 성격으로 원채권관계에 부과되는 추가 급부로서의 성격으로 반드시 필요한 조치라고 할 것이다.

---

[155] 대법원 1999. 9. 3. 선고 98다30735 판결, 대법원 2008. 4. 24. 선고 2006다30440 판결 등 참조.

[156] 수원지방법원 2023. 8. 23. 선고 2021나94635 판결 등 참조.

▶ **가맹계약에서 동종영업을 금지하며 이를 위반할 경우, 금전적 배상을 하기로 하는 위약금의 법적 성격은**

Q. 가맹계약, 이른바 프랜차이즈업을 하기 위해 체결된 가맹계약 존속 중 가맹본부가 가맹사업자로 하여금 동종영업을 하는 것을 금지하고 영업에 필요한 식자재 등 물품을 가맹본부가 지정한 업체로부터 공급받도록 하는 가맹계약에서 이를 어길 경우 금전적 배상을 하는 위약금의 법적 성격은?

A. 가맹계약 존속 중 가맹사업자로 하여금 동종영업을 하는 것을 금지하고 영업에 필요한 식자재 중 가맹본부가 사전에 지정한 물품을 가맹본부가 지정한 업체로부터 공급받도록 강제하기 위한 것으로 제재적 성격을 갖는 것이라면 위약금은 위약벌로 보는 것이 타당하다. 아울러 가맹계약에서 위약금 규정과 별도로 채무불이행으로 인한 손해의 배상에 관하여 실손해의 배상을 전제로 하는 조항(법 제38조)을 두고 있다면 이 점 역시 위약금을 위약벌로 보는 기준으로 작용할 것이다.[157]

▶ **영업비밀 누설 시 지급해야 하는 위약금 약정과 별개로 '손해배상 등을 할 수 있다'는 약정을 한 경우, 위약금의 법적 성격은**

Q. 甲은 乙과 타이어 판매 점포 운영 위수탁계약을 체결하면서 "운영 중 취득한 고객정보를 유출하거나 영업비밀 준수 의무를 하지 않은 경우 1억 원을 배상한다"는 위약금 약정과 이에 더하여 별도의 손해배상청구를 할 수 있다는 계약을 체결하였다. 그런데

---

[157] 서울서부지방법원 2023. 4. 19. 선고 2022가단217646 판결 참조.

乙은 관련 형사재판에서 甲의 영업비밀을 누설하여 500만 원의 벌금형을 받았다. 이 경우 乙이 甲에게 지급해야 할 위약금의 법적 성격은?

A. 乙은 위수탁 계약상의 영업비밀인 고객정보를 개인적인 목적으로 사용하여 영업비밀준수의무 위반하였다 할 것이므로 甲에게 특별한 사정이 없는 한 위약금으로 1억 원을 지급할 의무가 있다. 다만 위약금 1억 원 외에 별도로 손해배상청구가 가능하다는 계약조항은 乙의 의무위반 행위로 인해 甲이 입은 손해 중 위약금의 범위 내의 손해를 위약금으로 그 배상에 갈음하고 이를 초과하는 손해가 있으면 그에 대한 손해배상책임을 진다는 취지로도 해석 가능한 점 등에 비추어 보면, 위 위약금 약정이 위약벌의 성격만을 가진다고 보기 어렵다.

따라서 1억 원의 위약금은 위약벌로서 감액할 수 없다는 주장은 받아들여지지 않을 것이며, 그 결과 이에 대한 법적 성격은 손해배상의 예정액이라고 보는 것이 타당하다.[158]

☞ "운영 중 취득한 고객정보를 유출하거나 영업비밀 준수 의무를 하지 않은 경우 1억 원을 배상한다"는 약정은 일반적으로 위약벌이 아닌 위약금으로 해석된다.

> **관련법리**
>
> 당사자 사이에 채무불이행이 있으면 위약금을 지급하기로 하는 약정이 있는 경우에 위약금이 손해배상액의 예정인지 위약벌인지는 계약서 등 처분문서

---

[158] 대전지방법원 2023. 1. 11. 선고 2022가단224 판결 참조.

의 내용과 계약의 체결 경위 등을 종합하여 구체적 사건에서 개별적으로 판단할 의사해석의 문제이고, 위약금은 민법 제398조 제4항에 의하여 손해배상액의 예정으로 추정되지만, 당사자 사이의 위약금 약정이 채무불이행으로 인한 손해의 배상이나 전보를 위한 것이라고 보기 어려운 특별한 사정, 특히 하나의 계약에 채무불이행으로 인한 손해의 배상에 관하여 손해배상예정에 관한 조항이 따로 있다거나 실손해의 배상을 전제로 하는 조항이 있고 그와 별도로 위약금 조항을 두고 있어서 위약금 조항을 손해배상액의 예정으로 해석하게 되면 이중배상이 이루어지는 등의 사정이 있을 때에는 위약금은 위약벌로 보아야 한다(대법원 2016. 7. 14. 선고 2013다82944, 82951 판결 등 참조).

위약금은 손해배상액의 예정으로 추정되므로(민법 제398조 제4항), 위약금을 위약벌로 해석하기 위해서는 이를 위약벌로 인정할 만한 특별한 사정이 있어야 한다.

위약금의 법적 성격을 판단할 때에는 계약을 체결할 당시 위약금과 관련하여 사용하고 있는 명칭이나 문구뿐만 아니라 계약당사자의 경제적 지위, 계약 체결의 경위와 내용, 위약금 약정을 하게 된 경위와 그 교섭 과정, 당사자가 위약금을 약정한 주된 목적, 위약금을 통해 그 이행을 담보하려는 의무의 성격, 채무불이행이 발생한 경우에 위약금 이외에 별도로 손해배상을 청구할 수 있는지 여부, 위약 금액의 규모나 전체 채무액에 대한 위약금액의 비율, 채무불이행으로 발생할 것으로 예상되는 손해액의 크기, 그 당시의 거래관행 등 여러 사정을 종합적으로 고려하여 합리적으로 판단하여야 한다(대법원 2016. 7. 14. 선고 2012다65973 판결, 대법원 2020. 11. 12. 선고 2017다275270 판결 등 참조).

위약금 약정이 손해배상액의 예정과 위약벌의 성격을 함께 가지는 경우 특별한 사정이 없는 한 법원은 당사자의 주장이 없더라도 직권으로 민법 제398

조 제2항에 따라 위약금 전체 금액을 기준으로 감액할 수 있다(대법원 2018. 10. 12. 선고 2016다257978 판결 참조). 이때 그 금액이 부당하게 과다한지는 채권자와 채무자의 각 지위, 계약의 목적과 내용, 위약금 약정을 한 동기와 경위, 계약 위반 과정, 채무액에 대한 위약금의 비율, 예상 손해액의 크기, 의무의 강제를 통해 얻는 채권자의 이익, 그 당시의 거래관행 등 모든 사정을 참작하여 일반 사회 관념에 비추어 위약금의 지급이 채무자에게 부당한 압박을 가하여 공정성을 잃는 결과를 초래한다고 볼 수 있는지를 고려해서 판단해야 한다(대법원 2002. 12. 24. 선고 2000다54536 판결, 대법원 2016. 1. 28. 선고 2015다239324 판결 등 참조).

▶ **전직금지약정 위반 시 근로자의 과다한 지급채무에도 불구하고 전직에 대한 보상은 하지 않기로 한 경우, 약정에 대한 해석은**

Q. 회사(사용자)가 근로자와 전직금지약정을 체결하면서 근로자가 받는 보수에 비해 현저히 과다한 위약금 지급채무를 부담하는 조항을 삽입하였다. 그러면서도 근로자에게 퇴직 후 전직금지에 따른 별다른 보상을 하지 않기로 한 경우, 이에 대한 약정(처분문서)에 대한 해석은?

A. 전직금지약정에 근로자가 사용자로부터 별다른 대가를 수령하지 않음에도 위반 시 보수에 비해 현저히 과다한 위약금(ex, 1억 원) 조항을 규정한 경우 해당 조항은 제한적으로 해석해야 한다.

위 약정 중 "계약기간 중 사용자의 서면 동의 없이 영업비밀이 누설될 수 있는 동종, 유사업체의 학원을 운영하거나 자문, 고문, 기타 방법으로 해당 업체에 협력하는 것을 금지" 부분은 처분문서

해석의 법리 및 근로자가 사용자로부터 이와 관련하여 별다른 대가를 수령함이 없이 그 위반 시 근로자가 지급받는 보수에 비해 현저히 과다한 금원(1억 원)의 위약금 지급채무를 부담함에 비추어 그 문언내용은 "근로자가 영업비밀을 누설하거나 누설한 현저한 위험이 있는 경우로" 엄격하게 해석함이 상당하다고 할 것이다.[159]

▶ 위약벌의 일부 무효가 가능한지

Q. 乙은 甲의 영업비밀보호 등과 관련하여 서약서를 작성하였는데, 위 서약서에는 "乙이 甲의 허가 없이는 甲의 판매 제품에 대한 단가, 마진 등에 관한 사항, 거래처에 관한 정보 등에 관한 서류(전자파일 포함)를 복사하거나 제3자에게 누설하지 않으며, 위반하는 경우 위반행위 1회당 5,000만 원을 위약벌로 지급한다"는 내용이 포함되어 있다. 乙은 약정한 위약벌에 대해 일부 무효라는 주장을 하는바, 인용될 수 있는지?

※ 참고로 해당 서약서는 손해배상 조항을 두고 있으며, 이와 별도로 위약벌도 규정하고 있다.

A. 위 서약서상 "서약을 위반하는 경우 민형사상 책임을 부담하는 것과는 별도로 위약벌을 지급한다"고 명시하고 있고, 서약서 말미에도 "서약사항을 위반할 경우 위약벌을 지급함은 물론 그 위반행위로 회사에 손해를 끼친 경우 손해액을 변상하겠다"고 규정하고 있다.

---

[159] 서울남부지방법원 2023. 10. 26. 선고 2022가단245901 판결 참조.

이처럼 서약서는 실손해 배상을 전제로 하는 조항을 따로 두면서 이와는 별도로 위약벌을 지급해야 한다고 규정하고 있으므로, 서약서 내용(서약을 위반하는 경우 민형사상 책임을 부담하는 것과는 별도로 위약벌을 지급)은 채무의 이행을 확보하기 위하여 손해배상과는 별도로 위약벌을 규정한 것이라고 보아야 한다(손해배상의 예정과 다르므로 민법 제398조 제2항을 유추 적용하여 감액할 수 없음). 다만, 위약벌 약정의 경우 그 의무의 강제에 의하여 얻어지는 채권자의 이익에 비하여 약정된 벌이 과도하게 무거울 때에는 그 일부 또는 전부가 공서양속에 반하여 무효로 된다. 그런데 당사자가 약정한 위약벌의 액수가 과다하다는 이유로 법원이 계약의 구체적인 내용에 개입하여 약정의 전부 또는 일부를 무효로 하는 것은, 사적자치의 원칙에 대한 중대한 제약이 될 수 있고, 스스로가 한 약정을 이행하지 않겠다며 계약의 구속력에서 이탈하고자 하는 당사자를 보호하는 결과가 될 수 있으므로, 가급적 자제해야 한다.[160] 아울러 단순히 위약벌 액수가 많다는 이유만으로 섣불리 무효라고 판단할 일은 아니라고 할 것이니, 이러한 견지에도 불구하고 이 사건은 위반행위의 경중을 가리지 않고 위반행위 1회당 5,000만 원을 위약벌로 규정한 것은 그 자체로 과다한 점이 고려될 필요가 있다.

따라서 위 복사행위에 대하여 1,000만 원을 넘는 부분의 위약벌 약정은 의무의 강제에 의하여 얻어지는 甲의 이익에 비하여 약정된 벌이 과도하게 무거워 공서양속에 반하여 무효라고 보는 것이

---

[160] 대법원 2016. 1. 28. 선고 2015다239324 판결 참조.

타당하다.[161]

※ 일부 무효 가능

여기서 잠깐!
근로자가 사용자에게 지급하기로 약정한 위약금이 '손해배상의 예정'인지, '위약벌'인지 판단기준

채무불이행의 경우에 채무자가 채권자에게 지급하기로 약정한 위약금이 손해배상액의 예정인지 위약벌인지는 기본적으로 당사자의 의사해석에 달려있는 것이지만, 그 의사가 명백하지 않은 경우에 위약금의 약정은 손해배상의 예정으로 추정한다(민법 제398조 제4항).
따라서 위약금의 약정이 손해배상의 예정이 아닌 위약벌의 약정이라고 주장하는 사람은 이를 증명하여야 한다(대법원 2012. 2. 23. 선고 2011다86805 판결 등 참조).

ⓧ 회사규모와 영업비밀

▶ **회사규모(대기업·중소기업·개인사업자 등)에 따라 비밀관리성 판단이 달라질 수 있는지**

Q. 甲 회사는 자본금이 6억5천만 원이고, 직원은 30명 남짓한

---

161 법원판단 - 피고는 원고에게 1,500만 원(= 위약벌 1,000만 원 + 손해배상 500만 원) 및 이에 대하여 소장 부본 송달일 다음 날인 2021. 6. 15.부터 피고가 이행의무의 존재 여부나 범위에 관하여 항쟁하는 것이 타당하다고 인정되는 이 판결 선고일인 2023. 3. 28.까지 민법상 연 5%, 그다음 날부터 갚는 날까지 소송촉진 등에 관한 특례법상 연 12%로 계산한 지연손해금을 지급할 의무가 있다(서울남부지방법원 2023. 3. 28. 선고 2021가단236801 판결 참조).

회사이다. 甲 회사는 자사 서버에 저장된 가맹점 상호, 연락처, 과거 주문·배달·결제내역 등 정보가 '영업비밀'이라고 주장하는 상황에서 위와 같은 회사규모가 비밀관리성 판단의 고려 사항인지?

A. 구체적인 자본금과 직원의 수에 대해 어느 정도의 규모라고 특정할 수는 없지만, 회사의 규모와 자금력 등은 영업비밀의 비밀관리성 판단에 고려 사항임은 분명하다. 그 이유는 자금력이 부족한 소규모 회사(중소기업 포함)의 경우 대기업과 같은 수준의 비밀 유지·관리를 요구한다면, 자금력의 한계 등으로 영업비밀을 완벽하게 유지·관리하는 것이 사실상 불가능하기 때문이다.[162] 그러나 완화된 비밀관리성의 판단기준이 결코 비밀관리를 제대로 하지 않아도 된다는 것은 아니므로 아래와 같이 중소기업임을 감안하더라도 비밀관리성이 부정된 사례를 참고하길 바란다.

회사규모를 고려하더라도 비밀성관리성이 '부정'된 각 사례

참고판례 1(수원지방법원 2021노1349 판결)

가. 피해회사는 사내의 어떠한 자료가 영업비밀인지 규정하거나 보안교육을 실시하거나 직원들로부터 비밀유지서약서 또는 보안서약서를 받은 사실이 전혀 없는바, 피해회사가 직원 40명 내외, 연매출 45억 원 규모의 중소기업이라는 점에 비추어 봐도 위와 같은 비밀관리로서의 요건을 요구하는 것이 지나치게 과중하다고 보기 어렵다.

나. 피해회사는 ISO9001 시스템을 구축하였고, 위 시스템 중 '표준관리 프로세스'에 의하면 "회사표준은 사외비로 취급하나 필요한 경우 사외 반출

---

[162] 서울중앙지방법원 2017. 2. 15. 선고 2016노3163 판결 참조.

대장에 기록하여 반출한다"고 규정되어 있으나, 그러한 규정에 의하여 피해회사의 자료 및 문서가 실질적으로 관리되었음을 인정할 아무런 증거가 없다.

다. 피해회사는 NAS 시스템을 구축한 후 직급별, 부서별로 접근권한을 제한하는 아이디와 패스워드를 발급하기는 하였으나, 대표이사 및 상무의 아이디와 패스워드를 제외한 나머지 부서별 아이디와 패스워드는 최초 지급시 부서 관리자 모두에게 하나의 메일로 공지되어 다른 관리자들도 그 내용을 모두 공유하고 있었을 뿐 아니라 해당 부서가 아닌 다른 부서에서 저장한 자료에 대해서도 읽기, 저장 또는 출력 등이 가능하였다.

라. 피해회사는 직원들이 컴퓨터를 사용함에 있어서도 외부저장장치의 사용을 금지한다거나 특별히 보안을 요구하는 등의 조치를 취한 적도 없다.

마. 피해회사는 건물 외부에만 CCTV를 설치하였을 뿐 건물 내부에는 따로 CCTV를 설치하지 않았다.

참고판례 2(수원지방법원 2021고정584 판결)

1) 피해회사는 피고인을 비롯하여 직원 채용 시 '업무상 지득한 비밀을 누설하여서는 안 되며, 비밀을 누설할 경우 그에 따른 민·형사상 책임을 진다'라는 비밀누설금지 조항이 포함된 근로계약서와 '회사의 비밀을 외부에 공개하거나 누설하지 아니하며, 경쟁관계에 있는 회사나 기타 제3자에게 절대 사용하지 않겠습니다'라는 내용이 포함된 기업비밀보호 서약서를 작성받았다. 그러나 위 각 문서에는 어떤 정보가 피해회사의 영업비밀인지 구체적으로 나타나 있지 않다.

2) 피해회사는 영업비밀 취급에 관한 사내 규정 또는 지침을 두고 있지 않

고, 직원들에게 영업비밀 보호에 관한 교육을 제대로 하지 않았다.

3) 피해회사는 영업비밀을 관리하는 담당자를 지정하지 않았고, 이 사건 각 처방전을 비롯한 영업비밀과 일반 자료를 구분하여 관리하였던 것으로 보이지도 않는다.

4) 피해회사는 이 사건 각 처방전의 내용을 공장 벽면에 붙여놓는 등 출력된 영업비밀에 대한 접근을 제한하기 위한 조치를 하지 않았고, 인가받지 않은 개인용 USB, 외장 하드의 사용 제한 등 기본적인 보안조치도 하지 않았다.

5) 피해회사의 처방전에는 '영업비밀', 'Confidential', '대외비' 등 영업비밀임을 나타내는 기재가 되어있지 않다.

6) 피해회사는 처방전 작성 업무를 담당한 피고인과 I에게 업무용 노트북을 제공하였는데, 노트북은 그 특성상 휴대성이 높아 자료의 외부 유출 및 사용이 용이함에도 피고인과 I에게 처방전의 보호와 관리에 관해 따로 지시하거나 보고받은 것이 없고, 위 노트북과 개별 처방전 파일에 비밀번호를 설정하거나, USB 등 외부 저장장치의 접근을 제한하는 등 다른 직원이나 외부인의 접근을 제한하고, 피고인과 I이 처방전을 외부로 유출하는 것을 방지할 수 있는 조치를 취한 것도 없다.

회사규모를 고려하여 비밀관리성이 '인정'된 사례

참고판례 3(수원지방법원 2019고단515 판결)
가. 인정사실
① 특허 등에 대강의 원료물질 구성과 배합 비율은 공개되어 있으나, 개별 소유자의 요구에 맞춘 구체적인 제품에 관한 원료물질 구성과 배합비율은

피해회사에서 인력과 비용 및 시간을 투자하여 만들어낸 것이다.

②

㉠ 피해회사는 연구개발정보와 기술정보를 영업비밀로 규정하고, "회사의 동의를 받지 않은 자료의 반출 또는 사용을 금지한다"는 내용과 "퇴사 시 보유하고 있는 일체의 자료를 회사에 반환한다"는 내용이 담긴 '영업비밀 보호 서약서'를 직원의 입사 및 퇴사 때에 징구하고 있으며, 피고인 A도 이러한 서약서에 서명하였다.

㉡ 피해회사는 주기적으로 영업비밀보호를 위한 교육을 온라인 또는 오프라인으로 실시하고 있고, 피고인 A도 이러한 교육을 받았다.

㉢ 피해회사는 현실적으로 그 내용을 모두 지키지는 못하였으나 영업비밀 관리규정을 제정하고, 영업비밀 진단 컨설팅을 받기도 하였다.

㉣ 피해회사는 코팅제의 수요자 등에게 기술자료를 제공할 필요가 있을 때에는 비밀유지의무를 부과하여 이를 제공하고 있다.

㉤ 피해회사는 일부 제대로 시행되지 못한 경우도 있었으나 연구개발정보와 기술정보를 '극비(S급, Top Secret)'와 '비밀(A급, Confidential)'로 구분하고 관련 서류에 그러한 표시를 하였다.

㉥ 피해회사는 실제로는 제대로 지켜지지 않았으나 인가받지 않은 개인 USB 등의 사용을 원칙적으로 금지하였다.

㉦ 피해회사는 M에 의뢰하여 CCTV에 의한 감시, 출입증이나 지문인식에 의한 출입통제, 네트워크 보안(방화벽 설치 등에 의한 해킹 방지), 개별 PC 보안(필요시 M에 의뢰하여 개별 PC의 로그기록 및 다운로드기록 확인)등을 내용으로 하는 통합방범시스템을 구축하였다.

나. 판단

이러한 사실관계에 비추어 보건대, ① ㉠파일의 내용은 불특정 다수인에게 알려져 있지 않은 것으로서 피해회사를 통하지 아니하고는 그 정보를 통상 입수할 수 없는 것이라고 할 것이고, ㉡ 위 파일에 담긴 정보는 그 취득이나 개발에 상당한 비용과 노력이 필요한 것으로서 이를 보유한 자는 경쟁자에 비하여 수요자의 요구에 맞는 코팅제를 개발하는 시간과 노력을 줄일 수 있어 위 정보의 사용을 통하여 경쟁상의 이익을 누릴 수 있다고 인정되며, ㉢ 비록 피해회사가 예정하고 마련 한 정책이나 규정이 일부 제대로 지켜지지 않기도 하고 중소기업의 현실에서 비인가보조기억장치를 활용한 다운로드를 기술적으로 차단하는 등의 조치가 취하여지지는 않았지만 앞서 본 피해회사의 영업비밀 보호를 위한 조치의 내용이나 피해회사의 사업 규모와 경제적 능력 등에 비추어 보면 피해회사는 범죄일람표 (2) 기재 파일들을 합리적인 노력에 의하여 비밀로 유지하였다고 인정되므로, 범죄일람표(2) 기재 파일들은 '영업비밀'에 해당하고(대법원 2009. 7. 9. 선고 2006도7916 판결, 대법원 2019. 10. 31. 선고 2017도13791 판결 등 참조),

② 피고인 A가 위 파일들을 같은 표 기재 개발실험에 활용한 것은 위 파일에 담긴 영업비밀을 본래의 사용목적에 따라 연구개발업무에 활용한 것으로서 영업비밀의 '사용'에 해당한다(대법원 2009. 10. 15. 선고 2008도9433 판결 등 참조). 따라서 피고인 A에 대한 「부정경쟁방지법」 위반의 점도 유죄로 인정된다.

ⓨ 프랜차이즈(가맹사업)와 영업비밀

▶ 가맹본부가 가맹사업자에게 제공하는 '부자재'가 영업비밀인지

Q. 가맹본부 甲은 가맹계약에 따라 가맹사업자 乙에게 부자재(소스, 베이킹파우더 등)를 제공하였다. 그런데 乙은 지인에게 甲으로부터 받은 부자재를 제공하였는데, 이 경우 甲은 자신이 제공한 부자재가 영업비밀이라는 주장으로 乙을 상대로 영업비밀 침해 주장을 하는데 '부자재'가 영업비밀이라고 할 수 있는지?

A. 특별한 사정이 없는 한, 甲이 제공한 소스 등 유체물 자체가 영업비밀에 해당한다고 보기는 어렵고, 소스 등을 구성하고 있는 원재료의 종류와 배합비율, 배합방법 등 甲이 乙에게 공급한 소스 등의 맛을 구현하는 정보가 공공연히 알려져 있지 아니하고 독립된 경제적 가치를 가지는 것으로서, 비밀로 관리된 생산방법, 판매방법, 그 밖에 영업활동에 유용한 기술상 또는 경영상의 정보라는 조건을 갖추었을 때 비로소 영업비밀이 될 수 있을 뿐이다. 만약 소스 등 유체물을 제공받은 제3자가 이를 취득함으로써 소스 등으로 구현된 甲의 영업비밀에 해당하는 정보를 막바로 취득할 수 있다면, 그 소스 등 유체물 자체를 영업비밀과 동일하게 볼 수 있을 수는 있다.[163]

> ▶ **가맹본부가 건물소유자 동의 없이 가맹사업자와 전대차 계약을 체결한 사실을 알리지 않기로 하는 약정에도 불구하고 알린 경우, 가맹사업자는 비밀유지의무를 위반한 것인지**

Q. 가맹본부 甲(이하, 甲)은 건물소유자(임대인) K와 상가임대차 계약을 체결하였다. 甲은 K의 동의를 받지 아니하고 가맹사업

---

[163] 서울중앙지방법원 2023. 7. 19. 선고 2021가단5181863 판결 참조.

자 乙(이하, 乙)에게 전대하며 乙로 하여금 카페를 운영하도록 하는 가맹계약을 체결하였다. 그러면서 甲은 乙과, "乙은 계약 및 가맹점 운영상 알게 된 甲의 영업비밀을 계약기간은 물론 계약종료 후에도 제3자에게 누설해서는 안 된다"는 내용의 비밀유지약정을 하였다. 그러나 乙은 K에게 "甲이 K 동의 없이 자신과 전대차 계약을 체결"하였음을 알렸고, 이에 甲은 乙의 행위가 가맹계약에 따른 비밀유지의무 위반이라며 소송을 제기하였다. 甲의 청구는 인용될 수 있는지?

A. 甲과 乙 사이에 체결된 계약조항의 문언 및 체계와 목적 등에 비추어 볼 때 甲이 영업비밀이라고 주장하는 "甲이 K 동의 없이 乙과 전대차 계약을 체결했다는 사실"이 위 계약조항이 말하는 "계약 및 가맹점 운영상 乙이 알게 된 甲의 영업비밀"이라고 보기 어렵고, 「부정경쟁방지법」 제2조 제2호에서 정한 영업비밀이라고 볼 여지도 없다.

따라서 비록 乙이 甲과의 비밀유지의무를 위반하여 위 사실(K 동의 없이 乙과 체결한 전대차 계약)을 제3자에게 알렸다고 하더라도 영업비밀 준수 위반으로 인한 위약벌 책임을 부담한다고 할 수 없다.[164]

▶ **가맹본부의 귀책사유로 인하여 계약이 해지되어 종료된 경우, 전직금지약정 유효 여부**

Q. 乙은 가맹본부 甲과 "존속기간 및 해지 후 1년간 동종업종을

---

[164] 수원지방법원 2022. 10. 13. 선고 2021가합6942 판결 참조.

운영해서는 아니 된다"는 전직금지 조항이 포함된 가맹계약을 체결하고 영업하고 있던 중 가맹본부의 귀책사유로 계약을 해지하게 되었다. 이 경우 乙은 가맹계약에 포함된 전직금지 조항대로 1년간 동종영업 또는 취업을 해서는 안 되는지?

A. 통상적으로 가맹본부가 가맹점 사업자에 비해 우월한 협상력을 가지고 있고, 이에 따라 가맹점 사업자는 가맹본부가 제시하는 계약조건을 거부하기가 쉽지 않은 현실에서, 가맹계약에 포함된 전직금지약정은 가맹점 사업자의 직업선택의 자유와 권리 등을 제한하는 측면이 있으므로, 가맹점 사업자가 가맹본부와의 약정에 의하여 전직금지기간을 정한 경우에도, 가맹사업의 종류, 사업 영위 과정에서 가맹본부의 역할 및 비중, 계약종료 후 가맹점 사업자에 의한 영업비밀의 유출 위험 또는 기존 상권의 유용 가능성 등 제반 사정을 종합하여 전직금지약정으로 보호할 정도로 가치 있는 가맹본부의 이익이 있는지 여부를 기준으로 당해 약정의 유효 여부를 판단하여야 한다.

또한 직업선택의 자유가 과도하게 침해되는 결과가 초래되지 않게 하기 위해서는 가맹계약에 포함된 전직금지약정은 가맹본부의 귀책사유로 인하여 계약이 해지되어 종료된 경우에는 적용되지 않고, 계약기간 만료 또는 가맹점 사업자의 귀책사유로 인하여 계약이 종료된 경우에 한하여 적용되는 것으로 봄이 타당하다.[165]

☞ 가맹계약이 가맹본부의 귀책사유로 종료된 경우 전직금지약정은 가맹점 사업자에게 적용되지 않는다.

---

[165] 서울동부지방법원 2022카합10293 결정 참조.

▶ **외식 프랜차이즈, 가맹본부가 영업비밀이라고 주로 주장하는 정보와 그 인정 여부**

Q. 외식 프랜차이즈 가맹사업 등을 목적으로 설립된 회사가 주로 영업비밀이라고 주장하는 정보에는 어떤 것들이 있는지? 또한 이러한 정보들이 영업비밀로 인정될 수 있는 것인지?

A. 영업비밀 침해 여부가 문제되는 정보 중 주로 '레시피' 즉, 음식을 제조하기 위한 제조방법(ex, 로제떡볶이, 묵은지감자탕, 우거지감자탕, 감자탕 소스 등)과 '거래처 정보 및 재료 단가' 등을 자사의 영업비밀이라고 주장하는 경우가 많다. 그러나 대부분 제조방법이 영업비밀이라고 주장하면서도 그 제조방법의 내용이 무엇인지 구체적으로 특정하지 못하는 경우가 많다. 아울러 '거래처 정보 및 재료 단가'의 경우 거래처의 정보는 어렵지 않게 파악되는 것으로 판단되거나, 재료를 구입한 단가가 일반적인 거래에 의해 형성된 교환가격인 시가와 동일하거나 비슷한 수준이라는 이유 등으로 비공지의 독립된 경제적 가치를 가지는 정보로 인정되지 않고, 비밀로서 관리되지 않아 영업비밀이 부정되는 경우가 대부분이다.[166]

② 불법행위 방조자에 대한 공동불법행위 책임과 영업비밀

▶ **부(父)의 요청으로 부(父)가 근무하는 회사의 영업비밀 누설에 가담한 자녀의 회사에 대한 공동불법행위책임 여부**

---

[166] 서울중앙지방법원 2023. 8. 18. 선고 2021가합597460 판결 참조.

⚖️ 관련법리

방조는 불법행위를 용이하게 하는 직접, 간접의 모든 행위를 가리키는 것으로서 손해의 전보를 목적으로 하여 과실을 원칙적으로 고의와 동일시하는 민사법의 영역에서는 과실에 의한 방조도 가능하며, 이 경우의 과실의 내용은 불법행위에 도움을 주지 말아야 할 주의의무가 있음을 전제로 하여 그 의무를 위반하는 것을 말한다. 그렇지만 타인의 불법행위에 대하여 과실에 의한 방조로서 공동불법행위의 책임을 지우기 위해서는 방조행위와 불법행위에 의한 피해자의 손해 발생 사이에 상당인과관계가 인정되어야 하며, 상당인과관계를 판단할 때에는 과실에 의한 행위로 인하여 해당 불법행위를 용이하게 한다는 사정에 관한 예견 가능성과 아울러 과실에 의한 행위가 피해 발생에 끼친 영향, 피해자의 신뢰 형상에 기여한 정도, 피해자 스스로 쉽게 피해를 방지할 수 있었는지 등을 종합적으로 고려하여 그 책임이 지나치게 확대되지 않도록 신중을 기하여야 한다(대법원 2014. 3. 27. 선고 2013다91597 판결 등 참조).

Q. 乙의 자녀 L은 乙의 요청에 따라 乙이 근무하고 있는 甲 회사 자료(영업비밀)들을 다운로드 받아 개인 이메일을 통해 乙에게 전송한 사실로 「부정경쟁방지법」 위반(영업비밀누설등)으로 고소됐으나 불기소 처분을 받은 바 있다. 이 경우 L은 고의 또는 과실에 의하여 乙의 영업비밀 누설행위를 방조한 것으로 볼 수 있는지? 만약에 그렇다면 L은 乙의 영업비밀 누설행위에 대하여 공동불법행위 책임을 부담하는지?

A. 타인의 불법행위에 대하여 과실에 의한 방조로서 공동불법행위의 책임을 지우기 위해서는 방조행위와 불법행위에 의한 피해자의 손해 발생 사이에 상당인과관계가 인정되어야 하는데, 만

일 L이 乙의 영업비밀 누설의 의도를 알면서도 이를 돕기 위하여 불법행위에 가담하였다거나, 乙의 영업비밀 누설행위를 용이하게 한다는 사정을 예견할 수 있었다고 판단된다면 甲 회사의 L에 대한 손해배상청구는 인용될 수 있다.[167] 반대로 L이 乙의 영업비밀 누설의 의도를 알면서도 이를 돕기 위하여 불법행위에 가담하였다거나 영업비밀 누설행위를 용이하게 한다는 사정을 예견할 수 있었다고 보기 어렵다고 판단된다면, 甲 회사의 L에 대한 청구는 기각될 것이다.

여기서 잠깐!

부정경쟁방지법 위반(영업비밀누설등) 내지는 업무상배임으로 기소된 피고인들의 변소에 대한 의심스러운 정황

피고인 A는 피해회사의 업무인 R 납품과 관련한 자료가 필요하였다고 변소하나 관련 자료는 물론 그 이외의 영업비밀까지 모두 취득하였다는 점에서 이를 믿기 어렵고, 피고인 B는 다른 부서의 자료 보관 상태 등이 걱정되어 자신이 백업받았다는 취지로 변소하나 퇴직을 염두에 두고 다른 직장을 구하고 있던 상황에서 자신의 부서도 아닌 다른 부서의 자료 보관 상태가 걱정되어 다른 직원에게 여러 차례 부탁하고 개인 비용으로 저장매체를 구입하여 대용량의 자료를 개인적으로 모두 백업받았다는 주장은 납득할 수 없다(대전지방법원 천안지원 2019. 11. 14. 선고 2019고단1405 판결).

---

[167] 서울고등법원 2023. 1. 19. 선고 2022나2011133 판결 참조.

II

전직금지약정, 핵심인력 스카우트와 이직 문제

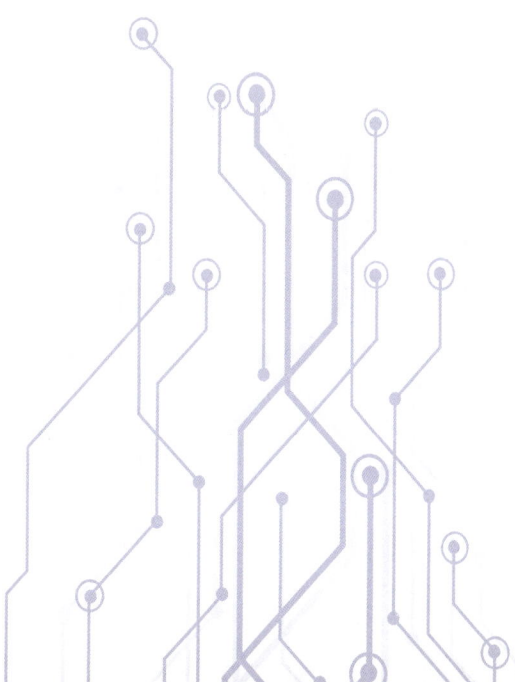

'전직금지'와 관련된 용어를 알아보자

ⓐ 전직금지와 관련하여 주로 언급되는 용어 정리

가맹사업은 프랜차이즈를 가맹사업이라고 정의하고, 관련 용어에 대하여 아래와 같이 정의하고 있다.

▶ **가맹사업**

가맹사업거래의 공정화에 관한 법률 제2조에 따르면, "'가맹사업' 이라 함은 가맹본부가 가맹점사업자로 하여금 자기의 상표·서비스표·상호·간판 그 밖의 영업표지(이하 '영업표지'라 한다)를 사용하여 일정한 품질기준이나 영업방식에 따라 상품(원재료 및 부재료를 포함) 또는 용역을 판매하도록 함과 아울러 이에 따른 경영 및 영업활동 등에 대한 지원·교육과 통제를 하며, 가맹점사업자는 영업표지의 사용과 경영 및 영업활동 등에 대한 지원·교육의 대가로 가맹본부에 가맹금을 지급하는 계속적인 거래관계를 말한다"고 정의하고 있다.

▶ **가맹본부(프랜차이저)**

가맹본부라 함은 흔히 이를 줄여 본부라고 부르는데, 가맹사업과 관련하여 가맹점사업자에게 가맹점운영권을 부여하는 사업자를 말한다(ex, ○○편의점 본사, ○○치킨 본사 등).

▶ **가맹(점)사업자(프랜차이지)**

　가맹점사업자라 함은 흔히 가맹점주라고 부르는데, 가맹사업과 관련하여 가맹본부로부터 가맹점운영권을 부여받은 사업자를 말한다(ex, ○○편의점을 운영하는 가게 사장님, ○○치킨집을 운영하는 가게 사장님 등).

▶ **전직(경업)금지약정**

　근로관계가 종료된 경우 사용자는 자신의 노력과 비용을 들여 형성한 영업비밀, 노하우, 고객의 신뢰 등 이익을 보호하기 위해 기존에 종사하던 근로자에 대하여 일정 부분 제한을 가할 필요가 있다. 근로자가 퇴사 후 아무런 제약 없이 이를 사용하면 사용자가 유형적·무형적 피해를 볼 수 있기 때문이다. 이에 전직금지(또는 경업금지)라는 이름의 계약을 하는데, 근로자가 퇴직한 후 종전회사에서 업무를 통해 획득한 지식, 정보, 기술 등을 이용하여 기존의 사용자와 동종경쟁 관계에 있는 회사로 이직하거나 창업하여 경쟁적 행위를 하지 않을 것을 주된 내용으로 하여 사용자와 근로자가 체결한 약정을 말한다.

> ⚖️ **관련법리**
>
> 　직업선택의 자유와 근로의 권리는 국민의 기본권에 속하므로, 근로자가 사용자와 사이의 근로관계 종료 후 사용자의 영업부류에 속한 거래를 하거나

동종의 업무에 종사하지 아니하기로 하는 등 경업금지약정을 한 경우에, 그 약정은 사용자의 영업비밀이나 노하우, 고객관계 등 경업금지에 의하여 보호할 가치 있는 사용자의 이익이 존재하고, 경업 제한의 기간과 지역 및 대상 직종, 근로자에 대한 대가의 제공 여부, 근로자의 퇴직 전 지위 및 퇴직 경위, 그 밖에 공공의 이익 등 관련 사정을 종합하여 근로자의 자유와 권리에 대한 합리적인 제한으로 인정되는 범위 내에서만 유효한 것으로 인정된다(대법원 2010. 3. 11. 선고 2009다82244 판결 등 참조).

사용자와 근로자 사이의 전직금지약정이 헌법상 보장된 근로자의 직업선택의 자유와 근로권 등을 과도하게 제한하거나 자유로운 경쟁을 지나치게 제한하는 경우에는 민법 제103조에 정한 선량한 풍속 기타 사회질서에 반하는 법률행위로서 무효라고 보아야 하며, 이와 같은 전직금지약정의 유효성에 관한 판단은 보호할 가치 있는 사용자의 이익, 근로자의 퇴직 전 지위, 경업 제한의 기간·지역 및 대상 직종, 근로자에 대한 대가의 제공 유무, 근로자의 퇴직 경위, 공공의 이익 및 기타 사정 등을 종합적으로 고려하여야 하고, 여기에서 말하는 '보호할 가치 있는 사용자의 이익'이라 함은 부정경쟁방지 및 영업비밀보호에 관한 법률 제2조 제2호에 정한 '영업비밀'뿐만 아니라 그 정도에 이르지 아니하였더라도 해당 사용자만이 가지고 있는 지식 또는 정보로서 근로자와 이를 제3자에게 누설하지 않기로 약정한 것이거나 고객관계나 영업상의 신용의 유지도 이에 해당한다(대법원 2010. 3. 11. 선고 2009다82244 판결, 대법원 2013. 10. 17.자 2013마1434 결정 등 참조).

사용자와 근로자 사이에 전직금지약정이 존재한다고 하더라도, 그와 같은 약정이 헌법상 보장된 근로자의 직업선택의 자유와 근로권 등을 과도하게 제한하거나 자유로운 경쟁을 지나치게 제한하는 경우에는 민법 제103조에 정한 선량한 풍속 기타 사회질서에 반하는 법률행위로서 무효라고 보아야 한다. 이와 같은 전직금지약정의 유효성에 관한 판단은 보호할 가치 있는 사

> 용자의 이익, 근로자의 퇴직 전 지위, 경업 제한의 기간·지역 및 대상 직종, 근로자에 대한 대가의 제공 유무, 근로자의 퇴직 경위, 공공의 이익 및 기타 사정 등을 종합적으로 고려하여야 한다. 여기에서 말하는 '보호할 가치 있는 사용자의 이익'이라 함은 「부정경쟁방지법」 제2조 제2호에 정한 '영업비밀' 뿐만 아니라 그 정도에 이르지 아니하였더라도 당해 사용자만이 가지고 있는 지식 또는 정보로서 근로자와 이를 제3자에게 누설하지 않기로 약정한 것이거나 고객관계나 영업상의 신용의 유지도 이에 해당한다.[168] 그리고 전직금지약정의 유효성을 인정할 수 있는 위와 같은 제반 사정은 사용자가 주장·증명할 책임이 있다.[169]

ⓑ 전직(경업)금지 관련 Q&A 일반

▶ **전직(경업)금지약정에 대한 법원의 입장은**

Q. 법원은 사용자와 근로자 간 체결된 전직(또는 경업, 이하 '전직'이라고 한다)금지약정에 대해 어떠한 입장으로 바라보고 있는지?

A. 전직금지약정은 근로자가 사용자와 경쟁관계에 있는 업체에 취업하거나 스스로 경쟁업체를 설립, 운영하는 등의 경쟁행위를 하지 아니할 것을 내용으로 하므로 직업선택의 자유를 직접적으로 제한할 뿐만 아니라, 자유로운 경쟁을 저해하여 일반 소비자의 이익을 해칠 우려도 적지 아니하고, 특히 퇴직 후의 경쟁업체로의 전직금지약정은 근로자의 생계와도 직접적인 연관이 있으므로 사

---
[168] 대법원 2010. 3. 11. 선고 2009다82244 판결 등 참조.
[169] 대법원 2016. 10. 27. 선고 2015다221903, 221910 판결 참조.

용자와 근로자 사이에 전직금지약정이 있는지에 관하여는 이를 엄격하게 판단한다.[170] 즉, 사용자와 근로자 사이에 전직금지약정이 존재한다고 하더라도, 그와 같은 약정이 헌법상 보장된 근로자의 직업선택의 자유와 근로권을 과도하게 제한하는 약정은 무효로 보고 있다.

▶ **사용자가 근로자와 전직금지약정을 체결하지 않은 경우, 근로자로 하여금 관련 업무에 종사하지 못하도록 할 수 있는지**

Q. 甲 회사는 乙을 채용함에 있어 그와 구체적인 전직금지약정을 체결한 사실이 없었다. 甲 회사는 乙에게 퇴사 후 영업비밀과 관련된 업무에 종사하는 것을 금지하도록 하는 조치를 취할 수 있는지?

A. "근로자가 전직한 회사에서 영업비밀과 관련된 업무에 종사하는 것을 금지하지 않고서는 회사의 영업비밀을 보호할 수 없다고 인정되는 경우"로 한정된 경우 가능하다. 이런 경우 구체적인 전직금지약정이 없다고 하더라도 「부정경쟁방지법」 제10조 제1항[171]에 의한 침해행위의 금지 또는 예방 및 이를 위하여 필요한 조치 중 한 가지로서 해당 근로자로 하여금 전직한 회사에서 영업비밀과 관련된 업무에 종사하는 것을 금지하도록 하는 조치를 취할 수 있다.[172]

---

170 대법원 2003. 7. 16.자 2002마4380 결정 참조.
171 「부정경쟁방지법」제10조(영업비밀 침해행위에 대한 금지청구권등) ① 영업비밀의 보유자는 영업비밀 침해행위를 하거나 하고자 하는 자에 대하여 그 행위에 의하여 영업상의 이익이 침해되거나 침해될 우려가 있는 때에는 법원에 그 행위의 금지 또는 예방을 청구할 수 있다.
172 대법원 2003. 7. 16.자 2002마4380 결정 참조.

전직금지 Q&A

ⓐ 전직금지약정의 내용(비밀보호 서약)과 전직금지

▶ **전직금지약정에 서명한 경우, 이를 따르지 않으면 안 되는 것인지**

Q. 乙은 반도체 집적회로, 반도체 설계, 전자부품 제조 및 판매업 등을 목적으로 설립된 甲 회사에 입사하며, "퇴사 후 2년 내 동종 및 경쟁업체에 취업을 하지 않겠다"는 내용으로 하는 전직금지약정서에 서명하였다. 이 경우 乙은 퇴직 후 2년간 반도체 등 동종 경쟁업체에 취업할 수 없는 것인지?

A. 근로자가 전직금지약정에 서명하였다고 하여 약정서에 기재된 금지기간이 전부 다 유효한 것으로 인정되는 것은 아니며, 아울러 전직금지가 유효하다고 하여 금지기간이 전부 유효한 것도 아니다. 전직금지기간은 해당 업종의 기술 발전 속도, 피해자와 가해자의 기술격차 수준 등을 고려하여 결정된다. 즉, 근로자가 어느 직종에 근무하였는지에 따라 그 기간이 길어질 수도 있고, 때로는 짧아질 수도 있다. 전직금지약정이 민법 제103조에 반하지 아니하고 보호할 가치 있는 사용자의 이익이 있다고 판단되면, 해당 분야의 기술 수준 등을 고려하여 전직금지기간이 결정되

게 된다.

따라서 乙은 甲 회사와 맺은 전직금지약정에 무조건 구속되어 약정상 금지기간인 2년 동안 취업이 불가하다고 할 수는 없다.[173]

> ### ⚖️ 참고판례
>
> ○○○○과 같은 반도체 관련 분야는 기술집약적 산업으로 진입장벽이 높아 경쟁업체의 범위가 어느 정도 한정되는 점, 채권자와 C 등 경쟁업체 사이에는 현재 세계 시장 점유율에 있어 상당한 격차가 있는데, 그러한 격차를 유지하기 위해서는 지속적인 기술 개발뿐만 아니라 기술의 유출 방지가 필요한 점, 반도체 관련 기술의 개발 속도가 비교적 빠른 편이기는 하나, 채무자가 지득한 채권자 회사의 ○○○○ 설계 기술과 장기 개발계획 관련 정보들은 새로운 기술의 개발에도 불구하고 여전히 유용한 정보로서 활용가치가 있고, 그러한 기술이나 정보가 유출될 경우 채권자의 유·무형적 손실과 그로 인해 경쟁업체들이 얻는 이익이 상당할 것으로 보이는 점, 손해배상이나 위반 결과의 제거 등 사후적인 구제 수단만으로는 채권자의 손해가 충분히 전보된다고 보기 어려운 점 등을 종합하여 보면, 이 사건 전직금지약정의 전직금지 대상이 지나치게 포괄적이라거나 전직금지기간이 과도하게 장기간이라고 볼 수 없고, 채권자의 기술 및 경영 정보를 보호하기 위하여 필요한 범위 내라고 판단된다.

▶ **자신에게 불리한 내용의 전직금지약정에 따라야 할 의무가 있는지**

Q. 乙은 甲 회사에 입사하며 전직금지약정을 체결하였는데, 당시는 몰랐으나 이후 작성한 약정서의 내용 중 본인에게 부당하게

---
173 서울중앙지방법원 2022카합21499 결정 참조.

불리한 내용이 있었다는 것을 알게 되었다. 이처럼 근로자와 사용자 사이에 전직금지약정이 존재하는 경우 근로자는 그 약정에 따라야만 하는 것인지?

A. 사용자와 근로자 사이에 전직금지약정이 존재한다고 하더라도, 그와 같은 약정이 헌법상 보장된 근로자의 직업선택의 자유와 근로권 등을 과도하게 제한하거나 자유로운 경쟁을 지나치게 제한하는 경우에는 민법 제103조에 정한 선량한 풍속 기타 사회질서에 반하는 법률행위로서 무효라고 보아야 한다. 따라서 乙은 입사 또는 퇴사 당시 작성한 부당한 내용의 전직금지약정에 구속되는 것은 아니므로,[174] 그 약정에 무조건 따를 의무는 없다.

▶ 부동문자로 작성된 전직금지약정서가 효력이 있는지

Q. 甲 회사는 乙에게 부동문자(수정할 수 없도록 인쇄 등으로 고정되어 있는 글자)로 인쇄된 서약서를 일괄적으로 배부하여 구체적인 항목의 작성 및 서명을 요구하는 방식으로 전직금지약정을 체결하였다. 이 경우 乙이 서명한 약정은 유효한 것인지?

A. 약정의 체결방식 및 경위 등 구체적 상황을 종합적으로 판단해야 할 사항이지만, 만일 甲 회사가 乙에게 불리한 조항의 내용을 충분히 설명하지 않고, 乙에게 甲 회사와 대등한 지위에서 계약의 내용을 면밀히 검토하거나 계약 내용을 변경할 기회를 제공하지 않았다면 약정은 무효로 판단할 여지가 있다고 할 것이다.[175]

---

[174] 대법원 2010. 3. 11. 선고 2009다82244 판결 등 참조.
[175] 서울중앙지방법원 2023. 9. 15. 선고 2021가합556049 판결 참조.

여기서 잠깐!
서약서와 관련하여 회사가 하는 실수

乙은 甲 회사에서 퇴사하면서 퇴사 후 대외적으로 공개 또는 누설하지 말아야 할 '보안정보'의 범위를 정한 퇴직 서약서에 서명하였다. 위 서약서 양식은 위와 같은 일반사항 외에 임직원이 재직 당시 수행하였던 업무 관련 정보를 "특별사항"으로 추가하도록 정할 수 있도록 했지만, 乙로부터 특별사항과 관련하여 부동문자 외에 추가로 징구된 사항은 없었다.

이와 관련하여 법원은 회사의 전직금지 신청을 기각하며 그 사유 중 하나로 "회사가 근로자에 대한 통상적인 수준의 보안유지 의무만을 부과하였을 뿐"이라는 내용을 설시하였다(서울남부지방법원 2022. 12. 15.자 2022카합20462, 서울고등법원 2023라20044 각 결정 참조).

▶ **부동문자로 작성된 전직금지서약서가 약관법상 무효인지**

Q. 전직금지서약서가 일방적으로 마련해 놓은 부동문자로 된 것일 경우, 이는 개별교섭을 거치지 않은 약관으로 무효인 것인지?

A. 전직금지서약서가 전 직원을 대상으로 작성하도록 한 부동문자로 된 약관의 성격을 갖고 있다고 하더라도 기재된 내용을 협상의 결과에 따라 얼마든지 개별 수정이 가능하다면 약관에 해당한다고 보기 어렵고, 내용을 확인하고 이해하는 데 어려움이 없었다면 이를 이유로 전직금지약정을 불공정이라 하여 무효라고 단정하기 어렵다.[176]

---
[176] 서울서부지방법원 2020카합50182 결정 참조.

▶ **근로자가 전직금지약정 등에 기재된 내용을 위반했는지 판단함에 있어, 우선적으로 고려해 봐야 할 사항은(서약서상 금지 조항 위반과 민법 제103조 위반 판단 여부에 대한 선후관계)**

Q. 乙은 甲 회사와 "근로기간 내 또는 근로계약 종료 후에도 회사에서 제공하여 지득하거나 업무수행 중 지득한 영업비밀을 가지고 2년 이내에는 창업을 하지 않겠습니다"라는 전직금지의무약정을 맺었다. 그런데 乙은 퇴사 후 2년이 경과하기 전 영업 범위가 동일한 D 회사를 설립하였다. 이 경우 乙이 전직금지서약서를 위반하였는지 여부를 판단함에 있어 우선 고려해야 할 사항은?

A. 위에 적시된 서약서 위반에 해당하기 위하여는 乙이 甲 회사의 근무기간 중 지득한 회사의 '영업비밀'을 가지고 2년 내에 창업을 할 것이 요구되는바, 우선 甲 회사의 주장대로 乙이 D 회사의 영업에 이용하였다고 주장하는 정보가 영업비밀인지 여부와 乙이 영업비밀을 무단으로 반출 등을 하였는지에 대해 판단하여야 한다. 만일 甲 회사의 주장대로 乙이 D 회사의 영업에 이용하였다고 하는 정보가 영업비밀이 아니라면, 애초부터 위 서약서상 전직금지 조항을 위반한 것이 아니므로, 굳이 乙과 甲 회사 사이의 전직금지 조항이 민법 제103조의 선량한 풍속 기타 사회질서에 위반되는지 여부에 대해서는 판단할 필요가 없다.[177]

---

177 서울남부지방법원 2023. 11. 8. 선고 2022가합107761 판결 참조.

ⓑ 퇴직 당시 근로자의 나이(또는 퇴직 근로자의 근무기간)와 전직금지

> **관련법리**
>
> 경업금지의무는 원래 사용자와 경업관계에 있는 기업에 취직하거나 경업관계에 있는 사업을 개업하거나 하지 않는 의무를 말하고, 우리나라에서 현행 법상 이사 등(상법 제397조)을 제외하고 일반 근로자에 대해서 경업금지의무를 부과하는 규정은 존재하지 않는다. 따라서 퇴직근로자에게 경업금지의무를 인정하기 위해서는 계약상의 특별한 근거가 필요하다.
> 이와 같은 사용자와 근로자 사이의 경업금지약정은 경제적 약자인 근로자로부터 생계의 길을 빼앗고 그 생존을 위협할 우려가 있는 동시에 근로자의 직업선택의 자유를 제한하거나 경쟁을 제한함으로써 부당한 독점을 발생시킬 우려 등이 따르므로 그 특약을 체결에 관해 합리적인 사정이 있음이 입증되지 않는 경우에는 일단 근로자의 영업활동의 자유에 대한 지나친 간섭으로 간주되고, 특히 그 특약이 단순히 경쟁자를 배제하거나 억제함을 목적으로 하는 경우에는 사회질서에 반하여 무효임이 분명하다. 다만, 사용자의 특수한 지식과 기능들은 이른바 영업상의 비밀로서 영업활동의 자유와 나란히 함께 보호받아야 할 법익이며, 이를 위해 일정한 범위에서 근로자의 경업행위를 금지하는 특약을 체결하는 것은 충분히 합리성이 있다. 이와 같은 영업상의 비밀로서는 고객 등의 인적관계, 제품제조상의 재료, 제조방법 등에 관한 기술적 비밀 등을 들 수 있고, 그와 같은 영업비밀을 보호하기 위해서 당해 사용자의 영업비밀을 알 수 있는 입장에 있던 사람에게 비밀유지의무를 부담시키고 또 그 비밀유지의무를 실질적으로 담보하기 위해 퇴직 후에 일정한 기간 경업금지의무를 부담시키는 것은 직업선택의 자유에 관한 헌법규정에 반하지 아니하므로 적법하고 유효하다고 해석함이 옳다(대법원 1997. 6. 13. 선고 97다8229 판결 참조).

▶ **근로자의 퇴직 당시 나이와 근무기간이 전직금지 유효성 판단에 영향을 미치는지**

Q. 근로자가 회사에서 근무한 기간과 해당 근로자의 나이가 전직금지약정의 유·무효를 판단함에 영향을 미치는지?

A. 아주 그렇다고 할 수는 없지만, 근속기간이 길면 길수록 그리고 퇴직 당시 나이가 많을수록 근로자에 대한 전직금지약정의 유·무효를 판단함에 일정 부분 영향을 미칠 수 있다. 특정 분야에서 오랫동안 근속한 직원에 대해 전직금지에 대한 적절한 보상도 없이 장기간 전직을 금지하게 한다면 금지기간 이후 나이 제한 등으로 취업이 불가능하게 되어 생계에 큰 위협을 받을 가능성이 있기 때문이다.[178] 따라서 장기간 근속으로 한 분야에서만 경험을 쌓아 숙련된 상태에서 종전 업종과 전혀 다른 업종으로만 취업이 가능하거나, 장기근속으로 퇴사시 나이가 들어 사실상 재취업이 불가한 상황이라면 전직금지약정의 내용을 좀 더 엄격하게 볼 여지는 있다.

ⓒ 손해배상과 전직금지

▶ **전직금지약정 위반에 따른 손해배상청구 소송에서 법원이 고려하는 사항은**

Q. 전직금지약정에도 불구하고, 강사 乙이 동일 지역에 甲 학원과 동일 과목의 학원을 개설하여 甲 학원의 학원장이 乙을 상대로 손해배상청구 소송을 진행하고 있다. 이 경우 법원은 어떠한 점을

---

[178] 서울남부지방법원 2022. 12. 15.자 2022카합20462, 서울고등법원 2023라20044 결정 각 참조.

살펴보게 되는지?

A. 사업주와 근로자 간에 체결된 전직금지약정이 선량한 풍속 기타 사회질서에 반하는지 여부를 판단하는데, 이를 위해 甲 학원과 乙 사이에 전직금지약정이 성립되었는지, 약정이 체결되었다면 그 약정이 유효한지 여부를 살펴 만일 유효한 약정이라고 판단된다면, 유효한 약정에 반한 乙의 전직은 甲 학원에 대한 채무불이행 및 불법행위에 해당하므로 그에 따른 손해배상책임의 발생 및 범위에 따라 배상액이 결정된다.[179]

이에 전직금지약정의 성립 및 유효 여부를 판단함에 근거가 되는 사항들을 정리해 보면 아래와 같다.

첫 번째, 전직금지약정의 성립 여부 확인

① 근로자가 자필로 서명한 계약서에 전직금지 조항이 명시적으로 기재되어 있는지 여부

② 계약서의 기재 형식, 분량 및 내용을 살펴 근로자의 직업 경험에 비추어 그 내용을 제대로 인식할 수 없을 정도로 방대하거나 복잡하지는 않았는지 여부

③ 근로자가 계약서에 "계약기간 중에는 물론 계약 만료 후에도 학원 근무 시 취득한 영업비밀을 가지고 창업을 하거나 동업을 하지 않겠습니다"라는 문구에 직접 자필로 서명하였는지 여부

이처럼 약정의 내용이 이해할 수 없는 내용이 아니고 복잡하지 않고, 근로자가 전직금지 조항이 명시된 약정서에 자필서명 하였다면 전직금지

---

[179] 창원지방법원 2023. 11. 8. 선고 2022가단119841 판결 참조.

약정은 체결된 것으로 본다.

두 번째, 전직금지약정의 유효 여부를 확인

① 사업자가 근로자에 대한 우월적 지위를 이용하여 계약을 체결하였다고 볼 만한 자료가 있는지 여부

② 계약에서 전직금지약정에 대하여 보상 규정이 있는지, 만약 직접적인 보상을 정하지는 않았더라도 참고할 만한 사항 이를테면 이른바 '비율제 계약을 통해 고정급여만 받는 다른 강사들에 비해 높은 강사료를 지급받은 사실은 없는지 등 여부

③ 근로자가 학원을 그만두고 인근 경쟁학원으로 이직하거나 새로운 학원을 개설할 경우 해당 근로자의 강의를 듣던 수강생들이 강사를 따라 이동할 가능성이 크지는 않은지, 실제로 다수 수강생들이 타 학원으로 옮겨갔는지 여부

④ 전직금지약정에 따라 근로자가 일정 범위 등으로 제한하고 있더라도 위 금지 범위 외에서 얼마든지 학원을 운영하거나 강의를 할 수 있지는 않은지 여부

위 사항에 살펴 전직금지약정의 유·무효를 판단한다.

▶ **"금지기간 내 전직한 경우, 전직지원금 전액을 반환하겠다"는 것이 손해배상액의 예정인지**

Q. 甲은 K 회사와 "퇴사 후 1년간 동종·유사 업체를 창업하거나 취업하지 않고 이를 위반하였을 경우 수령한 전직지원금 전액을 반납함은 물론, 회사가 입은 일체의 손해를 배상하겠다"는 내용에 서명하였다.

만약 甲이 약정을 위반하여 전직하였을 경우, K 회사에게 부담하는 전직지원금 반환의무는 K 회사에게 발생한 손해를 배상하기 위한 '손해배상액의 예정'이라고 할 수 있는지?

A. '손해배상액의 예정'이란 당사자 사이에 일방 당사자가 계약을 위반할 경우, 손해배상을 위해 일정한 금전을 지급하기로 사전에 정한 합의를 말한다. 그런데 K 회사가 지급한 전직지원금은 일정한 기간을 정하여 甲이 동종·유사 업체에 취업하거나, 창업하지 않는 것을 조건으로 하고, 이를 어길 경우 이미 지급받은 전액을 반환하기로 한 것으로서, K 회사의 손해를 배상하기로 하는 손해배상의 예정액에 해당한다고 보기 어렵다.[180]

甲은 K 회사와의 전직금지약정이 헌법상 보장된 근로자의 직업선택의 자유와 근로권 등을 과도하게 제한하거나 자유로운 경쟁을 지나치게 제한하는 약정이 아니어서 민법 제103조에 정한 선량한 풍속 기타 사회질서에 반하는 법률행위에 해당하여 무효라고 보기 어렵다는 판단을 예견하고, 전직지원금 전액 반환이라는 최악의 상황을 피하고자 차선책으로 전직지원금 반환이 손해배상액의 예정이라고 주장하여 일부 감축된 금원만 반환하는 전략을 구사하기도 한다.

※ 손해배상액의 예정이 인정되면, 법원은 당사자의 주장이 없더라도 직권으로 민법 제398조 제2항에 따라 위약금 전체 금액을 기준으로 감액할 수 있다(대법원 2018. 10. 12. 선고 2016다257978 판결 참조).

---

[180] 서울동부지방법원 2022. 11. 17. 선고 2021가합113605 판결 참조.

▶ 전직금지약정이 무효인 경우, 약정에 기재된 내용인 비밀유지약정도 무효인지

Q. 乙은 甲 회사에서 "퇴사 후 재직 중 알게 된 정보를 재직 중은 물론 퇴직 후에도 누설하지 않고 퇴직 후 1년간 동종업체에서 근무하지 않겠다"는 비밀유지 및 전직금지약정을 체결하였음에도 퇴직 후 동종업체로의 이직과 동시에 재직 중 습득한 정보를 누설하여 甲 회사로부터 손해배상청구 소송을 당하였다. 만일 甲 회사와 乙의 전직금지약정이 무효로 판단될 경우, 전직금지약정의 무효가 약정의 내용인 비밀유지약정에까지 영향을 미치는지?

A. 만일 전직금지약정이 직업선택의 자유나 근로의 권리를 과도하게 제한하는 경우(ex. 광고대행사 직원이 퇴사 후 기존 회사의 고객정보를 이용하지 않고, 새로운 고객을 개척하는 방법으로 동종업계에서 일할 수 있는 가능성까지 차단하는 등)에 해당하여 민법 제103조에 정한 선량한 풍속 기타 사회질서에 반하는 법률행위로서 무효라고 인정되더라도, 이러한 전직금지약정의 무효가 비밀유지약정의 효력에까지 영향을 주는 것은 아니므로 甲과 乙 간의 약정이 무효라고 하더라도 약정의 내용인 비밀유지약정 위반으로 乙의 甲 회사에 대한 손해배상의무가 달라지지는 않는다.[181]

전직금지약정의 내용 중 전직을 금지하는 지역적 범위와 기간이 장기간일 경우 헌법상 보장된 근로자의 직업선택의 자유나 근로권을 과도하게 제한하는 경우로서 무효(일부 무효 포함)가 될 가

---

[181] 수원지방법원 안양지원 2023. 10. 25. 선고. 2022가단114209 판결 참조.

능성이 있다. 그런데 설사 전직금지약정이 무효라고 하더라도 종전근무지에서 비밀로 관리된 정보의 무단 반출이 허용되는 것은 아니므로 약정의 무효가 그 내용인 비밀유지약정에 영향을 미치는 것은 아니다.

▶ **기존 고객이 창업한 헤어디자이너를 따라 이동한 경우, 전직금지 위반으로 손해배상책임을 부담하는지**

Q. 헤어디자이너 乙은 K 미용실에서 퇴사하여 J 미용실을 창업하였다. 그런데 K 미용실 원장 甲은 기존 고객이 J 미용실로 가는 것을 알고 乙을 상대로 전직금지약정을 위반에 따른 손해배상청구 소송을 했다. 이 경우 甲의 주장은 인용될 수 있는지?

A. 개별적인 사안에 따라 달리 볼 여지는 있지만, 일반적으로 헤어디자이너와 고객 사이의 신뢰관계는 그 미용 업무 수행 과정에서 자연스럽게 형성되므로 미용실의 고객이 헤어디자이너를 따라 다른 미용실을 이용하게 된다고 하더라도 이러한 인적관계는 전직금지약정을 통한 보호가치가 상대적으로 적은 것으로 보이는 점을 고려하면, 甲에게 이 사건 전직금지약정을 통해 특별히 보호할 만한 가치가 있는 사용자의 이익이 있다고 보기 어렵다고 볼 수 있다.[182]

따라서 고객과의 신뢰 기반으로 乙이 창업한 미용실로 고객이 이동하였다는 이유로 하는 甲의 손해배상청구는 인정되지 않을 것이다.

---

[182] 서울고등법원 2023. 9. 6. 선고 (인천)2022나14231 판결 참조.

ⓓ 금지기간과 전직금지

▶ **전직금지약정에서 정한 금지기간이 단기간(短期間) 또는 장기간(長期間)인지의 기준은**

Q. 甲 회사는 乙에게 "3년 내 경쟁업체에 취업하거나 노무를 제공하여서는 아니 된다"는 내용의 전직금지약정을 체결하였다. 이때 3년이라는 금지기간이 지나치게 장기간이라고 할 수 있는지?

A. 전직금지기간은 업종별, 근무 기간별, 기술 수준 등에 따라 달리 볼 수 있는 성격의 것이므로 약정한 기간이 짧다고도 장기간이라고도 단정 지어 말할 수는 없다. 여기서 중요한 것은 전직금지를 위한 지역적 제한을 두었는지, 그간 해당 기술을 축적하고자 어느 정도의 시간과 비용 등을 투입하여 노력을 기울였는지, 해당 기술이 속한 영역의 기술발전 속도는 어느 정도인지 등을 종합적으로 살펴 판단하게 된다. 이에 법원은 아래와 같이 판단하였다.

⚖ 참고판례

① 채권자와 다른 ○○○ ○○○○ 제조업체 사이의 기술격차가 상당히 존재하는 것으로 보이고, 위 기술격차 기간이 3년 미만이라고 단정하기는 어려운 점, ② 채무자는 채권자의 ○○○ ○○○○ 제조 공정을 전반적으로 취급해 본 인력으로 장기간 ○○○ ○○○○의 제조 등에 관한 기술 및 정보 등을 취급하여 왔으므로, 채권자로서는 채무자가 단기간 내에 경쟁업체에 전직할 경우 위와 같은 영업비밀 등이 침해될 것을 우려할 수밖에 없는 점, ③ 채무자는 경쟁업체인 C로의 전직을 전제로 퇴직한 점, ④ 전직이 금지되는 대상 직종이 경쟁업체로 제한되어 있어 결국 채권자와 실질적인 경쟁관계에 있는

> 국내외 ○○○ ○○○○ 제조업체들로 전직금지의 범위가 제한되는 점, ⑤ 실제로 국내 ○○○ ○○○○ 제조업체는 채권자와 채무자 외 1개의 회사가 존재할 뿐인 것으로 보이는 점 등에 비추어 보면, 전직금지기간이 지나치게 장기간이라거나 전직금지 지역 및 대상 직종이 지나치게 광범위하다고 보이지 않는다(수원지방법원 안산지원 2022카합50117 결정(전직금지가처분) 참고).

아울러 위와 같이 판단함에 아래와 같은 절차에 따라 판단하였다.

전직금지약정이 무효인지 여부

1) 관련 법리

사용자와 근로자 사이의 전직금지약정이 헌법상 보장된 근로자의 직업선택의 자유와 근로권 등을 과도하게 제한하거나 자유로운 경쟁을 지나치게 제한하는 경우에는 민법 제103조에 정한 선량한 풍속 기타 사회질서에 반하는 법률행위로서 무효라고 보아야 하며, 이와 같은 전직금지약정의 유효성에 관한 판단은 보호할 가치 있는 사용자의 이익, 근로자의 퇴직 전 지위, 경업 제한의 기간·지역 및 대상 직종, 근로자에 대한 대가의 제공 유무, 근로자의 퇴직 경위, 공공의 이익 및 기타 사정 등을 종합적으로 고려하여야 하고, 여기에서 말하는 '보호할 가치 있는 사용자의 이익'이라 함은 부정경쟁방지 및 영업비밀보호에 관한 법률 제2조 제2호에 정한 '영업비밀'뿐만 아니라 그 정도에 이르지 아니하였더라도 해당 사용자만이 가지고 있는 지식 또는 정보로서 근로자와 이를 제3자에게 누설하지 않기로 약정한 것이거나 고객관계나 영업상의 신용의 유지도 이에 해당한다(대법원 2010. 3. 11. 선고 2009다82244 판결, 대법원

2013. 10. 17.자 2013마1434 결정 등 참조).

2) 구체적 판단

위 법리에 비추어 이 사건 기록 및 심문 전체의 취지에 의하여 인정되는 아래와 같은 사정들을 종합하여 보면, 이 사건 전직금지약정이 선량한 풍속 기타 사회질서에 반하는 법률행위로서 당연무효라고 단정하기는 어렵다.

가) 보호할 가치 있는 이익의 존부

① 채권자는 ○○○ ○○○○ 제조와 관련하여 2018년 기준 국내 유일의 제조사였고, 세계 전체 시장에서 3.6%의 점유율을 차지하고 있었던 반면, 경쟁업체인 C는 2021. 10.경 채권자 주식회사로부터 ○○○ ○○ ○○과 관련된 일본의 지분 등 유·무형자산을 취득한 뒤 0000. 초경부터 ●●시에 ○○○ ○○○○의 자체 생산을 위한 공장을 건설 중

③ 채권자는 2006년경부터 현재까지 DCB 기판 연구 및 생산과 관련하여 약 599억 원을 투자하였고, 0000. 9.경부터 2023. 12.경까지 AMB 기판의 생산능력 증대를 위하여 약 155억 원을 투자할 예정에 있는 등 지속적으로 ○○○ ○○○○에 관한 연구개발 및 투자를 진행

이처럼 채권자는 약 16년 이상 ○○○ ○○○○의 개발 및 양산 과정에서 이 사건 정보와 더불어 원가경쟁력 확보 등 다방면에서 노하우를 축적하였는데, 이 사건 정보는, 기술의 빠른 발전 속도를 감안하더라도 후발주자인 경쟁업체들에게 여전히 상당한 의미가 있는 것으로 보인다. 최근 자동차, 산업기기, IT인프라, 신재생 에너지 등 차량용 및 산업용 시장에서 ○○○ ○○○○을 포함한 고성능 전기전자 부품에 대한 수요가 급격히 증대되고 있는 상황을 고려해 볼 때, 이 사건 정보가 C에 유출될

경우, C는 채권자가 겪었던 시행착오를 생략하고 단기간 내에 기술개발을 진행할 수 있는 이익을 얻게 될 것으로 보이고, 이는 채권자에게 상당한 손해가 될 것으로 보인다.

④ 채권자는 ○○○ ○○○○ 관련 핵심정보 및 영업비밀보호를 위해… 업무와 상관없는 인터넷의 사용을 엄격히 제한하는 등 영업비밀이 외부로 유출되지 않도록 관리하고 있다.

⑤ 이러한 사정들에 비추어 보면, 이 사건 정보는 경쟁업체와 비교하여 우위를 점할 수 있는 주요한 정보들인 것으로 보이고, 이러한 정보들이 경쟁업체에 전달될 경우 경쟁업체로서는 채권자와 동등한 제조능력 내지 사업력을 갖추는 데 필요한 시간을 상당 기간 단축할 수 있는 반면, 채권자는 그에 상응하는 만큼의 경쟁력 손실을 볼 것으로 보인다.

나) 채무자의 퇴직 전 지위 및 퇴직 경위

채무자는… 이 사건 정보의 특정 내용 또는 전반적인 내용에 접근할 수 있는 지위 및 업무에 종사하였다고 봄이 상당… 채무자는 0000. 3. 7. C로부터 채용절차에 관한 합격통보를 받았음에도 불구하고 이를 숨기고 채권자에게 0000. 3. 15. 사직 의사를 밝히며 타 회사에 이직 준비 중이라고 설명하는 등 석연치 않은 경위로 C로 이직… 채무자의 주장 및 제출된 자료만으로는 채권자의 불이익한 처우와 열악한 근무환경 등을 이유로 채무자가 퇴사하였다거나 달리 채무자의 퇴사에 채권자의 귀책사유가 있음을 인정하기 부족

다) 전직금지 의무에 대한 대가 지급 여부

채무자가 이 사건 전직금지약정에 대한 직접적인 대가로 제공받은 것은 없으나, 전직금지대가의 지급 유무는 전직금지약정의 효력 유무를 판단

하기 위한 하나의 요소인바, 채무자가 재직기간에 수령한 급여의 정도, 근로환경 등 제반 이익에 전직금지의 대가가 포함되어 있다고 볼 수도 있으므로, 이 사건 전직금지약정을 직접적인 원인으로 한 금전보상이 없었다는 사정만으로는 이 사건 전직금지약정이 무효라고 볼 수 없다.

라) 전직금지기간 및 지역

살피건대, 이 사건 기록 및 심문 전체의 취지에 의하여 소명되는 다음과 같은 사정 즉, ① 채권자와 다른 ○○○ ○○○○ 제조업체 사이의 기술격차가 상당히 존재하는 것으로 보이고, 위 기술격차 기간이 3년 미만이라고 단정하기는 어려운 점, ② 채무자는 채권자의 ○○○ ○○○○ 제조 공정을 전반적으로 취급해 본 인력으로 장기간 ○○○ ○○○○의 제조 등에 관한 기술 및 정보 등을 취급하여 왔으므로, 채권자로서는 채무자가 단기간 내에 경쟁업체에 전직할 경우 위와 같은 영업비밀 등이 침해될 것을 우려할 수밖에 없는 점, ③ 채무자는 C로의 전직을 전제로 퇴직한 점, ④ 전직이 금지되는 대상 직종이 경쟁업체로 제한되어 있어 결국 채권자와 실질적인 경쟁관계에 있는 국내외 ○○○ ○○○○ 제조업체들로 전직금지의 범위가 제한되는 점, ⑤ 실제로 국내 ○○○ ○○ ○○ 제조업체는 채권자와 채무자 외 1개의 회사가 존재할 뿐인 것으로 보이는 점 등에 비추어 보면, 전직금지기간이 지나치게 장기간이라 거나 전직금지 지역 및 대상 직종이 지나치게 광범위하다고 보이지 않는다. 따라서 채무자의 이 부분 주장도 이유 없다.

마) 공공의 이익 및 기타 사정

○○○ ○○○○ 제조업체들 사이에 건전한 경쟁질서를 확립할 필요성이 있는 점, 회사로서는 영업비밀 기타 보호할 가치 있는 각종 중요정보들을 보호하기 위한 적절한 수단을 강구할 필요가 있고, 그에 따라 중요

정보나 기술을 취급하는 대부분의 회사들은 근로자들과 전직금지 및 영업비밀보호약정을 체결하고 있는 점 등을 고려하면, 이 사건 전직금지약정이 채무자의 직업선택의 자유를 일부 제한하는 측면이 있다 하더라도 그와 같은 사정만으로 이 사건 전직금지약정의 효력이 부인된다고 할 수 없다.

▶ 전직금지약정을 위반한 근로자를 상대로 퇴사한 지 수개월이 지난 시점에 가처분을 신청한 경우, 인용 가능성은

Q. 乙은 甲 회사 수석 엔지니어로 20여 년 동안 근무하다 퇴사한 자로 "퇴직 후 2년간 경쟁업체로 전직하지 아니한다"는 각서를 작성하였음에도 전직금지 보상금을 거부하고 퇴사 후 1년이 지난 시점에 경쟁업체인 C로 전직하였다. 이 경우 甲 회사가 乙에 대하여 전직금지기간인 2년이 지나지 아니한 시점에 약정을 위반하여 전직한 이유를 들어 乙의 퇴직일로부터 약 1년 10개월이 지난 시점에서 전직금지가처분 신청을 할 경우 인용될 수 있는지?

A. 전직금지약정이 전부 무효가 아니라고 하더라도 乙이 전직금지에 대한 보상으로서 대가를 지급받았는지, 乙이 퇴직하면서 영업비밀 관련 자료를 반출하였는지, 기술개발 속도, C 회사의 기술수준 등을 고려하여야 한다. 또한 乙이 지득한 기술정보가 C에 유출된다고 하더라도 그로 인해 甲의 경쟁상 이익을 해치고 C가 甲과의 기술격차를 줄일 수 있다고 단정하기 어렵다고 판단된다면, 전직금지기간 2년은 합리적인 제한으로 인정되는 범위를 넘는 것으로 볼 수 있다.

따라서 乙의 퇴직일로부터 약 1년 10개월이 지난 시점은 정당한 전직금지기간이 이미 도과하였다고 볼 여지가 크다. 그 외 乙이 퇴직한 후 곧바로 전직한 것이 아니라 그로부터 약 1년이 지난 후에야 C로 전직한 점 등도 고려 대상이 될 수 있으므로 乙에 대하여 본안판결에서 명하는 것과 같은 내용의 부작위 의무를 부담시키는 만족적 가처분을 발령해야 할 보전의 필요성이 있다고 보기도 어렵다고 할 것이므로 인용될 가능성은 적다고 할 것이다.[183]

▶ **전직금지약정의 유효성이, 곧바로 약정상 내용인 금지기간의 유효성으로 이어지는지**

Q. 乙은 甲 회사와 전직금지약정을 체결하며, 약정상 금지기간에 대해 '퇴사 후 2년' 동안으로 하였다. 甲과 乙 사이의 전직금지약정이 무효가 되지 않으면 즉, 약정이 유효하다면 약정서에 명시된 2년이라는 기간도 유효한 것인지?

A. 전직금지약정이 무효가 아니라고 해서 즉, 유효하다고 해서 약정상 금지기간(2년)도 무조건 유효하다고 볼 수는 없다. 즉, 전직금지약정 자체가 민법 제103조에 정한 선량한 풍속 기타 사회질서에 반하는 법률행위에 해당하여 무효라고 보기 어렵다고 하더라도 전직금지기간이 지나치게 장기간이라면 전직금지기간은 보호할 가치 있는 사용자의 이익이 있는 정보들을 취득하는 데 필요한 상당한 기간 내로 제한되어야 함이 상당하여 그 기간이 단축될 수 있다.

---

[183] 수원지방법원 2023. 10. 5.자 2023카합10194 결정 참조.

이와 관련하여 법원도 전직금지약정 자체가 민법 제103조에 정한 선량한 풍속 기타 사회질서에 반하는 법률행위에 해당하여 무효라고 보기는 어렵다는 판단을 하면서도 "채권자 회사의 보호할 가치 있는 이익의 중요성을 고려하더라도 채무자들로 하여금 퇴직일로부터 2년간이나 '경쟁업체'로의 취업을 금지하는 것은 직업선택의 자유 및 근로권을 과도하게 침해할 여지가 크므로, 이 사건 전직금지약정에 따른 채무자들의 전직금지기간은 채권자 회사의 퇴직일로부터 1년의 기간으로 제한함이 적절하다"[184]고 판단하며 약정의 유효성과는 별개로 금지기간에 대해서는 일부만 유효하다는 취지의 판단을 하였다.

여기서 잠깐!

어떤 경우 가처분 신청이 기각되는지 알면 이에 대응하기 수월할 것인바, 법원이 전직금지 가처분 신청을 기각하며 밝힌 이유들을 정리해 보면 다음과 같다.

① 채무자가 이 사건 전직금지약정에 상응하는 대가를 지급받았다고 볼 만한 아무런 자료가 없는 점

② 채무자가 작성한 이 사건 서약서는 구체적인 협의를 거쳐 작성한 것이 아니라, 근로자들의 직위나 담당 업무와 관계없이 일괄적으로 작성하여 미리 마련한 것으로서, 채무자가 전산시스템상 사직서를 작성하여

---

[184] 수원지방법원 성남지원 2022카합50207 결정 참조.

채권자에게 제출하기 위하여 필수적으로 서명해야 하는 서류로 보이고, 그 내용은 채무자의 일방적인 의무만을 담고 있는 점

③ 채무자는 퇴사할 무렵에 채권자의 클라우드 서버에 저장되어 있는 ○○관련 자료 등의 자료들을 채무자가 사용하던 컴퓨터에 다운로드받았고, 채무자가 퇴사하면서 작성한 인수인계서를 현재 소지하고 있다고 보이기는 하나, 채무자가 위 인수인계서를 소지하고 있다는 사정만으로 채무자가 위 다운로드받은 자료들을 무단으로 반출하였다는 점을 추단하기에는 부족하고, 그 밖에 채무자가 채권자의 클라우드 서버에 저장되어 있는 자료들을 이메일이나 외부저장매체 등을 통하여 외부로 반출하였다는 점을 소명할 아무런 자료가 없는 점

④ 나아가 채권자는 ○○관련 자료 등 채권자의 기술자료 및 경영정보가 보호할 가치 있는 채권자의 이익에 해당한다고 주장하나, 채권자는 ○○관련 업무 중 상당 부분을 하청업체를 통하여 진행하였다고 보이는 점

⑤ 채무자가 취득한 정보는 근로자가 고용기간 중 직무수행 과정에서 통상적으로 얻을 수 있는 일반적인 지식에 해당한다고 볼 여지가 상당하고, 제출된 자료만으로는 채권자가 주장하는 정보가 보호할 가치 있는 채권자의 이익에 해당한다고 단정하기 어려우며, 설령 보호할 가치 있는 이익에 해당한다고 하더라도 그 보호의 필요성이 상대적으로 경미하다고 보이는 점

⑥ 채무자가 채권자에서 근무할 당시 직위는, 임원이나 부서의 책임자가 아닌, '팀원'에 불과하여 채무자가 채권자에서 근무하면서 지득할 수 있었던 정보나 자료의 범위는 한정적이었을 것으로 보이는 점

⑦ 설령 채무자가 영업비밀을 유출할 우려가 있다 하더라도, 이로 인하여 채권자에게 금전적 배상으로는 회복하기 어려운 현저한 피해가 발생할 우려가 있다고 단정하기 어려운 점

등에 비추어 보면, 이 사건 전직금지약정은 민법 제103조에 정한 사회질서에 반하는 법률행위로서 무효라고 볼 여지가 크다. 따라서 이 사건 가처분 신청의 피보전권리 및 보전의 필요성이 충분히 소명되었다고 볼 수 없다(수원지방법원 2022카합10438 결정 참조).

ⓔ 근로자성과 전직금지

> **미리 하는 학습**
>
> **전직금지약정 사건에서 근로자가 당해 권리를 보장하는 법률이 적용되는 근로자이어야 하는지 즉, 근로자성 문제가 거론되는 이유**
>
> 전직금지약정이 유효 또는 무효인지 여부를 판단함에 "이직한 근무자가 근로기준법상 근로자에 해당하지 않아 '약정은 유효하다' 또는 '약정은 무효이다'"라는 식의 주장을 하곤 한다. 가령 사용자 입장에서는 직원 채용 시 비용 절감 차원에서 4대보험 미가입 조건으로 고용하고, (직원)퇴사 후 전직금지약정 분쟁이 발생한 경우 근로자성 유무를 주장하며 자신에게 유리한 해석을 하는 수단으로 사용하기도 하며, 반대로 직원이 사용자와의 약정을 어기고 경쟁업체로 이직했음에도 근로자성 유무를 자신에게 유리하게 해석하여 근로자성을 쟁점의 대상으로 하기도 한다.
>
> 근로자성 판단과 관련하여, 미용학원 강사가 미용학원으로부터 보수를 받으면서 근로소득세가 아닌 사업소득세를 납부하였고, 이른바 4대 보험도 가입되어 있지 않은 경우 이를 근로자 보아야 할 것인지에 대한 문제에서 법원은 "강사가 미용학원 운영자로부터 강의종목·강의시간·강의장소를 지정받아 거의 매일 출근하여 정해진

강의시간표에 따라 직접 강의를 하고, 수강생이 없어 폐강하는 경우를 제외하고는 수강생 수에 따른 보수의 증감 없이 단위 시간당 일정액을 보수로 지급받았다면, 비록 강의일정에 따라 근무시간이 변경되고, 강의내용이나 방법 등에 관하여 위 운영자로부터 구체적·개별적인 지휘·감독을 받지 않았으며, 근로소득세가 아닌 사업소득세를 납부하였고 '4대보험'에도 가입되어 있지 않았다고 하더라도 「근로기준법」상 근로자에 해당한다"고 볼 수 있다고 판단하였다(대법원 2007. 9. 7. 선고 2006도777 판결 참조).

전직금지약정 사건에서 근로자의 근로자성 유무가 판단에 어떠한 영향을 미치는지 문답으로 확인해 보자.

⚖ 관련법리

근로기준법상의 근로자에 해당하는지 여부는 계약의 형식이 고용계약인지 도급계약인지보다 그 실질에 있어 근로자가 사업 또는 사업장에 임금을 목적으로 종속적인 관계에서 사용자에게 근로를 제공하였는지 여부에 따라 판단하여야 하고, 위에서 말하는 종속적인 관계가 있는지 여부는, 업무 내용을 사용자가 정하고 취업규칙 또는 복무(인사)규정 등의 적용을 받으며 업무 수행 과정에서 사용자가 상당한 지휘·감독을 하는지, 사용자가 근무시간과 근무장소를 지정하고 근로자가 이에 구속을 받는지, 노무 제공자가 스스로 비품·원자재나 작업도구 등을 소유하거나 제3자를 고용하여 업무를 대행하게 하는 등 독립하여 자신의 계산으로 사업을 영위할 수 있는지, 노무제공을 통한 이윤의 창출과 손실의 초래 등 위험을 스스로 안고 있는지, 보수의 성격이 근로 자체의 대상적 성격인지, 기본급이나 고정급이 정하여졌는지 및 근로소득세의 원천징수 여부 등 보수에 관한 사항, 근로제공 관계의 계속성과 사용자에 대한 전속성의 유무와 그 정도, 사회보장제도에 관한 법령에서 근로자로서 지위를 인정받는지 등의 경제적·사회적 여러 조건을 종합하여 판단하여야 한다.

다만, 기본급이나 고정급이 정하여졌는지, 근로소득세를 원천징수하였는지,

> 사회보장제도에 관하여 근로자로 인정받는지 등의 사정은 사용자가 경제적으로 우월한 지위를 이용하여 임의로 정할 여지가 크다는 점에서, 그러한 점들이 인정되지 않는다는 것만으로 근로자성을 쉽게 부정하여서는 안 된다.
> (부산지방법원 2023. 7. 13. 2022가단6498 판결 참조).

▶ 전직금지약정에 반하여 이직한 경우, 근로자성 판단 여부의 문제

Q. 乙은 사용자 甲과의 전직금지약정에 반하여 동종업종에 재취업하여 甲으로부터 손해배상소송을 당하였다. 이 경우 乙의 근로자성 여부가 판단 대상이 되는지?

A. 직업선택의 자유와 근로의 권리는 국민의 기본권에 속한다. 따라서 전직금지약정은 사용자의 영업비밀이나 노하우, 고객관계 등 전직금지에 의하여 보호할 가치 있는 사용자의 이익이 존재하여야 한다.

따라서 계약상 내용이 근로계약이 아닌 듯한 내용을 규정하거나 근로기준법 등 노동관계법이 적용되지 않는다고 규정한 것은 없는지, 근로계약에 적용되는 여러 가지 법률적 제한을 잠탈하기 위한 목적에서 사용자에 의해 일방적으로 강요된 내용으로 작성된 것은 없는지 등을 살펴야 한다. 이는 전직금지약정이 근로기준법 제20조[185]에 따른 일종의 위약 예정에 해당한다고 볼 여지도 있기 때문이다.

☞ 乙의 근로자성 여부도 판단 대상이 된다.

---

[185] 「근로기준법」 제20조(위약 예정의 금지) 사용자는 근로계약 불이행에 대한 위약금 또는 손해배상액을 예정하는 계약을 체결하지 못한다.

▶ 전직금지약정 유효성 판단에 '정규직 또는 프리랜서' 등인지 여부가 영향을 미치는지

Q. 전직금지약정의 유효성을 판단함에 있어, 근로자가 정규직 근무자였는지 프리랜서 근무자였는지 여부가 유효성 판단의 대상이 될 수 있는지?

A. 근로자가 정규직으로 근무했는지 또는 프리랜서로 근무했는지가 전직금지 유효성 여부를 결정짓는 요소라고 할 수는 없지만, 전직금지기간의 정도(장기간 또는 단기간)에 따라 프리랜서 지위에서 근무했던 자를 우선 고려하여 판단할 수는 있다. 이를테면 정규직 직원의 지위가 아니라 프리랜서 강사의 지위에서 영어 발레 프로그램 강의를 진행한 근로자에게 동종업계에서 2년간 종사하지 못하도록 하는 전직금지약정이 직업선택의 자유나 근로의 권리를 지나치게 제한하는 것으로 판단한 바 있는데,[186] 이는 상대적으로 근로 지위가 좀 더 불안정한 지위에 있는 자임을 고려하여 장기간의 전직금지에 대해 그 약정의 유효성 판단에 탄력적으로 접근을 한 것으로 볼 수 있다.

▶ 근로기준법상 근로자가 아닌 회사의 임원은, 전직금지약정의 유효 여부를 판단함에 근로자와 다른 기준이 적용되는지

Q. 회사의 임원인 甲이 전직금지약정을 위반하여 전직금지기간에 경쟁업체로 취업하였다. 이처럼 전직금지약정에 대한 유효성 여부를 판단하는 과정에서 퇴직 경위를 살핌에 있어, 甲이 근로기

---

[186] 서울동부지방법원 2022카합10207 결정 참조.

준법상 근로자가 아니라는 이유로 다른 기준이 적용되는지?

A. 직업선택의 자유와 근로권은 헌법이 보장하는 모든 국민의 기본권이므로 甲이 근로기준법상 근로자인지 여부와 관계없이 전직금지약정의 유효 여부를 판단함에 있어서 동일하게 적용될 수 있다.[187]

▶ **근로계약 불이행 등의 이유로 근로자에 대한 위약금 등 약정을 할 수 있는지**

Q. 사용자가 근로자의 근로계약 불이행 또는 근로해태(勤勞懈怠)에 따른 위약금 또는 그 손해배상액을 예정할 수 있는지?

A. 근로기준법 제20조는 "사용자는 근로계약 불이행에 대한 위약금 또는 손해배상액을 예정하는 계약을 체결하지 못한다"라고 규정하고 있다. 근로자가 근로계약을 불이행한 경우 반대급부인 임금을 지급받지 못한 것에서 더 나아가 위약금이나 손해배상금을 지급하여야 한다면 근로자로서는 비록 불리한 근로계약을 체결하였다 하더라도 그 근로계약의 구속에서 쉽사리 벗어날 수 없을 것이므로, 위와 같은 위약금이나 손해배상액 예정의 약정을 금지함으로써 근로자가 퇴직의 자유를 제한받아 부당하게 근로의 계속을 강요당하는 것을 방지하고, 근로자의 직장선택의 자유를 보장하며 불리한 근로계약을 해지할 수 있도록 보호하려는 데에 위 규정의 취지가 있다.[188]

---

[187] 수원지방법원 2022. 11. 23. 선고 2021나96006 판결 참조.
[188] 대법원 2004. 4. 28. 선고 2001다53875 판결 참조.

따라서 사용자는 근로해태(勤勞懈怠)에 따른 위약금 또는 그 손해배상액을 예정할 수 없다.

근로자의 근로계약 불이행 또는 근로해태에 따른 위약금 또는 그 손해배상액을 예정하는 계약에 대한 예시

1. 각서인은 자신이 설립한 ○○의 경쟁업체로 설립한 ●●을 0000. 00. 00.까지 폐업 및 폐업신고를 하고 ○○에서 성실하게 근무한다. 이를 위반할 경우 각서인은 ○○에서 퇴사하며 ★★에게 손해배상으로 50,000,000원을 지급한다.

2. 각서인은 영업을 하여 ○○이 거래처에 공급하였으나 대금을 지급받지 못한 미수금을 성실하게 회수하여 위 ○○에게 미수금을 귀속시키도록 최선을 다하며 퇴사시 퇴사일로부터 1년 내에 각서인의 책임으로 위 미수금을 수금하여 이를 ★★의 ○○에 귀속시킨다. 만약 각서인이 거래처로부터 1년 내에 미수금을 변제받지 못할 경우 각서인이 ★★에게 개인적으로 미수금을 변제한다.

ⓕ 전직금지 유효성 판단기준과 전직금지

> **📖 미리 하는 학습**
>
> **회사 입장에서, 전직금지약정의 유효성을 위해 소명해야 할 사항**
>
> 경업금지약정이 유효하기 위해서는 신청인 회사가 '영업비밀이나 노하우, 고객관계 등 경업금지에 의하여 보호할 가치 있는 사용자의 이익'을 소명하여야 한다(서울남부지방법원 2019. 10. 15. 결정 2019카합20387 결정 참조).

▶ **전직금지약정에 대한 유·무효 판단은 어떤 기준(분쟁을 방지하기 위해 전직금지약정 시 점검해 볼 사항)으로 하는지**

Q. 甲 회사(이하 '甲')는 乙을 고용하며 乙이 퇴사하게 되면 일정 기간 동안 甲과 경쟁업체에 취업을 금지(또는 제한)하는 전직금지약정을 체결하였다. 그런데 乙은 甲과의 약속을 지키지 않고 甲과 경쟁관계에 있는 丁 회사에 취업하였다. 甲은 乙의 이직이 계약 위반이라는 입장, 乙은 전직금지약정이 무효라는 주장을 하며 분쟁이 발생하였다.

이와 같은 분쟁을 사전 예방하기 위해 전직금지약정을 체결함에 어떤 점을 주의하여야 하는지?

A. 사용자 또는 근로자가 "전직금지약정을 체결함에 있어 어떤 점을 주의하여야 하는지?"라는 질문은, 바꿔 말해 "법원은 어떤 기준으로 전직금지약정의 유·무효를 판단하는지?"라고 할 수 있다. 그 이유는 법원이 전직금지에 대해 어떤 기준으로 유·무효를 판단하는지 알면, 그 판단기준에 따라 유효한 범위로 전직금지약정을 체결할 수 있기 때문이고 이렇게 체결된 약정은 무효로 볼 여지가 줄어들기 때문이다.

따라서 아래 법원에서 제시하고 있는 전직금지약정에 대한 유·무효 판단기준에 따라 전직금지약정을 체결하면 도움이 될 것이다.

A1('보호할 가치 있는 사용자의 이익'이 있는지 점검하라). - 전직금지약정의 유효성은 민법 제103조[189]에 의해 판단되는데, 이러한 유효성 판

---

[189] 「민법」 제103조(반사회질서의 법률행위) 선량한 풍속 기타 사회질서에 위반한 사항을 내용으로 하는 법률행위는 무효로 한다.

단은 첫째, 보호할 가치 있는 사용자의 이익 여부를 살펴본다.

이때 '보호할 가치 있는 사용자의 이익'이라 함은 (i)「부정경쟁방지법」 제2조 제2호에 정한 영업비밀[190], (ⅱ) 영업비밀까지는 아니더라도 당해 사용자만이 가지고 있는 지식 또는 정보로서 근로자와 이를 제3자에게 누설하지 않기로 약정한 것, 또는 (ⅲ) 고객관계나 영업상의 신용의 유지를 말한다.[191] 따라서 보호할 가치 있는 사용자의 이익은 정보를 보유한 사용자 입장에서는 지켜야 할 대상으로 만일 경쟁업체로 유출될 경우 상당한 타격을 입을 수 있는 것으로 이해될 수 있다.

이와 관련하여 법원은 회사가 보유하고 있는 정보 등이 영업비밀에 이르지는 아니더라도 사용자(회사)만이 가지고 있는 지식이나 정보 또는 노하우로서 그 구축과정에서 사용자의 상당한 노력과 투자 시행착오 등이 있어, 그러한 정보들이 경쟁업체에 유출될 경우 경쟁업체는 최초 정보를 습득한 사용자보다 적은 노력과 비용을 투입하고도 개발 이익을 얻게 되어 사용자에게 손해를 가져다줄 경우 보호할 가치 있는 사용자의 이익이 있다고 판단하였다.[192]

A2('근로자의 퇴직 전 지위'를 확인하라). - 둘째, 근로자가 퇴직 전 근무 기간 및 직위 즉, '근로자의 퇴직 전 지위'를 판단한다.

전직금지와 관련하여 분쟁이 발생하면 근로자가 퇴직하기 전에 회사에서 어떤 직위를 갖고 어떤 업무를 담당했는지를 판단하는데, 이는 임원이나 부서의 책임자가 아닌 근무 기간이 짧은 하급 직원일 경우 회사 내 중요정보에 대한 접근권한이 없거나 근무 중 지득할 수 있는 정보 및 자료의 범위가 한정적이기 때문이다. 즉, 지득할 정보나 자료의 범위가 한

---

[190] 「부정경쟁방지법」제2조 제2호에 따르면 영업비밀은 (i) 비공지성, (ⅱ) 경제적 가치, (ⅲ) 비밀관리성을 그 요건으로 하고 있다.
[191] 대법원 2010. 3. 11. 선고 2009다82244 판결 참조.
[192] 서울중앙지방법원 2022카합21499 결정 참조.

정적이라는 것은 이른바 회사가 보유한 고급 정보를 취할 가능성이 상대적으로 적기 때문에 이들의 전직이 영업비밀 등 유출로 이어진다고 단언할 수 없고, 따라서 영업비밀 유출 등의 이유로 이들의 이직을 제한할 근거가 희박하다는 것을 의미한다. 바꿔 말해 근무 기간이 길어 회사 사정을 잘 알고 있는 임원 등 상위 포지션에 있는 핵심 직원의 경우 상대적으로 중요정보를 다루는 일이 많으므로 사용자 입장에서는 일반 직원보다 장기간 근무한 자 또는 임원 등의 전직을 금지시킴으로써 얻을 이익이 일반 직원보다 더 많기 때문이다.[193]

A3('전직금지의 대상, 기간 등'을 확인하라). - 셋째, 전직금지기간이 근로자에게 가혹할 만큼 장기간(長期間)인지 여부를 판단한다.

일반적으로 전직금지약정상 전직을 금지하는 기간은 짧게는 3개월에서 길게는 5년까지 다양하다. 물론 사용자 입장에서는 근로자의 전직금지기간을 최대한 장기간으로 하고 싶겠지만, 기간의 설정은 업종 및 해당 업종에서의 기술개발 속도 등에 따라 달리 정하는 것이 타당하고 법원의 판단도 그러하다. 이에 반도체 관련 분야의 경우 기술집약적 산업으로 진입장벽이 높은 점이 고려되어 타 업종보다 비교적 장기간 전직금지기간을 인정해 주기도 한다(다만, 같은 업종 비슷한 사안이라고 하더라도 심리하는 법원마다 인정해 주는 기간이 상이한 경우도 종종 있다). 이와 관련하여 법원은 반도체 관련 분야 전직금지 사건에서 기술집약적 산업으로 진입장벽이 높아 경쟁업체의 범위가 어느 정도 한정되는 점, 경쟁업체 사이에는 현재 세계 시장 점유율에 있어 상당한 격차가 있는데, 그러한 격차를 유지하기 위해서는 지속적인 기술개발뿐만 아니라 기술의 유출 방지가 필요한 점, 반도체 관련 기술의 개발 속도가 비교적 빠른 편이기는 하나, 채무자가 지득한 채권자 회사의 기술과 장기 개

---

[193] 수원지방법원 2022카합10438 결정 참조.

발계획 관련 정보들은 새로운 기술의 개발에도 불구하고 여전히 유용한 정보로서 활용 가치가 있고, 그러한 기술이나 정보가 유출될 경우 채권자의 유·무형적 손실과 그로 인해 경쟁업체들이 얻는 이익이 상당할 것으로 보이는 점, 손해배상이나 위반 결과의 제거 등 사후적인 구제 수단만으로는 채권자의 손해가 충분히 전보된다고 보기 어려운 점 등을 종합하여 판단한 결과 전직금지약정의 전직금지대상이 지나치게 포괄적이라거나 2년이라는 전직금지기간이 과도하게 장기간이라고 볼 수 없고, 사용자의 기술 및 경영정보를 보호하기 위하여 필요한 범위 내라고 판단하였다.[194]

A4('근로자의 퇴직 경위'를 되짚어 생각해 보아라). - 넷째, 근로자가 퇴직하게 된 경위에 대해 판단하게 된다.

사용자가 특별한 이유 없이 근로자에게 인사상 불이익을 주는 등 부당한 대우를 하여 근로자에게 퇴직의 계기를 제공하게 한 경우 작성한 전직금지약정은 사용자에게 불리하고, 반대로 여러 가지 조건을 제시하며 퇴직을 만류한 경우 사용자에게 유리한 정황으로 볼 수 있다. 따라서 사용자 입장에서는 근로계약서, 비밀유지약정서 등 서류에 근로자에게만 불리한 내용으로 부당한 지시에 불만을 품고 퇴사하는 일이 발생하지 않도록 입사 후부터 퇴사 전에 작성하는 각종 서약서의 내용이 일방에 치우치지 않도록 주의할 필요가 있다.

A5('전직금지약정에 대한 대가'를 지급했는지를 살펴보아라). - 다섯째, 전직금지약정으로 사용자가 근로자에게 대가를 지급하였는지 여부를 살펴본다.

사용자가 보호할 가치 있는 사용자의 이익을 이유로 근로자로 하여금

---

[194] 서울중앙지방법원 2022카합21499 결정 참조.

퇴사 후 경쟁업종으로의 전직을 금지하면서 어떠한 대가를 지급하지 아니한다면 근로자의 생계를 심각하게 위협하는 결과를 낳게 될 것이다. 다만 전직금지약정에 대한 직접적인 보상이 없었다는 이유만으로 전직금지약정을 무효라고 단정할 수는 없지만,[195] 직접적이든 간접적이든 전직금지약정에 대한 대가 여부는 약정에 대한 유무효를 판단하는 기준이 된다. 십 수년간 근무한 근로자를 영업비밀 누설 등의 이유로 퇴사 후 동일 경쟁업종으로의 전직을 금지하면 해당 업종 외 다른 업무 경험이 없는 근로자의 생계에 심각한 피해를 주게 될 것이기 때문에 이에 합당한 대가 지급은 필요한 것이기에 대가 여부는 전직금지약정의 유무효를 판단하는 기준이 된다.

A6(사용자의 업종, 보호하고자 하는 정보가 '공공의 이익 등 기타 사정'이 있는지 살펴보아라). - 여섯째,「부정경쟁방지법」의 보호 객체인 영업비밀뿐만 아니라 산업기술보호법에 따라 국가핵심기술로 지정된 분야의 기술은 특히 '보호할 가치 있는 사용자의 이익'이 있는 것으로 볼 가능성이 매우 높다.

따라서 공공의 이익이 있다면 전직금지약정이 근로자의 직업선택의 일정 부분을 제한하더라도 유효한 약정으로 볼 여지가 있다.

▶ **보호할 가치 있는 사용자의 이익을 충족하기 위한 요건은**

Q. 전직금지약정을 통해 보호할 가치 있는 사용자의 이익이 인정되기 위한 요건은?

A. 전직금지약정을 통해 보호할 가치 있는 사용자의 이익이 인정되기 위해서는, 재직하는 동안 통상적으로 얻을 수 있는 지식

---

[195] 서울중앙지방법원 2022카합21499 결정 참조.

을 넘어 사용자만이 가지고 있는 특수한 지식 또는 정보이어야 한다. 따라서 관련된 정보들이 비공지성을 갖추지 못하였거나 경제적 유용성이 없고, 비밀관리성을 갖추지 못한 정보에 해당한다면 이러한 정보들을 통해 얻을 수 있는 지식이나 노하우는 직무수행 과정에서 통상적으로 얻을 수 있는 수준에 그칠 것으로 볼 수밖에 없으므로 보호할 가치 있는 사용자의 이익으로 인정될 수 없다.

결국 재직 당시 습득한 지식과 경험이 동종영업에 종사한 자로 하여금 취득할 수 있는 일반적인 수준에 불과할 것으로 보인다면, 사용자에서 근무하면서 습득한 일반적인 기능이나 지식을 어떤 장치 개발에 활용하였더라도 사용자의 영업활동에 지장을 준다고 할 수 없다.[196]

▶ 직급이 낮거나 보조적 역할을 한 자에 대한 전직금지약정이 회사에게 '보호할 가치 있는 사용자의 이익'으로 평가될 수 있는지

Q. 甲 회사는 직원 乙이 근무 중 알게 된 시행사 담당자들의 연락처 등 고객정보 유출을 우려하여 동일 또는 유사 및 직간접적으로 경쟁관계에 있는 회사의 취업을 금지하는 약정을 체결하였다. 그런데 乙은 직급이 낮은 평사원으로 보조자로서의 역할을 했을 뿐인데, 전직금지약정을 통하여 얻을 이득이 있다고 할 수 있는지?

A. 乙이 甲 회사에서 근무하는 동안 습득한 정보가 회사의 중요한 자산에 해당하고, 乙 또한 이를 분명하게 인식하고 있었던 상

---

[196] 인천지방법원 2023. 11. 24. 선고 2019가합62177 판결 참조.

태에서 습득한 정보를 활용할 여지가 있다고 판단된다면 비록 乙의 직위(사원, 대리 등)가 낮거나 책임자의 일을 도운 보조적 역할을 하였다고 하여 전직금지약정을 통하여 甲 회사의 이익이 보호할 가치가 없다고 할 수 없다.[197]

따라서 乙이 평사원(또는 보조적 업무행위자)이었음에도 담당하는 업무의 내용이 중요한 것으로 추후 이를 타 회사에 활용할 여지가 있다면, 甲 회사는 乙과 일정기간 전직을 금지하는 약정의 필요성이 인정될 것이다. 다만, 약정이 甲 회사의 보호할 가치가 있다고 하더라도 이것으로 끝나는 것이 아니라 전직을 금지하는 기간(ex, 6개월, 1년, 2년 등)이 합리적인지는 별도의 판단을 거쳐야 한다.

▶ **사용자와 근로자가 전직금지약정에 대해 상반된 주장을 할 경우, 약정의 유효성 입증의 주체는**

Q. 甲 회사는 전직금지약정이 유효하다고 주장하는 반면, 퇴사를 앞둔 乙은 무효인 약정에 따를 의무가 없다고 맞서고 있다. 이처럼 사용자와 근로자가 전직금지약정의 유·무효를 주장하며 상반된 입장일 경우, 전직금지약정의 유효성에 대한 입증은 누가 하여야 하는 것인지?

A. 전직금지약정의 유효성을 인정할 수 있는 제반 사정(이를테면 헌법상 보장된 근로자의 직업선택의 자유와 근로권 등을 과도하게 제한하거나 자유로운 경쟁을 지나치게 제한하지 않았다는

---

[197] 수원지방법원 안양지원 2020카합10028 결정 참조.

등의 내용)은 사용자가 주장·증명할 책임이 있다.[198]

 **여기서 잠깐!**

사용자와 근로자는 각자가 처한 입장이 다른바, 서로 상반되는 주장을 할 수밖에 없다. 이에 전직금지가처분 신청시 사용자와 근로자에게 유리(또는 불리)한 사정들은 어떤 것들이 있을지 아래와 같이 정리해 본다.

※ **사용자 입장에서 '유리'한 사정들**
① 회사는 상당한 기간 동안 관련 분야에서 지속적인 기술개발을 하여 왔고, 시장에서 의미 있는 반응을 얻어왔음
② 근로자는 10년 이상 비교적 오랜 기간 회사의 직원으로 근무
③ 근로자는 퇴직 직전에는 회사에서 영향력 있는 위치에서 근무(예를 들어, 연구개발본부 제1그룹 BITA(전장 정보기술구조) 팀장으로서 20명이 넘는 팀원들을 관리하면서 다수의 연구개발 사업을 담당)
④ 회사는 퇴직하는 근로자와 전직금지약정을 체결하였는데, 그 약정서에는 영업비밀 목록이 나름 자세하게 기재되어 있고, 전직하면 안 되는 동종 내지 유사, 경쟁업체도 상당히 구체적으로 적시(이 부분의 주장은 '양날의 검'이 되어 때론 사용자에게 불리하게 작용할 수도 있다. 후술하는 내용 참조)

☞ 이와 같은 사정들 즉, 채권자 회사가 보유하고 있는 것으로 보이는 지식재산권 내지 노하우 등의 정도, 채무자(근로자)의 근무기간 및 퇴직전 지위, 이 사건 경업금지약정의 내용 등을 종합하여 볼 때, 이 사건 전

---

198 대법원 2016. 10. 27. 선고 2015다221903(본소), 2015다221910(반소) 판결 등 참조.

직금지약정 전체가 채무자의 직업선택의 자유와 근로권을 과도하게 제한하는 것으로서 민법 제103조에 따라 무효라고 단정하기는 어려워 보인다. 채무자에게 이 사건 전직금지약정에 대하여 별도의 대가가 지급된 것인지 확실치 않고, 약정 위반에 따른 위약벌이 3억 원으로 상당히 거액이라는 등의 사정이 있지만, 그러한 사정들이 있다고 하여 약정 전부가 일괄하여 아무런 효력이 없는 것이라고 단언하기는 쉽지 않다(수원고등법원 2022라329 결정 참조).

※ **사용자 입장에서 '불리'한 사정들**
① 근로자가 전직금지약정에 대하여 직접적으로 경제적 보상을 받은 바 없는 점
② 근로자의 전공과 속한 업계(IT 업체)는 기본적으로 지식 등의 변화 속도가 빠른 곳인 점
③ 전직금지약정서에 영업비밀 목록이 나름 자세하게 기재되어 있고, 전직하면 안 되는 동종 내지 유사, 경쟁업체도 상당히 구체적으로 적시(이 부분의 주장은 '양날의 검'이 되어 때론 사용자에게 불리하게 작용할 수도 있다. 후술하는 내용 참조)

☞ 이 사건 전직금지약정에서 정한 전직금지기간 2년은 합리적인 제한으로 인정되는 범위를 넘는다고 보인다. 이 사건 전직금지약정이 전부 무효가 아니라고 하더라도, 기록에 의하여 알 수 있는 다음과 같은 사정들을 고려하여 볼 때 이 사건에서 피보전권리나 보전의 필요성이 충분히 소명되었다고 보기 어렵다(수원고등법원 2022라329 결정 참조).

※ "약정서에 '전직하면 안 되는 업체'에 대해 구체적으로 작성"하였음에도 이것이 오히려 양날의 검이 되어 때론 사용자에게, 때론 근로자에

게 불리하게 작용할 수도 있는 사정과 그 이유

☞ 이 사건 전직금지약정에는 전직하면 안 되는 동종 내지 유사, 경쟁업체가 구체적으로 적시되어 있는데, 적시된 업체의 수는 D, E 등 20개이다. 업체의 기재는 예시에 불과하다고 할 수 있고, 또한 구체적 업체명 뒤에 '등'이라는 포괄적 문구가 기재 되어 있기는 하지만, 어쨌든 C(채무자가 전직한 회사)는 채권자 본인이 작성한 것으로 보이는 이 사건 전직금지약정에 동종 내지 유사, 경쟁업체로 기재되어 있지 않다. 이는 채권자가 자신의 주요하고 핵심적인 기술영역 안에서의 경쟁 내지 유사업체로 C라는 존재를 인식하지 않고 있었음을 추단케 하는 정황이다. 이는 채권자가 C라는 업체 자체를 몰랐기 때문일 수도 있지만, 현재 C의 주요 업무영역이 당장은 채권자의 그것과 겹치지 않기 때문일 수도 있다.

⑧ 전직금지에 대한 대가와 전직금지

▶ **퇴직 근로자에게 반드시 전직금지약정의 대가를 지급해야 하는지**

Q. 乙은 20년간 근무한 甲 회사를 퇴사했지만, 2배의 연봉 등 파격적인 조건을 제시하는 경쟁업체에 취업할 수 없었다. 그 이유는 퇴사 후 3년간 경쟁업체로 취업을 할 수 없다는 전직금지약정 때문이었는데, 이 경우 甲 회사의 乙에 대한 전직금지약정에 대한 대가 제공은 필수적인 것인지?

A. 전직금지약정에 대한 대가 제공은 전직금지약정이 유효한지 아닌지에 대한 판단기준 중 하나임은 분명하다.

그러나 그 대가 지급이 약정의 유·무효를 판단하는 절대적인 요소라고 보기는 어렵다. 다만 근로자는 약정으로 동종업종으로의 취업이 금지되므로 그에 따른 합리적인 보상이 뒤따라야 한다는 데에 이견이 없다. 여기서 대가 지급은 직접적일 필요는 없으며 그 수단 또한 금전일 필요는 없다. 따라서 전직금지약정을 직접적인 원인으로 한 금전 보상이 없었다는 사정만으로는 전직금지약정이 무효라고 볼 수는 없다.[199]

▶ 사용자가 퇴직 근로자에게 전직금지약정에 대한 조치를 결여하거나 현저하게 낮은 대가를 지급하기로 한 경우, 그 약정의 효력은

Q. 사용자가 근로자와의 전직금지약정에 따라 근로자에게 약정에 대한 조치를 결여하거나 현저히 낮은 대가를 지급하기로 하는 약정을 한 경우, 그 약정이 유효하다고 할 수 있는지?

A. 사용자의 근로자에 대한 대가 조치는 계약에 기초한 전직금지의무의 불가결의 요건이고, 따라서 대가 조치를 결여하거나 현저하게 낮은 대가를 정한 전직금지약정은 특별한 사정이 없는 한 전직금지 의무의 요건을 충족하지 않고 직업선택의 자유가 객관적 가치 질서로서 형성하고 있는 선량한 풍속 기타 사회질서에 반하여 무효가 된다고 해석함이 상당하다.[200]

---

[199] 서울중앙지방법원 2022카합21499 결정 참조.
[200] 서울중앙지방법원 2008. 1. 10. 선고 2007가합86803 판결 참조.

여기서 전직금지에 대한 대가를 지급함에 "특별한 사정이 없는 한"이라는 문장을 주의 깊게 살펴봐야 할 것이다.

▶ **전직금지약정에 대한 유효성 인정을 위해, 그에 대가로서 직접적이고 명시적인 금전 지급 외 다른 방법은 없는지**

Q. 전직금지에 대한 적절한 대가로서 금전을 지급하는 방법 외에 다른 수단은 없는 것인지?

A. 전직금지약정을 체결하며 근로자가 퇴사 후 일정기간 경쟁업체로의 전직을 금지하기 위해 전직금지의 대가를 지급함에 있어 퇴사자에게 고문계약, 자문계약 등의 이름으로 위촉계약을 체결하여 기존 회사에서 자문(고문)위원으로 활동(사실상 특별히 하는 일은 없음)하며 비용을 보전해 주는 방법으로 전직금지에 대한 대가를 지급하는 경우가 있는데, 이렇듯 전직금지에 대한 대가는 전직금지의 유효성을 판단하는 하나의 요소이지만 절대적인 것은 아니고, 그 방법은 다양하게 실시할 수 있다.[201]

영업비밀 보호 서약서

2. 본인은 퇴직 후 2년간 채권자의 영업비밀을 이용하여 창업하거나 채권자와 동종업계나 동일직종의 타 회사로 전직하지 않을 것을 서약합니다.

---

[201] 수원지방법원 안양지원 2022카합10066 결정 참조.

> **자문위원위촉계약서**
>
> 제3조(위촉기간) 0000. 1. 1.부터 0000. 12. 31.까지
>
> 제4조(보수의지급) ① 채권자는 채무자에게 월 0,000,000원의 자문료를 지급한다.
>
> ③ 채권자는 채무자의 원활한 자문활동수행을 위해 차량, 활동비 등 지원할 수 있으며, 지원의 범위와 세부 지원 기준은 채권자가 정하는 바에 따른다.
>
> ④ 자문료 및 자문활동 지원 외에 건강보험, 국민연금, 자녀학자금, 건강검진, ○○패밀리카드 연회비 등 기타 복리후생에 관한 사항은 채권자가 별도로 정하는 바에 따른다.
>
> 제5조(경업금지) 채무자는 퇴직일로부터 2년(0000. 1. 1.부터 0000. 12. 31.까지) 채권자와 경쟁관계에 있는 업체에 상근 또는 비상근 임원으로 종사할 수 없다.

▶ **전직금지에 대한 명시적인 대가 외에 특별한 대가 또는 상당한 수준의 급여가 적절한 대가로 인정될 수 있는지**

Q. 근로자에 대한 특별한 대가 또는 상당한 수준의 급여 사실이 있었다면, 전직금지에 대한 대가가 있었다고 인정받을 수 있는지?

A. 명시적인 대가가 아니어도 특별한 대가 또는 포괄적인 대가관계에 있었다고 볼만한 상당한 수준의 급여 사실이 있었다면 비록 일시불의 대가 지급이 없었다고 하더라도 전직금지에 대한 대

가 지급이 인정될 수 있다.[202]

▶ **전직금지약정에 대한 대가 외에 약정의 유효성 인정을 위해 고려해야 할 사항은**

Q. 乙은 甲 회사와의 전직금지약정에 따라 퇴사 후 일정기간 동안 창업(내지 취업)을 할 수 없었다. 그런데 甲 회사는 乙에게 전직금지에 대한 명시적인 대가(보상)를 지급하지 않았다. 이처럼 사용자가 전직금지에 대한 명시적인 대가를 지급하지 않은 경우, 유효성 인정 판단을 위해 추가로 고려되어야 할 사항은 어떤 것들이 있는지?

A. 명시적인 대가를 지급하지 않았다는 사항만으로 전직금지약정을 무효라고 단정할 수는 없다. 즉, 대가 지급 여부가 약정의 유·무효를 판단하는 하나의 기준이 되지만, 최종적인 판단은 근로자의 퇴직 전후 사정을 종합적으로 살펴 약정의 유·무효를 판단한다. 이에 법원의 판단 근거를 제시하자면 아래와 같다.

乙의 재직기간, 직급 및 직위, 구체적인 업무 수행내역 등을 고려할 때 乙이 甲 회사에서 장기간 재직하면서 근무하는 동안 회사의 보호할 가치 있는 이익이 존재하는 정보에 접근할 수 있는 위치에 있어 이를 통해 회사가 보유한 정보를 자연스럽게 습득한 것으로 보이는 점, 乙이 甲 회사에 재직하는 동안 적지 않은 수준의 급여와 인센티브 등을 지급받아 온 점, 乙의 퇴직에 관하여 甲 회사의

---

[202] 서울남부지방법원 2022. 12. 15.자 2022카합20462, 서울고등법원 2023라20044 결정 각 참조.

책임이 있다고 볼 만한 사정은 발견되지 않고, 乙이 스스로 퇴직을 결정한 것으로 보이는 점, 전직금지약정의 대상 업체가 '경쟁업체'로 제한되어 있는 점, 전직금지약정이 공공의 이익에 반한다고 볼 만한 뚜렷한 자료도 없는 점 등에 비추어 보면, 이 사건 전직금지약정 자체가 민법 제103조에 정한 선량한 풍속 기타 사회질서에 반하는 법률행위에 해당하여 무효라고 보기는 어렵다.[203]

> ### ⚖️ 참고판례
>
> ① 채권자(회사)는 퇴직을 희망한 채무자(근로자)에게 1억 원의 특별인센티브를 제안하는 한편, 해외근무기회 제공, 사내 대학원(SSIT) 부교수직 보임, 1~2년분 연봉에 해당하는 전직금지약정금 지급 등을 제안하였으나, 채무자는 이를 모두 거절하였다.
> ② 채권자는 채무자에게 퇴직 직전 3년 동안 합계 5,500만 원의 특별인센티브를 지급하였는데, 위 특별인센티브에 관한 약정 내용에는 '적어도 퇴직 후 2년간은 동종·유사업체에 취업할 수 없다'는 내용이 포함되어 있고, 이를 위반할 경우 특별인센티브 상당액을 위약벌로 배상하도록 정하고 있으며, 위 동종·유사업체에는 C가 포함되어 있다. 위와 같이 채무자는 퇴직하기에 앞서 3년 동안 채권자 회사 직원들에게 일반적으로 지급되는 OPI(Overall Perfromance Incentive), TAI(Target Achievement IncentiveI) 등의 성과급과는 달리 전직금지의 대가로 볼 여지가 있는 특별인센티브를 지급받았다.
> ③ 채무자는 약 24년 동안 채권자 회사에 근무하면서 DRAM 설계 분야에서 전문성을 키우며 꾸준한 승진 내지 승급의 기회를 부여받았고, 약 1년 동안 미국 R대학교(R University)에서 산학프로젝트를 수행하는 해외연수 기회도 제공받았다.

---

203 수원지방법원 성남지원 2022카합50207 결정 참조.

> 따라서 채무자가 이 사건 전직금지약정에 대한 직접적인 대가로 제공받은 것은 없으나, 위와 같은 사정에 비추어 보면, 이 사건 전직금지약정을 직접적인 원인으로 한 금전보상이 없었다는 사정만으로는 이 사건 전직금지약정이 무효라고 볼 수 없다.

▶ 임원으로 근무하며 높은 수준의 연봉과 수당 등을 지급받은 경우, 이를 전직금지에 대한 대가라고 볼 수 있는지

Q. 乙은 甲 회사의 임원으로 근무하며 비교적 높은 수준의 연봉과 수당 등을 지급받았다. 이 경우, 甲 회사는 乙과의 전직금지약정에 대한 특별한 대가를 지급했다고 볼 수 있는지?

A. 乙은 甲 회사에서 근무하는 동안 甲으로부터 비교적 높은 수준의 연봉과 수당 등을 지급받았던 것으로 보이나, 이는 乙이 甲 회사의 임원 자격으로 근무한 것에 대한 대가의 지급으로 보인다고 판단될 수 있는데, 만일 이와 같이 지급된 금원이 재직 중 근로에 대한 정당한 급여로 판단된다면 甲 회사가 주장하는 사정만으로는 위 연봉 등이 乙의 전직금지에 대한 대가로 지급되었다고 보기 어렵다고 판단될 것이다.[204] 다만, 근로자와의 전직금지약정에 대한 직접적인 대가가 없었다는 사정만으로 전직금지약정이 무효라고 볼 수 없다는 판단도 함께 참고하기 바란다.

☞ 회사 입장에서는 전직금지에 대한 대가를 지급하면서 그 취지를 명시하거나 근거를 남겨놓을 필요가 있다.

---

[204] 수원지방법원 2022카합10444 결정 참조.

▶ **근로자가 전직금지약정의 대가를 받고서도 동종업체에 취업한 경우, 사용자가 취할 수 있는 민사상 조치는**

Q. 乙은 甲 회사와 "퇴사 후 5년 내 동종업종에 취업하지 않는다"는 내용의 전직금지약정에 대한 대가로 1억 원을 받았으나 퇴사 후 동종업종으로 이직하였다. 이 경우 만일 甲과 乙 사이의 전직금지약정이 무효가 아니라는 전제하에 甲 회사가 乙에게 취할 수 있는 민사상 조치는 어떤 것이 있는지?

A. 乙은 甲 회사로부터 전직금지약정의 대가로 금 1억 원을 지급받았음에도 동종업체에 취업하는 등 전직금지 의무를 위반하였으므로 乙을 상대로 채무불이행에 의한 손해배상 또는 부담부 증여계약의 해제를 원인으로 한 부당이득 반환으로 기지급한 1억 원의 지급을 구할 수 있고, 이와 별도로 전직금지약정에 기재한 내용에 따라 달라질 수 있지만, 위약금 내지는 위약벌 청구를 해볼 수 있다.[205]

✓ 여기서 잠깐!

근로자는 약정으로 동종업종으로의 취업이 금지되므로 그에 따른 합리적인 보상이 뒤따라야 한다는 데에 이견이 없지만, 그렇다고 명시적인 대가가 지급되지 않았다는 사정만으로 전직금지약정의 효력이 곧바로 부인되는 것은 아니다.

근로자가 퇴사 후 일정기간 동안 취업을 하지 않는 보상 즉, 전직금지 대

---

205 인천지방법원 2022. 11. 3. 선고 2020가합67659 판결 참조.

가를 받지 않은 경우, 설령 근로자가 전직금지의 대가로 회사로부터 명시적으로 지급받은 보상 등이 없더라도, 근로자의 해임 전 지위나 역할, 전직하게 된 경위, 전직금지기간 등을 고려할 때, 명시적인 대가가 지급되지 않았다는 사정만으로 전직금지약정의 효력이 곧바로 부인된다고 보기 어렵다.

ⓗ 전 직장과의 거리와 전직금지

✦ 알아두면 도움이 되는 사항

미용실 이용자는 미용사의 실력, 서비스 품질, 이용료 등의 정보를 바탕으로 미용실 또는 미용사를 선택한다. 그러나 미용실 이용자가 이와 같은 정보를 얻는 데 한계가 있어 미용실의 브랜드, 위치, 해당 미용실이나 미용사의 일반적인 평판이나 인상, 인테리어와 설비, 접근성 등을 종합적으로 고려하여, 미용실이나 미용사를 선택한다. 이와 같은 미용실 이용자의 성향에 따라, 미용실을 운영하는 사람은 상당한 비용을 들여 접근 가능성이 높은 곳에 미용실을 마련한 다음 고급 자재로 인테리어나 각종 설비를 갖추고 우수한 미용사를 유치하는 방법으로 미용실의 평판을 높이려고 노력한다. 다른 한편 미용실 이용자는 신뢰관계가 형성되었거나 선호하는 미용사를 계속적으로 찾게 되는 경향이 있어서 위와 같은 미용사가 해당 미용실에 더 이상 종사하지 않는 경우 쉽게 미용실을 바꾸기도 하고, 주거지 또는 근무지 등 일정한 생활반경 내에 있는 미용실을 이용하는 경우도 적지 않다.

결국 미용실 운영자의 상당한 노력과 투자를 통하여 유치된 고객에게 미용서비스를 제공함으로써 고객과의 신뢰관계가 형성된 것을 빌미로, 특정 미용사가 미용실 운영자와 계약 관계를 종료한 후 미용실 운영자의 영업장소 인근에 새로운 미용실을 개업하거나 그곳으로 이직 등을 한다면 미용실 운영자로서는 고객이 특정 미용사의 새로운 미용실로 이탈함으로써 상당한 손해를 입게 된다. 이는 미용실 운영자의 노력과 투자로 얻은 결실을 대가 없이 이용하는 것이고, 미용실 운영자의 투자 의욕을 저하시켜서 종국적으로 소속 직원의 경제적 불이익으로 이어질 수 있다는 점에서, 미용실 운영자의 위와 같은 인적·물적 투자나 노력은 일정한 범위 내에서 보호할 필요가 있다(서울서부지방법원 2023. 6. 2. 선고 2023가합30126 판결 참조).

▶ 퇴사 후 50m 떨어진 곳에 미용실을 개업한 경우, 전직금지 위반인지

Q. 헤어디자이너 乙은 전직금지약정을 위반하여 甲 미용실을 퇴사한 후 근거리인 50m 떨어진 곳에 자신의 미용실을 창업하였다. 甲은 乙을 상대로, 乙이 전 직장과 인접한 근거리에 경쟁업종을 창업한 것에 대해 甲의 생존권을 위협할 수 있다는 취지의 전직금지가처분 신청을 준비 중이다. 甲의 신청은 인용될 수 있는지?

A. 사안마다 당사자가 처한 상황이 동일하지 않고, 소명이나 입증 정도를 충분히 했는지가 다를 수 있는 만큼 영업금지·전직금지가처분의 판단은 일정하지 않을 수 있다. 그러나 위 사례와 같이 기존 사업장인 甲 미용실과 창업한 乙 미용실의 거리는 전직금지 관련 소송을 인용할지에 대한 판단 근거가 되는 것은 분명하다. 다만, 그 거리가 甲 사업장과 가깝다고 하여 무조건 甲의 가처

분 신청이 인용된다고 단정할 수 없다.

즉, 전직금지약정에서 정한 전직 제한 기간, 지역 및 범위, 근로자가 창업한 미용실 영업으로 기존 미용실의 일부 고객이 근로자를 따라 이탈하였을 가능성이 있다고 하더라도 이는 통상적인 업무 수행 과정에서 형성된 고객과 미용사 사이의 신뢰 관계에 따라 고객이 이동하는 자연스러운 현상으로 볼 수 있다고 판단된다면, 전직금지약정은 근로자의 직업선택의 자유 등을 과도하게 제한하는 것으로서 민법 제103조에 따라 무효로 볼 여지가 상당하다고 볼 수 있다.[206]

☞ 약정이 무효라고 판단되면, 가처분 신청이 인용되지 않을 것이다.

▶ 퇴사 후 300m 떨어진 곳에 미용실을 개업한 경우, 위약금 산정 시 검토해야 할 사항은

Q. 합리적으로 체결된 것으로 볼 수 있는 전직금지약정에도 불구하고, 특정 미용사가 미용실 운영자와 계약 관계를 종료한 후 미용실 운영자의 영업장소 인근에 새로운 미용실을 개업하거나 그곳으로 이직하는 경우, 미용실 운영자로서는 고객이 특정 미용사의 새로운 미용실로 이탈함으로써 상당한 손해를 입게 될 수 있다. 이때 법원이 약정 위반으로 위약금 산정을 하기 위하여 어떤 사항들을 검토하는지?

A. 사업자와 근로자가 전직금지약정을 체결하였는지 여부 그리고 전직금지약정을 체결하는 것만으로 부족하고 근로자로 하여금

---

[206] 서울남부지방법원 2023카합19 결정 참조.

그 내용이 복잡하거나 어렵지 않아 읽고 숙지하는 데 문제가 없었는지, 전직금지기간을 계약종료 후 어느 정도의 기간으로 설정하였는지, 전직금지 장소와 관련해 같은 구 또는 동 몇 km 이내 등으로 명확하게 특정하였는지 등 계약의 내용, 형식 등 종합적으로 고려하여 전직금지의 유효성을 판단하고, 이를 종합적으로 검토하여 전직금지약정이 민법 제103조에 반하여 무효가 되지 않는다면 비로소 약정을 위반한 자에 대한 위약금 액수를 산정한다.[207]

▶ **퇴사 후 2km 내에 개점할 수 없도록 제한하는 경우, 전직금지 위반인지**

Q. 乙은 미용실에 취업하면서 원장 甲과 "계약종료 후 1년 이내 같은 구 또는 동에 있는 동종업계로 전직할 수 없거나 K 미용실 반경 2km 내에 개점할 수 없도록 제한(이후 1km 이내로 완화하기도 하였다)"하는 전직금지약정을 체결하였다. 위 약정은 유효한 것인지?

A. 단지 약정 사항에 기재된 거리 및 장소 제한만으로는 유·무효를 판단할 수 없다. 다만 아래와 같은 내용으로 유·무효를 판단해 볼 수는 있을 것인바, 甲과 乙 사이에 체결된 전직금지약정에 따르면, 전직금지기간과 장소, 금지 업종, 이를 위반한 경우 발생한 위약금 등의 정보가 명확히 기재되어 있고, 乙은 계약서 전체에 대한 서명뿐만 아니라 전직금지 조항에 대하여도 해당조항 밑에 별도로 서명하였다. 이 같은 계약의 내용, 형식 등을 종합하면

---

[207] 서울서부지방법원 2023. 6. 2. 선고 2023가합30126 판결 참조.

甲은 乙에게 전직금지의무와 위약금 약정에 관한 내용을 분명하게 밝혔고, 乙도 그 내용을 어렵지 않게 이해할 수 있었다고 봄이 타당하므로 유효한 약정이라고 할 수 있다.[208]

▶ 퇴사 후 600m 떨어진 부동산에 취업한 경우, 전직금지 위반인지

Q. 甲 공인중개 사무소에서 부동산 중개보조원으로 근무하던 乙은 "퇴직 후 2년 이내에 반경 5km 이내에 부동산 사업장을 개설하거나 취업할 수 없고 이를 위반할 경우 1억 원의 배상을 하여야 한다"는 전직금지약정을 체결하였다. 그런데 乙은 퇴직 후 얼마 지나지 않아 600m 떨어진 K 부동산에 취업하였다. 이 경우 乙은 甲에게 전직금지약정을 위반에 따른 손해를 배상하여야 하는지?

A. 우선 전직금지약정의 유효성을 판단함에 약정 내용인 '반경 5km 이내 취업금지'라는 문구에 너무 매몰될 필요가 없다. 자칫 거리에 매몰되어 판단하게 되면 종전근무지와 가까운 곳에 취업하면 약정 위반, 멀리 떨어진 곳에 취업하면 약정 위반이 아니라는 그릇된 관념에 사로잡히게 된다. 이와 같은 사안은 乙이 중개보조원으로서 어떤 업무를 하였는지, 중개보조원으로 근무하면서 습득한 정보나 지식이 중개보조원이 일반적으로 갖추어야 할 지식이었는지 또는 전문적인 지식이었는지 등을 살펴보아야 한다. 또한 乙이 다루었던 정보가 甲 중개사무소만이 가지는 노하우로서 보호할 가치가 있는 영업비밀이나 고객관계와 관련된 정보인지를 따져봐야 한다. 그 외 乙의 근무기간과 전직금지기간이 합리

---

[208] 서울서부지방법원 2023. 6. 2. 선고 2023가합30126 판결 참조.

적인지 등도 고려하여 직업선택의 자유 및 영업의 자유 등을 과도하게 제한하는 것으로서 선량한 풍속 기타 사회질서에 위배된다고 판단된다면 전직금지약정은 무효로서 전직금지약정이 유효함을 전제로 한 손해배상은 인정되지 않을 것이다.

1심과 마찬가지로 항소심 법원은 본 사안에 대하여 "乙의 근무기간은 11개월에 불과한 반면 전직금지기간은 비교적 장기인 2년이고 그 대상도 부동산과 관련된 업종 전부를 포괄하고 있어 지나치게 넓은 점과 乙이 수행한 업무가 대상물에 대한 현장 안내 및 일반서무 등 단순한 업무를 보조하여 甲 중개사무소만이 가지는 노하우로서 보호할 가치 있는 영업비밀이나 고객과의 정보라고 볼 자료도 없다"는 점을 지적하며 甲과 乙 간의 전직금지약정이 직업선택의 자유를 과도하게 침해하는 것으로 선량한 풍속 기타 사회질서에 위반하는 것으로 무효라고 판단하였다.[209]

따라서 약정 자체가 무효이므로 乙이 약정에 반하여 근거리에 취업하였다고 하더라도 甲에게 손해배상책임을 지지 않는다.

▸ **퇴사 후 495m 떨어진 곳에 네일샵을 개설한 경우, 전직금지 위반인지**

Q. 네일샵을 운영하는 甲은 직원 乙이 불과 약 495m 거리에 네일샵을 개설함으로써 전직금지약정을 위반하고, 근로계약상 영업비밀을 준수하여야 함에도, 甲으로부터 교육받은 지식, 기술을 이용하여 네일샵을 개설함으로써 위 계약 및 신의칙에 반하는 행위

---

[209] 수원지방법원 2023. 11. 25. 선고 2022나96232 판결 참조.

를 하였다며 불법행위로 인한 손해배상청구를 하였다. 이 경우 판단해 봐야 할 사항들은?

A. 甲이 乙에게 교육한 문제성 발톱 관리 기술 및 지식이 보호할 가치가 있는 사용자의 이익에 해당한다고 주장하는 상황에서, 위 기술 및 지식이 동종업계에 일반적으로 알려져 있지 않은 甲의 특수한 기술 및 지식에 해당하는지 즉, 다른 업체와의 차별성 여부를 살펴야 한다.

그리고 甲이 乙에게 전직금지약정과 관련하여 대가를 지급했는지, 유사업종에 창업하는 것뿐만 아니라 취업하는 것까지 전면적으로 금지하고 있지는 않은지, 전직금지기간과 乙이 샵에서 근무한 기간과의 비교, 乙이 甲의 정보를 활용하여 영업을 한 사실이 있는지 여부 등을 살펴야 한다. 마지막으로 乙이 퇴직 후 甲과 동종의 영업을 한다고 하여 고객들의 권리 내지 관련 업계의 영업질서 등과 관련하여 공공의 이익이 침해되는지도 판단 대상이므로 전술한 모든 사항을 종합적으로 판단해 보아야 한다.[210]

여기서 잠깐!
전 근무지에서 가까운 거리에 취업 또는 창업 OK?

전직금지약정서에 거리 제한을 두고 근로자에 대한 전직 또는 경업을 금지하는 경우, 제한하는 거리가 단거리인지 장거리인지를 두고 이것만

---

[210] 수원지방법원 성남지원 2023. 6. 27. 선고 2021가합412881 판결 참조.

을 근거로 전직금지약정의 유·무효를 속단하여 판단할 수 없고, 전직금지약정을 구속하는 절대적인 요소라고 할 수는 없다.

ⓘ 약관법과 전직금지

▶ **전직금지약정이 약관법상 약관에 해당하는지에 대한 문제로서, 전직금지약정이 민법 제103조와는 별개로, 약관으로서 약관의 규제에 관한 법률 위반으로 계약의 내용으로 삼을 수 있는지**

⚖ 관련법리

약관법은 사업자가 그 거래상의 지위를 남용하여 불공정한 내용의 약관을 작성하여 거래에 사용하는 것을 방지하고 불공정한 내용의 약관을 규제함으로써 건전한 거래 질서를 확립하고, 이를 통하여 소비자를 보호하고 국민생활을 균형 있게 향상시키는 것을 목적으로 하며(제1조), 약관법상 약관이란 '그 명칭이나 형태 또는 범위에 상관없이 계약의 한쪽 당사자가 여러 명의 상대방과 계약을 체결하기 위하여 일정한 형식으로 미리 마련한 계약의 내용'을 말한다(제2조 제1호).

Q. 헤어디자이너인 乙은 미용실 사장 甲과 전직금지약정을 체결하고 근무하기 시작하였다. 그런데 乙은 "위 약정은 약관법상의 약관에 해당하는데, 甲으로부터 전직금지약정에 관한 설명을 듣지 못하였으므로 이를 계약의 내용으로 삼을 수 없고, 나아가 고객에게 부당하게 불리한 조항임과 동시에 고객에게 과중한 손해

배상 의무를 부담시키는 것이어서 약관법 제6조, 제8조에 따라 무효"라고 주장한다. 이러한 乙의 주장은 인용될 수 있는지?

A. 乙의 주장대로 전직금지약정이 약관규제법상 약관에 해당할 수도 있다. 그러나 약정의 본문 내용이 이해하기 어렵지 않은 비교적 단순한 것으로 작성된 것으로 전직금지약정을 위반한 경우 처해지는 손해배상 등의 내용에 乙이 직접 자필로 서명하였다면, 약관규제법 무효라는 주장은 인용되지 않을 것이다.[211]

ⓘ 학원업과 전직금지

▶ **학원업의 경우, 전직금지약정이 반드시 필요한 이유는**

Q. 학원업의 경우 강사가 타 학원으로 이직하는 것을 제한하는 이른바 전직금지약정이 필요한 이유는?

A. 학원업의 경우 전직금지약정을 두지 않는다면 경쟁학원이 서로 유명강사를 빼내어 가거나 해당 강사가 경쟁학원을 설립하는 경우가 빈번하게 발생하여 학원업계의 거래질서가 문란해지고, 결과적으로 강의의 연속성과 안정성을 희망하는 학원 수강생들의 정당한 수업권과 교육받을 권리가 침해될 우려가 있으므로, 공익적인 측면에서도 일정기간과 범위에서 전직을 금지할 필요가 있다.[212]

---

211 청주지방법원 충주지원 2022. 11. 23. 선고 2022가단244 판결 참조.
212 수원지방법원 안양지원 2023. 1. 13. 선고 2021가단102858(본소) 판결 참조.

▶ **학원업의 경우, 1년 미만이라는 전직금지기간에 대해 실효성 의문을 갖는 이유는**

Q. 학원업의 경우 학원 강사와의 전직금지기간을 1년 미만으로 할 경우 실효성 확보가 어려운 이유는?

A. 학원장 입장에서 안정적인 학원 운영을 위해 강사와 1년 미만의 전직금지약정을 체결하는 것은 실효성 측면에서 그다지 좋다고 할 수 없다. 이는 수강생들이 방학이나 개학 단위로 학원을 찾거나 옮기게 되는 대입 학원가의 특수성 때문이다.

예를 들어 甲 학원과 8개월의 전직금지기간을 체결한 강사 乙이 2024년 1월 입사 후 같은 해 8월까지 강의하고 K 학원으로 이직하였다고 가정하자, 이 경우 중·고등학교 1학년 또는 2학년 여름방학(7월~8월) 乙의 수업을 들었던 학생들이 2학년 또는 3학년으로 진학하고 맞이하는 다음 해 여름방학에 乙이 이직한 K 학원으로 대거 이동할 경우 1년 미만이라는 전직금지기간은 자칫 전직금지약정을 무력화할 수 있다. 그 이유는 乙은 이미 1년 미만의 전직금지기간이 끝난 상태(ex, 乙이 2024년 8월 퇴직했으므로 입사 후 8개월이 지난 다음 해 4월이 지나면 전직금지약정은 효력이 없어짐)이므로 방학 특수 전 자유롭게 타 학원으로 옮기더라도 甲과 체결한 전직금지약정을 유명무실하게 만들 가능성이 있다. 따라서 학원업의 경우 최소 1년의 전직금지기간이 필요하고 이는 전직금지약정의 실효성을 확보하기 위한 최소한의 기간으로 볼 수 있다.[213]

---

[213] 수원지방법원 안양지원 2023. 1. 13. 선고 2021가단102858(본소) 판결 참조.

 **여기서 잠깐!** 학원만 280여 개에 이르는 전국 최대 규모의 학원가, 전직금지약정을 체결해야 하는 이유

안양, 군포, 의왕, 수원, 과천, 안산 지역 학생들이 주로 모이지만, 충청도에서 오는 사람도 있다고 한다. 왕복 10차로인 평촌대로를 기준으로 양쪽 건물들이 모두 학원으로 가득하다. 이러한 상황에서 평촌 학원가에 위치한 원고학원 소속 고등학교 수학 전임강사인 피고가 인근의 다른 학원으로 이직하거나 새로운 학원을 개설할 경우 학습의 연속성을 위하여 학생들이 강사를 따라 이동할 가능성이 크다.

이러한 경우 강사인 피고가 퇴직한 원고학원은 갑자기 수강생이 줄어들어 매출액이 감소하고 학사일정에 상당한 지장이 초래되며 원고학원에 남아있던 학생들도 강의의 연속성이 저해되어 불안해하거나 그로 인해 원고학원을 다니지 않을 가능성이 있다. 원고학원을 오기 전에도 평촌 학원가에서 수학 강사로 활약하여 왔던 피고도 위와 같은 특성을 이용하여 자신이 직접 학원을 개설하거나 경쟁학원으로 이동하여 강의를 하는 등의 방법으로 더욱 많은 수익을 올리려고 시도할 여지가 있고, 특히 수학과 과학 중 학생들이 수학을 우선순위로 생각하여 과학 과목까지 이동할 수 있을 뿐만 아니라, 원고학원의 주된 고객은 안양, 군포, 의왕, 수원, 과천, 안산 지역의 수학, 과학을 보충하고자 하는 고등학생들로서 평촌 학원가의 수많은 수학을 가르치는 학원들과 주된 고객층이 겹치므로, 치열한 경쟁 속에 위치한 원고학원으로서는 위와 같은 학원 운영 및 존속의 어려움 등을 미리 방지하기 위하여 이 사건 경업금지약정을 통해 자신의 고객관계를 유지할 필요성이 있고, 이는 보호할 가치 있는 원고학원의 이익에 해당한다(수원지방법원 안양지원 2023. 1. 13. 선고 2021가단102858(본소) 판결 참조).

▶ 전직금지약정 위반에 따른 손해배상청구 소송에서 감액 주장이 가능한지

Q. 학원을 운영하는 甲은 강사 乙과 강의 용역계약을 체결하면서 "乙은 계약 만료 후 6개월 이내에 반경 3km 이내 또는 같은 동에 학원 또는 교습소를 개설하지 않는다. 만약 이를 어길 경우 1년 평균 강사료의 6개월분의 강사료를 손해액으로 배상한다"는 전직금지약정을 체결했다.

그런데 乙은 퇴사 후 1개월여 만에 甲 학원과 같은 건물 다른 층에 학원을 개설하였고, 이에 甲이 乙을 상대로 손해배상청구 소송을 제기하였다. 그러자 乙은 "전직금지 조항을 인식하지 못하고 이 사건 계약서에 서명하였으므로 전직금지의무를 부담하지 아니하고, 전직금지약정은 선량한 풍속 기타 사회질서에 반하여 무효이고, 유효하더라도 손해배상예정액이 부당히 과다하므로 감액되어야 한다"고 항변한다. 이 경우 위 약정에 기한 손해배상은 인정될 수 있는지?

A. 전직금지약정서에 자유로운 의사로 자필 서명을 하고 위 약정이 어렵거나 복잡하지 아니하다고 판단된다면, 전직금지약정의 성립에 문제가 될 수 없을 것이다. 또한 전직금지기간이 그리 길지 않고, 전직을 금지하는 장소적 제한도 그리 넓지 아니하다고 판단된다면 전직금지약정의 유효성에 문제가 없어 전직금지약정서에 기재된 손해배상예정액으로의 손해배상이 인정될 수 있을 것이다.[214]

---

[214] 창원지방법원 2023. 11. 8. 선고 2022가단119841 판결 참조.

▶ 학원 규모와 전직금지 판단과의 관계는

Q. 乙은 학원 자체의 인지도가 높지 않고, 그렇다고 딱히 특수한 교육과정도 없는 甲 운영의 K 학원에 취업하면서 전직금지약정을 하였다. 만일 乙이 약정에도 불구하고 타 학원으로 전직한 경우, 학원 규모나 인지도가 전직금지약정의 필요성을 판단함에 고려 대상이 될 수 있는지?

A. 학원 규모가 작거나 인지도가 낮은 경우 해당 강사를 따라 학생들이 이동하는 경향이 있다. 이 때문에 학원 운영의 매출에 영향을 미치므로 학원 운영자는 강사의 갑작스러운 전직에 따른 이동으로 학원 운영의 어려움 등을 미리 방지하기 위하여 고용계약 체결 시 전직금지약정을 할 필요가 있다고 보이고, 이는 보호할 가치가 있는 사용자의 이익을 판단하는 근거로 작용할 수 있다.[215] 따라서 만일 乙과 같이 상대적으로 규모가 작은 직장에서 근무하던 자가 전직금지약정을 위반하여 이직한 경우, 학원 규모는 약정의 유·무효를 판단함에 고려 대상이 될 수 있다.

ⓚ 간접강제 집행방법과 전직금지

▶ 전직금지가처분 결정에도 불구하고 근로자가 경쟁업체에 취업한 경우, 간접강제를 실시하기 위한 집행문 부여의 소를 제기해야 하는지

Q. 甲은, 乙이 甲과 '영업비밀보호 및 전직금지서약서'를 작성하

---

[215] 대구지방법원 서부지원 2023. 7. 20. 선고 2021가단58445 판결 참조.

였음에도 이를 위반하여 乙을 상대로 전직금지 등 가처분 신청과 동시에 그 결정 위반에 대한 간접강제를 구하였고, 이에 법원은 아래와 같은 결정을 내렸다.

> 1. 피고는 2022. 9. 30.까지 C 및 그 계열회사에 취업 또는 근무하거나 위 각 회사와 자문계약, 고문계약, 용역계약을 체결하는 등의 방법으로 노무 또는 용역을 제공하여서는 아니 된다.
> 2. 피고가 제1항 기재 명령을 위반하는 경우 피고는 원고에게 위반행위 1일당 1,000만 원을 지급하라.
> 3. 소송비용은 피고가 부담한다.

그런데 乙은 위 결정에도 불구하고 위장취업을 하였다. 이 경우, 甲은 전직금지가처분 결정만으로 乙의 위반행위에 대하여 간접강제 결정에 따른 금원을 구할 수 있는지?

A. 전직금지가처분 결정만으로는 곧바로 간접강제에 따른 금원을 구할 수 없다. 甲이 가처분 결정에 따른 乙의 위반행위에 대하여 간접강제에 따른 금원을 구하기 위해서는 간접강제 결정을 집행권원으로 하여 강제집행을 하기 위한 집행문을 받아야 한다.[216] 따라서 甲은 집행문을 부여받기 위하여 증명서로서 조건의 이행, 승계 또는 집행력이 미치는 사유(민사집행법 30조 2항, 31조 1항, 25조 1항)를 증명해야 할 필요가 있는 경우 이를 증명서로써, 증명할 수 없는 때에는 乙을 상대로 집행문 부여의 소를 제기하여 그 판결에 따라 집행문을 부여받을 수 있다.

---

[216] 대법원 2012. 4. 13. 선고 2011다92916 판결 참조.

Ⅲ 마무리하는 글

산업통상자원부가 2024년 1월에 발표한 기술유출 현황에 따르면 2023년까지 4년간 해외 기술유출 건수는 총 96건(2019년 14건, 2020년 17건, 2021년 22건, 2022년 20건, 2023년 23건)이었고, 그중 국가핵심기술로 지정된 유출사건만 해도 33건이었다. 또한 경찰청 국가수사본부 발표에 따르면 올 2024년 상반기 기술 유출 범죄 규모는 지난해 같은 기간 8건보다 50% 늘어난 12건으로 파악됐다.

이런 가운데 삼성전자에서 18년간 근무하며 상무로 퇴직한 후 SK하이닉스에서 부사장으로 근무한 반도체 분야 전문가가 2020년 중국에 반도체 공장을 세워 삼성전자의 핵심 기술을 빼돌린 혐의로 현재 재판을 받고 있다. 이 과정에서 삼성전자 전·현직 임직원 등 다수의 인력을 영입하여 고액연봉을 지급하는 등 영업비밀 등 국가핵심기술 보호에 비상이 걸린 상황, 이번 일로 삼성전자는 최소 3,000억 원에서 최대 수조 원가량의 피해가 예상된다는 보도가 나왔다. 영업비밀 유출 사건은 언론을 통해 어렵지 않게 접하게 되는데, 이때마다 검찰은 피해기업과 국가경제를 위협하는 중대범죄에 엄정 대응하겠다는 입장이지만, 침해행위자에게 경각심을 주지 못하는 듯하다. 이는 국내기업, 특히 중소기업의 영업비밀 보호 필요성에 대한 인식과 보호 방법에 관한 이해가 여전히 부족한 것도 있고, 영업비밀 침해행위에 대한 대법원 양형기준도 한몫한다고 생각된다. 영업비밀 침해행위에 관한 2024년도 대법원 양형기준에 따르면, 국내침해의 경우 기본 10월~3년 국외침해의 경우 기본 1년 6월~5년인데, 이마저도 영업비밀의 관리 소홀, 경미한 피해, 외부로 유출되지 않고 회수된 경우 등 감경요소가 반영되면 6월~1년 6월(국내침해), 10월~3년(국외침해)으로 감형될 수 있다.[217] 나아가 감형된 형에 집행유예가 선고되는 경우도 상당하다는 점을 감안하면 대한민국이 범죄자에게 한없이 자혜로운 국가라는 비아냥 섞인 비판을 가하는 이들도 적지 않을 것이다.

물론 회사에 대한 불만 등, "근무 여건 등 처우가 충분하지 않아서"라는 목소리도 기술유출은 어쩔 수 없었다는 이들의 목소리를 대변할 수도 있겠지만, 그렇다고 이들의 범죄가 정당화될 수는 없을 것이다. 영업비밀 침해행위로 인하여 피해가 발생하는 기업, 나아가 국가경제에 악영향을 미치는 기술 유출에 좀 더 단호한 대응이 필요해 보인다.

우리는, 한편에서는 "이 칼은 모든 창을 뚫을 수 있는 칼"이라고 단언하고, 다른 한편에서는 "이 창은 모든 칼을 막아낼 수 있다는 창"이라고 단언하는, 앞뒤가 맞지 않는 이른바 모순(矛盾)의 시간 속에서 살고 있는 것은 아닌지⋯ 그 이유는 기술유출을 막을 심박한 비밀을 알려준다며 사람들을 꾀어 온갖 훌륭하다는 보안장치를 홍보하지만 그것만으로는 유출을 100% 막는다고 장담할 수는 없기 때문이다. 또한 자신이 영업비밀 (법률)전문가라고 자처하지만 전문가도 한 치 앞을 예측하기 어려운 복잡한 세상에서 그들의 말을 쉽게 믿고 싶지는 않다. 철저한 보안에도 불구하고 유출을 완벽히 차단하기는 쉽지 않고, 한번 유출된 기술을 그 이전으로 회복하기는 더더욱 불가능한 상황에서 「부정경쟁방지법」에서 규정하는 영업비밀의 쟁점이 복잡하고 다양하다는 점과 나아가 정보통신망법·저작권법·개인정보보호

---

[217] 대법원 양형위원회 양형기준(2024) 참조.

법·특허법 등 타법과의 관계를 고려하면 소송에서 승소하기란 결코 쉬운 일이 아니다.

　아울러 면접 시 최선을 다해 열심히 일하겠다고 다짐한 직원이 불과 얼마 되지 않아 중요한 정보를 갖고 경쟁업체에 이직하는 경우도 사장님의 뒷목을 잡게 만들기도 한다. 반대로 퇴직 후 장기간 경쟁업체에 이직이나 창업하는 것을 원천적으로 봉쇄하는 전직(경업)금지 약정으로 직원에게 족쇄를 채우는 사장님도 존재한다. 그러면 우리는 어떻게 해야 영업비밀을 보호하고 전직 문제로부터 해방될 수 있을까?

　"비록 우리는 눈앞에 보이는 만큼만 볼 수 있을 뿐 멀리 내다보지는 못하지만, 해야 할 일이 많다는 점은 알 수 있다(We can only see a short distance ahead, but we can see plenty there that needs to be done.)"라는 앨런 튜링의 소논문의 마지막 문구로 이 모든 문제에 대한 답을 대신하며 마무리하고자 한다. 아무쪼록 영업비밀과 전직(경업)금지 관련 분야 종사자들의 건투(健鬪)를 빈다.

부록

영업비밀과 디지털증거의 증거능력

오늘날 회사의 영업비밀은 대개 전자정보, 전자화된 정보 또는 디지털데이터의 형식을 취하고 있다. 따라서 영업비밀 유출 사건에서 중심이 되는 영업비밀과 그 유출 흔적 또한 디지털데이터 형식으로 구성된다. 사법절차에서는 이렇게 디지털데이터 형식으로 구성된 영업비밀과 그 유출 흔적 중에서 증거로서의 의미를 갖는 것을 통칭하여 '디지털증거'라고 한다.

문제는 디지털증거가 위조나 변조에 취약하다는 점에 있다. 형사소송절차에서는 증거를 수집·탐색·분석·현출 절차와 이에 따른 증거능력을 매우 엄격하게 본다. 증거능력의 문턱을 너무 낮추면 "열 명의 범죄자를 놓치는 게 한 명의 무고한 시민이 고통받는 것보다 낫다"[218]는 근대 형사법의 대원칙이 무너질 수 있기 때문이다. 위·변조에 취약한 디지털증거의 경우 수집·탐색·분석·현출 '절차'에 관하여 더 엄격하게 볼 수밖에 없는 이유다.

요컨대 영업비밀 유출 사건에서는 '디지털증거'로 된 영업비밀과 그 유출 흔적의 '증거능력'에 각별히 신경 쓸 필요가 있다. 따라서 이하에서는 영업비밀 사건에서 디지털증거의 증거능력이 쟁점이 된 법원 CASE를 소개하는 방법으로 디지털증거의 증거능력에 대한 이해를 도와드리고자 한다.

---

[218] 18세기 영국 법학자 윌리엄 블랙스톤(William Blackstone)의 남긴 법언으로, 근대 형사법의 대원칙인 '무죄 추정의 원칙'의 중요성을 강조한다.

1. 압수수색 절차상의 위법과 증거능력 인정의 한계

【 사실관계 】

- 피고인 A는 E 주식회사의 운영자다. 피고인 A는 피해회사에서 POM(폴리옥시메틸렌) 생산팀 쪽 업무를 했던 피고인 C로부터 POM 관련 자료를 취득하고, 피고인 C를 통해 피해회사에서 POM 생산팀 관련 업무를 담당하던 피고인 B를 소개받아 POM 관련 영업비밀을 취득한 후 외국에 팔아 이익금을 서로 나누기로 마음먹었다.
- 피고인들은 순차 공모하였고, 피고인 C는 2006. 1.경 피해회사의 POM 제조공정 관련 'P&ID 도면' 등 영업비밀 관련 자료를 무단으로 반출하였다.
- 한편 피고인 A, C는 공모하여 피해회사의 영업비밀을 E 회사의 기술인 것처럼 가장하고, 3회에 걸쳐 계약금 225억 원에 피해회사의 영업비밀인 POM 제조공정 기술을 외국에 누설하여 사용되도록 하였다.

【주요쟁점】

○ 수사기관이 압수수색으로 확보한 영업비밀 유출 관련 디지털증거들의 증거능력

가. 영장 '사본'에 의한 압수수색

피고인 E 회사는 서울과 울산에 각각 사무실을 두고 있다. 그런데 수사기관은 피고인 E 회사의 서울사무실과 울산사무실을 동시에 압수수색 하면서 어느 한 곳에는 영장 원본이 아닌 사본을 제시하고 압수수색을 집행하였다. 피고인 E의 서울사무실과 울산사무실 중 어느 곳의 압수수색이 영장 원본으로 이루어졌다는 점에 관한 객관적 증거가 없는 한, 두 곳에서 진행된 압수수색 모두 위법한지?

나. 압수의 대상 및 방법의 제한을 벗어난 압수수색

원칙적으로 저장매체에 들어있는 전자파일에 대한 압수수색은 범위를 정하여 출력 또는 복제하는 방법으로 제한적으로 해야 하고, 그렇게 제한적으로 하는 것이 불가능하거나 압수의 목적을 달성하기에 현저히 곤란하다고 인정되는 때에 한해 예외적으로 저장매체 자체를 직접 반출하거나 저장매체에 들어 있는 전자파일 전부를 하드카피나 이미징 등 방식으로 압수수색 할 수 있다. 그런데 피고인 A에 대한 압수수색 과정에서 이러한 예외적인 사정이 존재하지 아니하였다면, 이 사건 압수수색의 적법성이 인정될 수 있는지?

다. 피압수자 측의 참여 기회를 배제한 압수수색

수사기관이 압수수색에서 확보한 저장매체 또는 복제본을 사무실 등으로 옮겨 복제·탐색·출력하면서 피압수자나 변호인에게 참여의 기회를 보장하지 않았을 경우, 이 사건 압수수색의 적법성이 인정될 수 있는지?

라. 위법수집증거 및 이에 기한 2차 증거의 증거능력

위 가 내지 다항에서 본 압수한 증거들이 모두 위법수집증거로서 증거능력이 없다면, 이에 터 잡아 수집한 2차 증거인 관련자들의 수사기관 및 법정에서의 진술들 역시 모두 증거능력이 없게 되는지?

【판결요지】

◉ 대법원 2021. 7. 29. 선고 2020도12087 판결, 울산지방법원 2020. 8. 13. 선고

2019노138 판결.

가. 영장 사본에 의한 압수수색의 위법 여부

법원은 다음과 같은 사정을 비추어 살펴볼 때, 수사기관이 E 울산사무실에서 압수목록 상의 물건들을 압수한 조치뿐만 아니라, 서울사무실에서 압수목록 상의 물건들을 압수한 조치 역시 헌법과 형사소송법에 정해진 절차를 위반한 위법한 압수라고 보았다.

(1) 이 사건에서 E의 서울사무실과 울산사무실에 대한 압수수색은 2014. 3. 11. 거의 동시에 이루어졌는데, 당시 여러 곳을 압수수색 하는 경우라도 1통의 압수수색영장만 발부받아 사본하여 집행하는 관행이 있었다고 볼 객관적인 자료가 없고, 설령 그러한 관행이 있었다고 하더라도 이를 정당화할 합리적인 근거가 없다.

(2) AD, Z가 압수수색 과정에 참여하여 각 확인서에 서명하였고 압수수색영장 집행 후 수사기관에 의하여 압수조서와 압수목록이 작성되었으나, AD, Z 등 압수수색 과정에서의 참여자들이 압수수색영장 원본을 제시하지 아니한 위법한 하자를 인식한 상태에서 이를 용인한 것으로 볼만한 자료를 찾아볼 수 없고, 압수조서와 압수목록의 작성이 압수수색절차에서의 선행된 하자를 치유한다고 평가하기도 어렵다.

(3) 서울사무실에서 압수한 물건이 울산사무실 관련 압수조서에 기재되어 있는 등 압수조서의 진정성, 신뢰성을 담보할 수 없는 정황이 발견된 이상, Y(수사관)의 진술만으로 서울사무실에서는 압수수색영장 원본이, 울산사무실에서는 그 사본이 각 제시되어 집행되었다고 단정할 수 없다.

(4) E 서울사무실에 대한 압수수색과 울산사무실에 대한 압수수색 과정 및 그 이후 수사의 진행 경과, 압수된 물건의 종류, 수량 및 특성 등에 비추어 볼 때, 검사가 이 사건 공소사실을 뒷받침하기 위해 제출한 모든 증거들을 서울사무실에서의 압수물로부터 비롯된 것과 울산사무실에서의 압수물로부터 비롯된 것으로 구분하기

가 현실적으로 가능하지도 않다.

나. 압수의 대상 및 방법의 제한을 벗어난 압수수색의 위법 여부

법원은 다음과 같은 사정에 비추어 살펴보면, 이 사건에서 수사기관은 전자정보를 압수하면서 이 사건 각 압수수색영장에 기재된 압수 대상 및 방법의 제한을 위반하였다고 봄이 상당하고, 이와 같은 수사기관의 증거수집 절차는 헌법과 형사소송법이 정한 적법절차의 실질적인 내용을 침해하는 경우에 해당한다고 판단하였다.

(1) R과 피고인 A에 대한 이 사건 각 압수수색영장을 집행할 당시 수사기관은 AE 사무실에서의 집행을 제외하고는 혐의사실과 관련된 전자정보로 범위를 특정하여 문서로 출력하거나 휴대한 저장매체에 복제하는 등의 원칙적 방법으로 전자정보를 압수하려는 시도 자체를 하지 않았다.

(2) 압수수색영장의 집행 처리자인 Y의 진술을 제외하고는 집행현장의 사정상 위와 같이 제한된 방식에 의한 원칙적인 전자정보의 압수 집행이 불가능하거나 현저히 곤란한 부득이한 사정이 실제로 발생하였다는 점을 뒷받침하는 객관적인 증거가 없다.

(3) 기술유출 사건의 특성상 수사기관이 수많은 전자정보 중에서 혐의사실과 관련 있는 정보를 선별하기 어려웠다거나, 압수수색현장에서 전자정보를 담고 있는 것으로 보이는 저장매체들이 많았다거나, 현장에 출동한 수사기관의 인원이 선별적인 압수를 하기에는 턱없이 부족했다는 점 등은 모두 수사기관 측의 사정에 불과하다. 수사기관이 압수수색영장에 기재된 압수 대상 및 방법의 제한을 준수하려는 최소한의 노력조차 하지 않은 이상 위와 같은 사정들이 압수수색절차의 위법성을 치유하여 정당화한다고 보기 어렵다.

(4) 수사기관은 복제본을 기초로 혐의사실과 관련된 전자정보를 탐색·복제·출력하여 별도의 파일 출력물을 작성하였음에도 피고인 A 등 피압수자들에게 그 상세목

록을 교부하지 않았고, 이로 인하여 피압수자들은 압수된 전자정보의 구체적인 내역을 알 수 없어 압수처분에 관하여 방어권을 행사하는 데 지장이 발생하였다.

(5) 압수 직후 현장에서 압수된 물건의 품종 및 수량을 개략적으로 기재한 압수증명이 각 작성되어 피압수자들이 서명·무인한 사실이 있으나, 위 각 압수증명이 피압수자들에게 교부되었다는 아무런 자료가 없을 뿐만 아니라, 설령 피압수자들에게 교부되었다고 하더라도 압수된 전자정보의 구체적인 내역이 없는 이상 압수증명을 압수물 목록에 대신하는 것으로 보기도 어렵다.

다. 피압수자 측의 참여 기회를 배제한 압수수색의 위법 여부

법원은 다음과 같은 사실 또는 사정에 비추어 살펴보면, 수사기관은 이 사건 각 압수수색영장의 집행 과정, 특히 압수한 저장매체 또는 복제본을 다시 복제·탐색·출력하는 과정에서 피고인 A 등 피압수자 측의 참여 기회를 배제하여 적법절차의 실질적인 내용을 침해하였다고 봄이 상당하다고 판단하였다.

(1) 이 사건 각 압수수색영장에는 '압수수색의 전체 과정을 통하여 피압수자 등의 참여권이 보장되어야 한다'는 내용이 명시되어 있고, 저장매체 자체 또는 복제본을 탐색하여 혐의사실과 관련된 전자정보를 문서로 출력하거나 파일로 복제하는 일련의 과정 역시 전체적으로 하나의 영장에 기한 압수수색절차의 일환에 해당하므로 당연히 위와 같은 참여권이 보장되어야 한다.

(2) 그런데 Y(수사관)의 진술에 의하더라도 수사기관이 피고인 A 등으로부터 압수한 저장매체 또는 복제본을 울산지방경찰청 사무실에 옮겨놓은 이후 이를 다시 복제·탐색·출력하는 과정에서 피압수자 측에 참여의 기회를 보장하지 않았음이 명백하다.

(3) 수사기관이 이 사건 각 압수수색 시 피고인 A 등 피압수자 측의 참여권을 보장한 상태에서 저장매체의 하드카피 또는 이미징을 실시하였고, AD, Z가 저장매체

의 하드카피 또는 이미징에 참여하여 협조하였다는 취지의 확인서와 서울 사무실 컴퓨터의 하드디스크 8개, 울산사무실 컴퓨터의 하드디스크 3개의 복제본이 원본과 동일함을 확인한다는 내용의 확인서에 서명한 사실은 인정되나, 이후 저장매체 또는 복제본을 복제·탐색·출력하는 과정에서 수사기관이 피고인 A 등 피압수자 측에 그 절차에 참여할 수 있음을 고지하였다거나 피압수자 측이 그 절차에 참여하지 않겠다는 의사를 명시적으로 표시하였다는 점에 관한 아무런 자료가 없다.

라. 위법수집증거 및 이에 기한 2차적 증거의 증거능력

(1) E 서울사무실과 울산사무실에 대한 압수수색 과정에서 피고인 A 등 피압수자 측에 압수수색영장의 원본이 제시되었다는 객관적인 자료가 없는 점, 울산지방법원 판사가 이 사건 각 압수수색영장을 발부하면서 전자정보의 압수대상 및 방법을 제한하였음에도, 수사기관은 영장 집행 과정에서 혐의사실과 관련 있는 전자정보를 선별하려는 별다른 노력 없이 전자정보가 담겨있는 저장매체 자체를 반출하거나 그 전체를 복제하였고, 피압수자 등에게 압수한 전자정보의 목록을 교부하지도 않아 압수처분에 관하여 방어권을 행사하는 데 지장을 초래한 점, 수사기관이 저장매체와 복제본을 사무실로 옮겨 복제·탐색·출력하는 과정에서 피압수자 측에 참여 기회를 보장하지 않은 점, 피고인 A에 대한 압수수색을 통해 S 외의 다른 피해회사에 대한 추가 범행을 인지하였다면 수사기관으로서는 그 즉시 탐색을 중단하고 법원으로부터 추가 범죄혐의에 관한 압수수색영장을 발부받아야 함에도 별도의 압수수색영장을 발부받지 않은 점 등을 종합하여 보면, 이 사건 압수물에 대한 압수는 헌법과 형사소송법을 위반하여 행하여진 위법한 압수라고 할 것이다.

(2) 나아가 ① 전자정보의 압수방법을 제한하고 복제본을 탐색하는 과정에서 피압수자 측의 참여권을 보장하며 영장 기재 혐의사실과 무관한 별개의 증거를 압수할 수 없도록 하는 것은, 대규모로 관리되고 복제가 용이한 전자정보의 특성을 고려하여 피압수자의 사생활의 비밀과 자유, 정보에 대한 자기결정권, 재산권 등에 대한 침해를 방지하고자 하는 데 그 취지가 있는데, 이 사건 압수물에 대한 압수의

경우 이러한 절차 조항을 다수 위반하여 그 침해 정도가 중하다고 볼 수 있는 점, ② 이 사건 각 압수수색을 집행한 Y의 진술 등에서 알 수 있는 구체적인 절차 위반 경위에 비추어 볼 때, 수사기관이 약간만 주의를 기울였더라도 손쉽게 절차 위반을 방지할 수 있었음에도 만연히 이를 간과한 것으로 보이는 점, ③ 이러한 위법한 압수수색으로 인하여 이 사건 압수물의 소유자인 피고인 A, D는 사생활의 비밀과 자유, 재산권 등 헌법과 형사소송법이 적법절차와 영장주의에 의하여 보호하고자 하는 권리 또는 법익을 본질적으로 침해받았다고 할 수 있고, 이 사건 압수물 중에는 피고인 B, C가 작성한 이메일이나 도면 등도 존재하므로 피고인들 모두 위법한 압수와 관련성이 인정되는 점, ④ 이러한 위법한 압수수색이 없었다면 이 사건 압수물의 수집이 가능하지 않았을 것으로 보이는 점 등 기록에 의하여 알 수 있는 이 사건 압수물 수집 관련 모든 사정들을 고려하면, 이 사건 압수물의 압수는 그 압수절차에서 수사기관의 절차 위반으로 인하여 압수에 관한 적법절차의 실질적인 내용이 침해된 경우에 해당함이 명백하고, 압수절차에 위법이 있다 하더라도 예외적으로 증거능력이 인정되는 경우에 해당한다고 볼 여지는 없다.

(3) 한편 이 사건에서 검사가 공소사실을 입증하기 위하여 제출한 증거들은 ① 이 사건 압수물에서 발견된 전자정보를 토대로 하여 작성된 각 수사보고 및 관련 증거, ② 위 전자정보를 제시하면서 진술을 받은 피해회사 관계자들에 대한 각 진술조서 및 관련 증거, ③ 위 전자정보를 제시하면서 진술을 받은 R 및 피고인들에 대한 각 피의자신문조서 및 관련 증거 등으로 나누어 볼 수 있다. 그런데 기록에 의하면 수사기관은 피해회사 관계자들에 대한 조사를 하면서 이 사건 압수물에서 발견된 전자정보를 제시하고 그에 대한 진술을 청취한 것이 아니라, 조사 전 미리 피해회사 관계자들을 비공식적으로 소환한 다음 그들의 협조를 받아 이 사건 압수물에서 피해 내용과 관련된 전자정보들을 탐색하여 추출하고 조사 시에 그 전자정보들을 제시하였다. 결국 피해회사 관계자들은 조사를 받기도 전에 이미 위법수집증거인 이 사건 압수물을 열람한 것이 되므로, 그 진술 전부가 위법수집증거를 기초로 하여 수집된 2차적 증거로서 증거능력이 없는 경우에 해당한다. 그리고 피고인들의 진술 중 이 사건 압수물을 제시받고 진술한 부분 역시 위법수집증

거를 기초로 하여 수집된 2차적 증거로서 증거능력이 없으며, 나머지 진술 부분은 증거능력이 인정된다고 하더라도 대체로 공소사실을 부인하는 취지여서 그것만으로 공소사실을 인정하기에 부족하고 일부 공소사실을 인정한 부분은 이를 뒷받침하는 보강증거가 없어 유죄의 증거로 삼을 수 없다.

【결론 및 시사점】

이 사건에서 법원은 적법한 절차를 거치지 아니하고 위법한 압수를 통하여 수집된 이 사건 압수물은 이를 증거로 삼을 수 없고, 이 사건 압수물을 기초로 수집된 2차적 증거들은 인과관계가 단절된 것으로 평가할 수 있는 예외적인 사정이 있다고 보기 어려워 역시 증거능력이 없다고 판단하였다. 결국 피고인들은 무죄 판결을 선고받았다.

본 사례에서 법원은 압수수색영장의 집행절차에서 압수수색의 목적을 효율적으로 달성하기 위하여 수반되는 '필요한 처분'의 의미와 한계에 대하여 다루었다. 이 사건 판결은 전자정보 압수수색 시 피압수자의 권리 보장과 절차적 준수의 중요성을 재확인하였고, 형사소송법에 규정된 적법절차가 확실히 지켜지지 않을 경우 수집된 증거는 증거능력이 없다고 판단한 점에서 그 의미가 크다.

2. 위법수집증거의 증거능력을 예외적으로 인정할 수 있는 경우 및 이에 해당하는지 판단하는 기준/위법수집증거를 기초로 하여 획득한 2차적 증거의 증거능력을 예외적으로 인정할 수 있는 경우

【사실관계】

- 피고인 A는 2010. 6. 1.경부터 2014. 1. 24.경까지 D장비 제작업체인 주식회사 E(이하 '피해회사')에서 기술영업이사로 재직하였고, 2014. 5.경부터 동종업체인 중국 소재 F유한공사에서 기술영업이사로 근무하였다. 피고인 A는 2013. 7. 16.경 위 피해회사 사무실에서, 피고인의 이메일로 중국 변속기 제조회사인 I유한회사의 연구개발자인 L과 B에게 피해회사의 영업상 주요한 자산인 '6단변속기, 호주 P 변속기에 대한 D장비에 대한 변속기 잠금력, 오일 온도, 응답속도, 소음 등 양품의 설정값'이 기재된 자료가 기재된 "Q" 파일을 전송하였다. 이 같은 사실관계 아래에서, 피고인 A는 수사기관으로부터 압수수색을 당하였다.

- 그런데 수원지방법원 영장담당판사가 발부한 2015. 3. 26.자 압수수색검증영장(이하 '이 사건 영장'이라 한다)의 판사 서명날인란에는 서명만 있고 그 옆에 날인이 없었다.

- ○○지방경찰청 수사관 공소외 1 등은 2015. 5. 16. 인천국제공항에서 이 사건 영장에 따라 이미징의 방법으로 피고인 A 소유의 노트북 복제본, SD카드 복제본 등을 압수하였다. 피고인 A는 노트북, SD카드의 복제 현장에 참여하였으며 이미지 복제된 파일의 해쉬값을 확인하였다는 문서에 서명하였다.

- 이후 ○○지방경찰청 소속 사법경찰관은 이 사건 영장에 따라 압수한 위 각 복제본에서 영장 기재 혐의사실인 업무상배임과 관련한 전자정보를 탐색하여 원심판결 범죄일람표 1, 2, 3 각 기재 파일, '참고용 Input spindle sub assy(1). dwg 파일' 등을 문서로 출력하여 범죄사실 관련 자료(증거목록순번 80번, 이하 '이 사건 파일 출력물')를 작성하였다.

  또한 ○○지방경찰청 소속 사법경찰관은 이 사건 영장에 따라 압수한 위 각 복제본에서 업무상배임과 관련한 전자정보를 탐색하고 문서로 출력하여 범죄사실 관련 자료를 작성하였고, 피의자 공소외 2에 대한 「부정경쟁방지법」 위반(영업비밀누설 등) 혐의에 관한 피의자신문조서를 작성하였다.

  검사 또한 피고인 A의 변호인이 참여한 가운데 이 사건 파일 출력물을 제시한 상태에서 피고인 A에 대하여 2015. 12. 22, 2015. 12. 23, 2016. 1. 5. 이렇게 세차례에 걸쳐 피의자신문조서를 작성하였다.
- 원심은 이 사건 파일 출력물, 검사 작성의 피고인 A에 대한 피의자신문조서, 경찰 작성의 공소외 2에 대한 피의자신문조서, 증인신문절차에서 이 사건 파일 출력물을 제시받고 이루어진 공소외3, 공소외 4, 공소외 5, 공소외 2, 공소외 6(이하 '공소외 3 등')의 각 법정진술의 증거능력을 인정하여 증거로 채택하고, 피고인 A의 이 사건 파일 출력물에 관한 「부정경쟁방지법」 위반(영업비밀누설 등)의 공소사실을 유죄로 인정하면서 위 각 증거를 유죄 인정의 증거로 삼았다.

【주요쟁점】

◐ 2015. 3. 26.자 압수수색영장의 효력

2015. 3. 26.자 압수수색영장에는 피의자의 성명, 죄명, 압수할 물건, 수색할 장소, 신체, 물건, 발부연월일, 유효기간과 그 기간을 경과하면 집행에 착수하지 못하며 영장을 반환하여야 한다는 취지 및 압수·수색의 사유가 기재되어 있고, 영장을 발부한 법관이 '이 영장은 일출 전 또는 일몰 후에도 집행할 수 있다'라고 자필로 1행을 부기한 후 해당 부분에 날인을 하였으며, 간인도 되어있다. 하지만 위 압수수색영장은 법관의 서명 바로 옆에 날인이 누락되어 있다.

위 압수수색영장은 효력이 있는지? 효력이 없다면 이에 기하여 수집된 각종 증거는 위법수집증거로서 증거능력이 없는지?

【판결요지】

◐ 대법원 2019. 7. 11. 선고 2018도20504 판결, 수원지방법원 2018. 12. 4. 선고 2018노4647 판결.

이 사건 영장은 법관의 서명날인란에 서명만 있고 날인이 없으므로, 형사소송법이 정한 요건을 갖추지 못하여 적법하게 발부되었다고 볼 수 없다. 그런데도 원심이 이와 달리 이 사건 영장이 법관의 진정한 의사에 따라 발부되었다는 등의 이유만으로 이 사건 영장이 유효라고 판단한 것은 잘못이다. 그러나 아래와 같은 사정을 전체적·종합적으로 고려하면, 이 사건 영장에 따라 압수한 이 사건 파일 출력물과 이에 기초하여 획득한 2차적 증거인 검사 작성의 피고인 1에 대한 피의자신문조서, 경찰 작성의 공소외 2에 대한 피의자신문조서, 공소외 3 등의 각 법정진술은 유죄 인정의 증거로 사용할 수 있는 경우에 해당한다.

⑴ 이 사건 영장에는 야간집행을 허가하는 판사의 수기와 날인, 그 아래 서명날인란에 판사 서명, 영장 앞면과 별지 사이에 판사의 간인이 있으므로, 판사의 의사에 기초하여 진정하게 영장이 발부되었다는 점은 외관상 분명하다. 당시 수사기관으로서는 영장이 적법하게 발부되었다고 신뢰할 만한 합리적인 근거가 있었고, 의도적으로 적법 절차의 실질적인 내용을 침해한다거나 영장주의를 회피할 의도를 가지고 이 사건 영장에 따른 압수·수색을 하였다고 보기 어렵다.

⑵ 이 사건 영장의 내용과 형식, 발부 경위와 수사기관의 압수·수색 경위 등에 비추어 보면, 수사기관이 이 사건 영장을 발부받아 그에 기초하여 이 사건 파일 출력물을 압수한 것이 위법수집증거의 증거능력을 부정함으로써 달성하려는 목적을 실질적으로 침해한다고 보기도 어렵다.

⑶ 피고인 A는 위와 같은 노트북, SD카드에 대한 복제 현장에 직접 참여하여 이미지 복제된 파일의 해쉬값을 확인하였고, 그 복제본을 탐색·출력하는 과정에서 피고인 A의 참여권이 보장되지 않았다거나 이 사건 영장 기재 혐의사실과 무관한 전자정보가 탐색·출력되었다고 볼 수도 없다.

⑷ 이 사건 파일 출력물이 위와 같이 적법하지 않은 영장에 기초하여 수집되었다

는 절차상의 결함이 있지만, 이는 법관이 공소사실과 관련성이 있다고 판단하여 발부한 영장에 기초하여 취득된 것이고, 위와 같은 결함은 피고인 A의 기본적 인권보장 등 법익 침해 방지와 관련성이 적다. 이 사건파일 출력물의 취득 과정에서 절차 조항 위반의 내용과 정도가 중대하지 않고 절차 조항이 보호하고자 하는 권리나 법익을 본질적으로 침해하였다고 볼 수 없다. 오히려 이러한 경우에까지 공소사실과 관련성이 높은 이 사건 파일 출력물의 증거능력을 배제하는 것은 적법절차의 원칙과 실체적 진실 규명의 조화를 도모하고 이를 통하여 형사 사법 정의를 실현하려는 취지에 반하는 결과를 초래할 수 있다.

요컨대, 이 사건 영장이 형사소송법이 정한 요건을 갖추지 못하여 적법하게 발부되지 못하였다고 하더라도, 그 영장에 따라 수집한 이 사건 파일 출력물의 증거능력을 인정할 수 있다. 이에 기초하여 획득한 2차적 증거인 위 각 증거 역시 증거능력을 인정할 수 있다.

【결론 및 시사점】

이 사건 판결은 영장주의와 적법한 절차의 중요성을 강조하여 위법하게 수집된 1차 증거뿐 아니라 이를 통해 획득된 2차 증거도 원칙적으로 증거로 사용할 수 없음을 천명하면서도, 예외적으로 위법수집증거가 증거능력을 인정받을 수 있는 경우도 구체적으로 설시하고 있다.

법원은 이 사건 파일 출력물이 적법하지 않은 영장에 기초하여 수집되었다는 절차상의 결함이 있지만, 이는 법관이 공소사실과 관련성이 있다고 판단하여 발부한 영장에 기초하여 취득된 것이고, 위와 같은 결함은 피고인 A의 기본적 인권보장 등 법익 침해 방지와 관련성이 적다고 보았다. 이 사건 파일 출력물의 취득 과정에서 절차 조항 위반의 내용과 정도가 중대하지 않고 절차 조항이 보호하고자 하는 권리나 법익을 본질적으로 침해하였다고 볼 수 없다고 본 것이다.

이와 같은 법원의 태도는 적법절차의 원칙과 실체적 진실 규명의 조화를 도모하고 이를 통하여 형사 사법 정의를 실현하고자 한다는 데 그 의의가 있다.

3. 수사기관이 압수·수색 과정에서 피의자 또는 변호인에게 참여권을 보장하지 않은 위법이 있을 경우, 압수·수색에서 나타난 위법이 압수·수색절차 전체를 위법하게 할 정도로 중대한지 여부의 판단기준

【사실관계】

- 서울중앙지방법원 판사는 2014. 5. 24. 검사의 청구에 따라 준항고인을 피의자로 한 압수·수색영장(이하 '이 사건 압수·수색영장')을 발부하였다. 서울중앙지방법원 판사는 이 사건 압수수색영장의 '압수할 물건'으로 '1) 준항고인 명의로 개통된 휴대전화 단말기, 2) 준항고인의 휴대전화의 카카오톡과 관련된 준항고인의 카카오톡 아이디 및 대화명, 준항고인과 대화를 하였던 상대방 카카오톡 아이디의 계정정보, 대상기간(2014. 5. 12.부터 2014. 5. 21.까지) 동안 준항고인과 대화한 카카오톡 사용자들과 주고받은 대화내용 및 사진 정보, 동영상 정보 일체'라 기재하였고, '수색·검증할 장소, 신체 또는 물건'으로 '1) 준항고인의 신체(영장집행 시 제출을 거부할 경우에 한함), 휴대전화를 보관, 소지하고 있을 것으로 판단되는 가방, 의류, 2) 주식회사 카카오(이하 '카카오') 본사 또는 압수할 물건을 보관하고 있는 데이터센터'로 기재하였으며, '범죄사실의 요지'로 준항고인의 「집회 및 시위에 관한 법률」 위반(주최자 준수사항 위반) 등 혐의사실을 적

시하였고, 압수대상 및 방법의 제한을 별지로 첨부하였다.
- 수사기관은 2014. 5. 26. 11:55경 카카오를 상대로 이 사건 압수·수색영장에 기하여 피의자인 준항고인의 카카오톡 대화내용 등이 포함된 위 '압수할 물건'에 대한 압수·수색(이하 '이 사건 압수·수색')을 실시하였다.
- 수사기관은 이 사건 압수·수색영장을 집행할 때 처분의 상대방인 카카오에 영장을 팩스로 송부하였을 뿐 영장 원본을 제시하지는 않았다.
- 카카오 담당자는 2014. 5. 26. 수사기관의 이 사건 압수·수색영장 집행에 응하여 준항고인의 카카오톡 대화내용이 저장되어 있는 서버에서 2014. 5. 20. 00:00부터 2014. 5. 21. 23:59까지 준항고인의 대화내용(이하 '이 사건 전자정보'라 한다)을 모두 추출하여 수사기관에 이메일로 전달하였다. 카카오 담당자는 이 사건 전자정보 중에서 압수·수색영장의 범죄사실과 관련된 정보만을 분리하여 추출할 수 없었으므로 위 기간의 모든 대화내용을 수사기관에 전달하였는데, 이 사건 전자정보에는 준항고인이 자신의 부모, 친구 등과 나눈 일상적 대화 등 혐의사실과 관련 없는 내용이 포함되어 있다.
- 수사기관은 이 사건 압수·수색 과정에서 준항고인에게 미리 집행의 일시와 장소를 통지하지 않았고, 결과적으로 준항고인이 2014. 5. 26.자 이 사건 압수·수색 과정에 참여하지 못하였다. 그리고 수사기관은 카카오로부터 이 사건 전자정보를 취득한 뒤 전자정보를 탐색·출력하는 과정에서도 준항고인에게 참여 기회를 부여하지 않았으며, 혐의사실과 관련된 부분을 선별하지 않고 그 일체를 출력하여 증거물로 압수하였다.
- 수사기관은 이 사건 압수·수색영장의 집행 이후 카카오와 준항고인에게 압수한 전자정보 목록을 교부하지 않았다.

【관련조문】

⊙ 형사소송법 [시행 2024. 2. 13.] [법률 제20265호, 2024. 2. 13., 일부개정]

제121조(영장집행과 당사자의 참여) 검사, 피고인 또는 변호인은

압수·수색영장의 집행에 참여할 수 있다.

제122조(영장집행과 참여권자에의 통지) 압수·수색영장을 집행함에는 미리 집행의 일시와 장소를 전조에 규정한 자에게 통지하여야 한다. 단, 전조에 규정한 자가 참여하지 아니한다는 의사를 명시한 때 또는 급속을 요하는 때에는 예외로 한다.

【주요쟁점】

❍ **이 사건 압수·수색 과정에서 참여권을 보장하지 아니하여 압수·수색이 위법한지 여부**

수사기관은 피의자 등의 참여권을 보장되지 아니하였고, 이 사건 압수·수색 집행 과정에서 피의자인 준항고인 또는 변호인에게 집행의 일시와 장소를 통지하지 않았으며, 결과적으로 준항고인 또는 변호인이 압수·수색 집행 과정에서 전혀 참여하지 못하였는바, 압수·수색의 위법 여부?

【판결요지】

❍ **대법원 2022. 5. 31. 자 2016모587 결정, 서울중앙지방법원 2016. 2. 18.자 2015보6 결정.**

수사기관이 압수·수색영장을 집행할 때 처분의 상대방인 갑 회사에 영장을 팩스로 송부하였을 뿐 영장 원본을 제시하지 않은 점, 갑 회사는 서버에서 일정 기간의 준항고인의 카카오톡 대화내용을 모두 추출한 다음 그중에서 압수·수색영장의 범죄사실과 관련된 정보만을 분리하여 추출할 수 없어 그 기간의 모든 대화내용을 수사기관에 이메일로 전달하였는데, 여기에는 준항고인이 자신의 부모, 친구 등과 나눈 일상적 대화 등 혐의사실과 관련 없는 내용이 포함되어 있는 점, 수사기관은 압수·수색 과정에서 준항고인에게 미리 집행의 일시와 장소를 통지하지 않았고, 갑 회사로부터 준항고인의 카카오톡 대화내용을 취득한 뒤 전자정보를 탐색·출력하는 과정에서도 준항고인에게 참여 기회를 부여하지 않았으며, 혐의사실과 관련된 부분을 선별하지 않고 그 일체를 출력하여 증거물로 압수하였고, 압수·수색영장 집행 이후 갑 회사와 준항고인에게 압수한 전자정보 목록을 교부하지 않은 점 등 제반 사정에 비추어 볼 때, 원심이 갑 회사의 본사 서버에 보관된 준항고인의 카카오톡 대화내용에 대한 압수·수색영장의 집행에 의하여 전자정보를 취득하는 것이 참여권자에게 통지하지 않을 수 있는 형사소송법 제122조 단서의 '급속을 요하는 때'에 해당하지 않는다고 판단한 것은 잘못이나, 그 과정에서 압수·수색영장의 원본을 제시하지 않은 위법, 수사기관이 갑 회사로부터 입수한 전자정보에서 범죄 혐의사실과 관련된 부분의 선별 없이 그 일체를 출력하여 증거물로 압수한 위법, 그 과정에서 서비스이용자로서 실질적 피압수자이자 피의자인 준항고인에게 참여권을 보장하지 않은 위법과 압수한 전자정보 목록을 교부하지 않은 위법을 종합하면, 압수·수색에서 나타난 위법이 압수·수색절차 전체를 위법하게 할 정도로 중대하다고 보아 압수·수색을 취소한 원심의 결론을 수긍할 수 있다.

【결론 및 시사점】

이 사건 판결은 수사기관의 절차적 적법성 확보의 중요성과 개인의 기본권 보호라는 두 가지 가치를 균형 있게 실현해야 함을 강조하고 있다. 특히, 전자정보 압수와 관련한 수사에서 범위의 제한, 피의자의 참여권 보장 등 구체적 절차를 엄격히 준수해야 한다는 점에서 향후 수사기관의 압수·수색 방식에 대한 중요한 기준을 제시하였다는 데 그 의의가 있다.

4. 압수·수색영장에 압수할 물건으로 기재되지 않은 이메일 계정에 대한 압수·수색이 위법한지 여부의 판단기준

【사실관계】

- 수원지방법원은 검사의 청구에 따라 2011. 9. 7. 피고인 A, B, C의 부정경쟁방지및영업비밀보호에관한법률 위반(영업비밀누설등) 혐의에 관하여 이메일 계정에 대한 압수수색영장을 각 발부하였다.
- 수원지방법원은 위 각 압수수색영장을 발부하면서 압수할 물건을 피고인 A의 경우 이메일 계정 J, K를 통한 2009. 7. 1.부터 2010. 5. 31.까지의 이메일 수발신 내역, 피고인 B의 경우 이메일 계정 L, M, N을 통한 2009. 7. 1.부터 2010. 5. 31.까지의 이메일 수발신 내역, 피고인 C의 경우 이메일 계정 O, P, Q, R을 통한 2009. 7. 1.부터 2010. 5. 31.까지의 이메일 수발신 내역으로 제한하였다.
- 그런데 수사기관은 위 압수·수색영장의 집행을 통해 압수할 물건으로 기재되지 않은 피고인 A의 이메일 계정 S에 보관된 이메일 수발신 내역, 피고인 B의 이메일 계정 S에 보관된 이메일 수발신 내역, 피고인 C의 이메일 계정 U에 보관된 이메일 수발신 내역을 압수하였다.
- 수사기관은 위 압수수색영장을 집행하면서 모사전송 방식에 의하여 사본을 제시하였고, 압수수색영장 집행 이후 압수목록을 작성하여 피압수수색 당사자에게 교부하지도 않았다.

【주요쟁점】

(1) 수사기관의 위 이메일 계정에 대한 압수·수색은 적법한지?
(2) 수사기관의 전자정보 압수수색절차가 위법한지?

【판결요지】

◆ 대법원 2021. 12. 16. 선고 2019도10788 판결, 서울남부지방법원 2019. 7. 4. 선고 2017노447 판결.

수사기관의 강제처분인 압수·수색은 그 과정에서 관련자들의 권리나 법익을 침해할 가능성이 적지 않으므로 압수대상 목적물은 수사기관의 자의적인 판단을 배제하기 위하여 명확히 특정되어야 하고 영장기재 자체만으로 압수대상자에게 그 의미가 분명하게 전달될 수 있어야 하며, 검사의 주장과 같이 해석할 경우 압수·수색영장에서 압수대상물을 이메일 계정과 기간을 정하여 특정한 취지에 현저히 반하게 되는바 압수대상물로 기재되지 않은 이메일 계정에 대한 압수·수색은 영장주의를 위반하여 위법하다. 또한 헌법 제12조는 "체포·구속·압수 또는 수색을 할 때에는 적법한 절차에 따라 검사의 신청에 의하여 법관이 발부한 영장을 제시하여야 한다"라고 규정하고, 형사소송법 제219조, 제118조, 형사소송규칙 제59조, 제48조에 따르면 검사의 지휘에 의하여 압수·수색영장을 집행하는 경우 법원은 검사에게 '원본'을 송부하여야 하고, 영장 집행 시 반드시 '영장을 제시'하여야 하며, 형사소송규칙 제93조 및 제107조는 동시에 여러 장소에서 집행하는 경우 압수·수색영장의 '수통 발부'를 규정하고 있는바 압수·수색영장을 집행할 때에는 영장의 원본이 제시되어야 한다고 봄이 타당하여 모사전송 방식에 의한 사본의 제시는 헌법과 형사소송법이 정한 절차를 위반하여 위법하다. 나아가 형사소송법 제219조, 제129조는 압수한 경우에는 목록을 작성하여 소유자, 소지자, 보관자 기타 이에 준할 자에게 교부하여야 한다고 규정하고 있고, 압수목록의 교부는 압수 처분에 대한 준항고를 하는 등 이의를 제기할 기회를 보장하는 가장 기초적인 자료가 되는 것이므로 압수목록의 미교부는 영장주의 및 적법절차의 실질적인 내용을 침해하는 것이다. 결국 이메일 계정 압수·수색절차는 적법절차 및 영장주의 원칙에 반하여 위법하다.

따라서 위 과정을 통하여 수집된 결과물은 위법수집증거로서 증거능력이 없다.

【결론 및 시사점】

이 사건에서 법원은 수사기관이 압수·수색을 통해 수집한 이메일의 증거능력을 부정하였다. 우선 이 사건에서 수사기관은 발부된 영장에 구체적으로 명시된 이메일 계정 외의 이메일들을 압수했는데, 법원은 이를 영장 범위를 벗어난 수집으로 간주하고 해당 이메일 자료를 적법하게 수집된 증거로 볼 수 없다고 판단하였다.

또한 수사기관은 압수·수색 과정에서 영장 원본을 제시하지 않고 사본만을 사용했으며, 이메일 압수 후에도 압수목록을 피압수자에게 교부하지 아니하였는데, 이러한 절차적 위반은 적법절차 원칙을 위반한 것으로, 이메일의 증거능력을 부정하는 근거가 되었다.

이 판결은 전자메일과 같은 디지털 증거 수집 시 엄격한 절차 준수의 필요성을 강조하였다. 이를 통해 법원이 압수 대상의 명확한 특정, 영장 원본 제시, 압수목록 교부, 그리고 피압수자의 참여권 보장을 필수적으로 요구함으로써 수사기관이 자의적인 판단으로 적법 절차를 무시하지 않도록 규제하고 있다고 평가할 수 있다.

◆ 참고문헌 ◆

◇ 참고논문

- 김원학, "S/W Reverse sngineering(逆分析) 規定에 대한 硏究", 『법조』 제53권 제3호(2004)
- 김원오, "영업비밀 침해 소송에서 그 특정을 둘러싼 쟁점과 과제", 『법학연구』 제14권 제2호(2011)
- 박재성, "영업비밀 공동보유관계 성립 및 영업비밀 공동보유자의 자기사용 관련 판례분석 및 검토", 『사법』 제1권 제68호(2024)
- 양인수, "영업비밀의 비공지성 및 경제적 유용성 요건", 『The journal Law & IP』 제13권 제2호(2023)
- 전효숙, "지식재산소송절차와 비밀유지명령제도", 『법학논집』 제17권 제2호(2012)
- 조진형 정용기, "우리나라와 미국의 영업비밀의 정의와 성립요건", 『안보형사법연구』 제2권 제1호(2018)

◇ 연구보고서

- 특허청·한국지식재산보호원, 국내 영업비밀 판결문 분석 연구보고서(2024)
- 특허청, 국내 영업비밀 관련 민·형사 판결문 분석 연구보고서(2023)
- 한국지식재산연구원, 영업비밀 보호 가이드 연구 연구보고서(2022)
- 특허청·한국특허정보원, 영업비밀침해 및 부정경쟁행위 판례분석 연구 연구보고서(2015)

◇ 참고판례

- 대법원 2020. 2. 20. 선고 2019도9756 전원합의체 판결
- 대법원 2023. 12. 14. 선고 2023도3509 판결
- 대법원 2023. 7. 13. 선고 2023도4058 판결
- 대법원 2022. 6. 30. 선고 2018도4794 판결
- 대법원 2021. 10. 14. 선고 2021다243430 판결
- 대법원 2021. 5. 7. 선고 2020도17853 판결
- 대법원 2020. 11. 12. 선고 2017다275270 판결
- 대법원 2019. 10. 31. 선고 2017도13791 판결
- 대법원 2019. 9. 10. 선고 2016도1241 판결

- 대법원 2019. 9. 10. 선고 2017다34981 판결
- 대법원 2019. 1. 31. 선고 2017다284885 판결
- 대법원 2019도10134 판결
- 대법원 2017. 9. 26. 선고 2015도13931 판결
- 대법원 2017. 9. 26. 선고 2014다27425 판결
- 대법원 2017. 1. 25. 선고 2016도10389 판결
- 대법원 2016. 10. 27. 선고 2015다221903, 221910 판결
- 대법원 2016. 10. 27. 선고 2015다 221903(본소), 2015다221910(반소) 판결
- 대법원 2016. 7. 14. 선고 2013다82944, 82951 판결
- 대법원 2016. 7. 14. 선고 2012다65973 판결
- 대법원 2016. 1. 28. 선고 2015다239324 판결
- 대법원 2014. 12. 11. 선고 2012도16066 판결
- 대법원 2014. 3. 27. 선고 2013다91597 판결
- 대법원 2013. 12. 12 선고 2013도12266 판결
- 대법원 2012. 11. 15. 선고 2012도6676 판결
- 대법원 2012. 6. 28. 선고 2011다6700, 2011다6717(병합) 판결
- 대법원 2012. 12. 13. 선고 2010도10576 판결
- 대법원 2012. 4. 13. 선고 2011다92916 판결
- 대법원 2012. 2. 23. 선고 2011다86805 판결
- 대법원 2011. 7. 14. 선고 2009다12528 판결
- 대법원 2011. 6. 30. 선고 2009도3915 판결
- 대법원 2010. 3. 11. 선고 2009다82244 판결
- 대법원 2009. 10. 15. 선고 2008도9433 판결
- 대법원 2009. 7. 9. 선고 2006도7916 판결
- 대법원 2009. 7. 9. 선고 2009도250 판결
- 대법원 2008. 9. 11. 선고 2008도5364 판결
- 대법원 2008. 7. 10. 선고 2006도8278 판결
- 대법원 2008. 4. 24. 선고 2006도9089 판결
- 대법원 2008. 4. 24. 선고 2006다30440 판결
- 대법원 2008. 4. 10. 선고 2008도679 판결
- 대법원 2008. 3. 27. 선고 2007다378 판결
- 대법원 2008. 2. 29. 선고 2007도9477 판결
- 대법원 2008. 2. 15. 선고 2005도6223 판결
- 대법원 2007. 9. 7. 선고 2006도777 판결

- 대법원 2006. 6. 15. 선고 2004도1639 판결
- 대법원 2005. 3. 11. 선고 2003도3044 판결
- 대법원 2005. 2. 18. 선고 2003후2218 판결
- 대법원 2004. 9. 23. 선고 2002다60610 판결
- 대법원 2004. 4. 28. 선고 2001다53875 판결
- 대법원 2003. 10. 30. 선고 2003도4382 판결
- 대법원 2003. 1. 24. 선고 2001도4331 판결
- 대법원 2002. 12. 24. 선고 2000다54536 판결
- 대법원 1999. 9. 3. 선고 98다30735 판결
- 대법원 1999. 3. 12. 선고 98도4704 판결
- 대법원 1998. 6. 9. 선고 98다1928 판결
- 대법원 1998. 2. 13. 선고 97다24528 판결
- 대법원 1997. 6. 13. 선고 97다8229 판결
- 대법원 1996. 12. 23. 선고 96다16605 판결
- 대법원 1996. 11. 26. 선고 96다31574 판결
- 대법원 2019. 3. 14.자 2018마7100 결정
- 대법원 2015. 1. 16.자 2014마1688 결정
- 대법원 2013. 10. 17.자 2013마1434 결정
- 대법원 2013. 8. 22자 2011마1624 결정
- 대법원 2003. 7. 16.자 2002마4380 결정
- 대법원 1997. 2. 5.자 96마364 결정
- 대법원 1996. 2. 13.자 95마594 결정
- 서울고등법원 2023. 9. 6. 선고 (인천)2022나14231 판결
- 서울고등법원 2023. 6. 22. 선고 2022나2034365 판결
- 서울고등법원 2023. 1. 19. 선고 2022나2011133 판결
- 서울고등법원 2022. 11. 24. 선고 2021나2006264 판결
- 서울고등법원 2022나2016206 판결
- 서울고등법원 2019나2008434 판결
- 서울고등법원 2014나4592 판결
- 서울고등법원 2008. 10. 2. 선고 2008노1298 판결
- 서울고등법원 2022라21002 결정
- 서울고등법원 2023라20044 결정
- 수원고등법원 2023. 9. 14. 선고 2022나21534 판결
- 수원고등법원 2023. 3. 7. 선고 2021노69 판결

- 수원고등법원 2022라329 결정
- 대구고등법원 2022. 2. 17. 선고 2020노338 판결
- 서울중앙지방법원 2023. 10. 13. 선고 2021가합504918 판결
- 서울중앙지방법원 2023. 9. 15. 선고 2021가합556049 판결
- 서울중앙지방법원 2023. 8. 18. 선고 2021가합597460 판결
- 서울중앙지방법원 2023. 7. 19. 선고 2021가단5181863 판결
- 서울중앙지방법원 2023. 7. 18. 선고 2022가단5184920 판결
- 서울중앙지방법원 2023. 4. 20. 선고 2022노2405 판결
- 서울중앙지방법원 2023. 2. 10. 선고 2021가단5216578 판결
- 서울중앙지방법원 2023. 2. 8. 선고 2021노3419 판결
- 서울중앙지방법원 2023. 2. 3. 선고 2019가합527537 판결
- 서울중앙지방법원 2022. 11. 24. 선고 2022고단684 판결
- 서울중앙지방법원 2022. 11. 11. 선고 2021노2067 판결
- 서울중앙지방법원 2022. 8. 17. 선고 2022노589 판결
- 서울중앙지방법원 2021. 1. 22. 선고 2019노2242 판결
- 서울중앙지방법원 2019. 10. 18. 선고 2018노3239 판결
- 서울중앙지방법원 2019가합552402 판결
- 서울중앙지방법원 2019노91 판결
- 서울중앙지방법원 2018가합511190 판결
- 서울중앙지방법원 2017. 2. 15. 선고 2016노3163 판결
- 서울중앙지방법원 2017. 1. 19. 선고 2015고단5275 판결
- 서울중앙지방법원 2016고단9212 판결
- 서울중앙지방법원 2008. 1. 10. 선고 2007가합86803 판결
- 서울중앙지방법원 2006. 1. 26. 선고 2005고단1248 판결
- 서울중앙지방법원 2010. 7. 1.자 2010카합172 결정
- 서울중앙지방법원 2022. 9. 21.자 2021가합535783 결정
- 서울중앙지방법원 222카합21499 결정
- 서울중앙지방법원 2022카합21499 결정
- 서울중앙지방법원 2022카합21534 결정
- 서울동부지방법원 2022. 11. 17. 선고 2021가합113605 판결
- 서울동부지방법원 2022카합10293 결정
- 서울동부지방법원 2022카합10207 결정
- 서울남부지방법원 2023. 11. 8. 선고 2022가합107761 판결
- 서울남부지방법원 2023. 10. 26. 선고 2022가단245901 판결

- 서울남부지방법원 2023. 10. 12. 선고 2022노2002 판결
- 서울남부지방법원 2023. 5. 3. 선고 2022가단271962 판결
- 서울남부지방법원 2023. 3. 28. 선고 2021가단236801 판결
- 서울남부지방법원 2021가단206817 판결
- 서울남부지방법원 2022. 12. 15.자 2022카합20462 결정
- 서울남부지방법원 2019. 10. 15.자 2019카합20387 결정
- 서울남부지방법원 2023카합19 결정
- 서울서부지방법원 2023. 6. 2. 선고 2023가합30126 판결
- 서울서부지방법원 2023. 4. 19. 선고 2022가단217646 판결
- 서울서부지방법원 2019. 11. 1. 선고 2019가단203128 판결
- 서울서부지방법원 2020카합50182 결정
- 수원지방법원 2023. 9. 7. 선고 2022고단1224 판결
- 수원지방법원 2023. 8. 23. 선고 2021나94635 판결
- 수원지방법원 2023. 2. 16. 선고 2022고합42, 2022고합96, 2022고합385(병합) 판결
- 수원지방법원 2022. 11. 23. 선고 2021나96006 판결
- 수원지방법원 2022. 10. 13. 선고 2021가합6942 판결
- 수원지방법원 2021고정584 판결
- 수원지방법원 2019고단515 판결
- 수원지방법원 2023. 10. 5.자 2023카합10194 결정
- 수원지방법원 2022카합10438 결정
- 부산지방법원 2023. 7. 13. 선고 2022가단6498 판결
- 인천지방법원 2022. 11. 3. 선고 2020가합67659 판결
- 수원지방법원 2023. 11. 25. 선고 2022나96232 판결
- 수원지방법원 2023. 8. 23. 선고 2022가합20163 판결
- 수원지방법원 2021. 1. 21. 선고 2018고합586, 616(병합) 판결
- 수원지방법원 2020고단9194 판결
- 수원지방법원 2019. 10. 30.자 2019카합10295 결정
- 수원지방법원 2022카합10486 결정
- 수원지방법원 2022카합10438 결정
- 수원지방법원 2022카합10444 결정
- 인천지방법원 2023. 11. 24. 선고 2019가합62177 판결
- 인천지방법원 2023. 3. 8. 선고 2022가단227045 판결
- 인천지방법원 2022. 10. 14. 선고 2022노2364 판결
- 인천지방법원 2018. 2. 22. 선고 2016노3514 판결

- 인천지방법원 2015. 2. 10. 선고 2012가합14100 판결
- 의정부지방법원 2011. 9. 8. 선고 2009가합7325 판결
- 의정부지방법원 2020카합5119 결정
- 대전지방법원 2023. 1. 11. 선고 2022가단224 판결
- 대전지방법원 2022. 10. 19. 선고 2019노3554 판결
- 대전지방법원 2019. 11. 7. 선고 2016가합102720 판결
- 부산지방법원 2016. 8. 30. 선고 2014노873 판결
- 부산지방법원 2010. 6. 18. 선고 2010노1053 판결
- 부산지방법원 2019카합10702 결정
- 광주지방법원 2020. 5. 7. 선고 2019가합57423 판결
- 광주지방법원 2013. 11. 20. 선고 2013노1096 판결
- 창원지방법원 2023. 11. 8. 선고 2022가단119841 판결
- 창원지방법원 2022. 7. 8. 선고 2018고단516 판결
- 창원지방법원 2020. 4. 17. 선고 2019고단3338 판결
- 대구지방법원 2023. 2. 13. 선고 2021고단3704 판결
- 대구지방법원 2022. 5. 13. 선고 2021노2846 판결
- 전주지방법원 2021. 3. 30. 선고 2020고정375 판결
- 수원지방법원 성남지원 2023. 6. 27. 선고 2021가합412881 판결
- 수원지방법원 성남지원 2022. 11. 10. 선고 2021고단3251 판결
- 수원지방법원 성남지원 2022카합50207 결정
- 수원지방법원 안양지원 2023. 10. 25. 선고. 2022가단114209 판결
- 수원지방법원 안양지원 2023. 1. 13. 선고 2021가단102858(본소) 판결
- 수원지방법원 안양지원 2022카합10066 결정
- 수원지방법원 안산지원 2022카합50117 결정
- 수원지방법원 안양지원 2020카합10028 결정
- 춘천지방법원 강릉지원 2023. 7. 11. 선고 2021가합31456 판결
- 대구지방법원 김천지원 2022. 2. 9. 선고 2020고단392 판결
- 청주지방법원 충주지원 2022. 11. 23. 선고 2022가단244 판결
- 대구지방법원 서부지원 2023. 7. 20. 선고 2021가단58445 판결
- 대구지방법원 서부지원 2020. 8. 13. 선고 2019고합34 판결
- 대전지방법원 천안지원 2019. 11. 14. 선고 2019고단1405 판결
- 부산지방법원 동부지원 2019가단224803 판결

◆ 찾아보기 ◆

(ㄱ)

가맹본부	75, 194~198, 202, 203
가맹점사업자	202, 203
간접강제	263, 264
경제적 유용성	29, 37, 65, 97, 98, 163
공동정범	113, 114, 129
공지의 기술	97, 98
귀책사유	196, 197
기술상 정보	40, 80, 97, 132

(ㄷ)

독립적 경제적 가치	29
디지털데이터	270
디지털증거	270, 271

(ㅁ)

묵시적 승낙	148
문서제출명령	135~138
물리적 관리	52
미수범	150, 152, 153

(ㅂ)

방어권	79, 82, 84, 85, 275, 276
보안서약서	25, 45, 55, 56, 96, 190
보호할 가치 있는 사용자의 이익	106, 204, 205
비공지성	36~41
비밀관리성(비밀유지성)	29, 31, 32, 33, 41~43
비밀유지명령	133~135
비밀유지약정	25, 49, 51, 94, 196, 217, 218, 237
비밀유지의무기간	89, 90
부정경쟁방지법	22
불법행위	107, 108, 114, 176, 180~182, 198~200, 257
불법행위 방조자	198

(ㅅ)

산업기술보호법	76, 102, 238
상대적 비공지성	38
손해배상	108, 144, 165, 169, 170, 172~176, 179~185, 213~218
손해배상액의 예정	182, 184, 185, 189, 215, 216
손해액 산정	169
손해액 판단 시점	172
소멸시효	175~182
소멸시효 기산점	176~179
실행의 착수	150, 151

(ㅇ)

압수수색(영장)	273~276, 278, 280
업무관련성	126
업무상배임	103~105, 108~110, 112~114
영업비밀	23, 32
영업비밀 금지기간	142
영업비밀 누설	98~100, 130, 166, 167
영업비밀 보유자	115~117, 144, 163, 164
영업비밀 보호기간	139, 140
영업비밀 부정취득	128
영업비밀 부정사용	150, 151, 153
영업비밀 사용	117, 148
영업비밀 특정	77~83
영업비밀 양도(이전)	145
영업비밀 공통보유사	145~148
영업비밀 취득	26, 27, 64, 65, 120, 121, 124
영업비밀 침해(행위)	26, 86, 114~117, 120~125
영업상 정보	77
영업상 주요한 자산	24, 106, 107
역설계	34, 40, 154~162
위법수집증거	272, 276, 278, 280, 281, 289
위약금	182~187, 189, 232, 233, 253~255
위약벌	182~185, 187~189, 196
인적관리	52
일반적인 지식	86~89, 226, 227

(ㅈ)

자유실시기술	97, 98
전자정보	274~279, 284, 286~288
전직금지약정	203~206
전직금지약정 대가(보상)	243~251
전직금지약정 유효성	231
정보통신망법	130, 131
직무발명	98~100, 111, 166~168
제도적 관리	52
존속기간	91, 117, 141
증거능력	270~272, 276~282, 289

(ㅊ)

참여권	275, 276, 281, 285~287

(ㅌ)

특허(출원)	91~95, 97, 101, 132
특허등록	94, 95, 102
특허공보	93, 94

(ㅍ)

프랜차이즈	75, 183, 194, 198, 202
피압수자	272, 274~276, 289, 290

(ㅎ)

해쉬값	279, 281

영업비밀 전직금지 Q&A

초판 1쇄 발행 2025년 02월 14일

지은이 김성용, 정관영
펴낸이 류태연

펴낸곳 렛츠북
주소 서울시 영등포구 문래북로 116, 1005호
등록 2015년 05월 15일 제2018-000065호
전화 070-4786-4823 | **팩스** 070-7610-2823
홈페이지 http://www.letsbook21.co.kr | **이메일** letsbook2@naver.com
블로그 https://blog.naver.com/letsbook2 | **인스타그램** @letsbook2

ISBN 979-11-6054-745-0 (13320)

- 이 책은 저작권법에 따라 보호를 받는 저작물이므로 무단전재 및 복제를 금지하며,
  이 책 내용의 전부 및 일부를 이용하려면 반드시 저작권자와 도서출판 렛츠북의
  서면동의를 받아야 합니다.

- 잘못된 책은 구입하신 서점에서 바꾸어 드립니다.